DuD-Fachbeiträge

Herausgegeben von
H. Reimer, Erfurt, Deutschland
K. Rihaczek, Bad Homburg v.d.Höhe, Deutschla
A. Roßnagel, Kassel, Deutschland

Die Buchreihe ergänzt die Zeitschrift DuD – Datenschutz und Datensicherheit in einem aktuellen und zukunftsträchtigen Gebiet, das für Wirtschaft, öffentliche Verwaltung und Hochschulen gleichermaßen wichtig ist. Die Thematik verbindet Informatik, Rechts-, Kommunikations- und Wirtschaftswissenschaften.

Den Lesern werden nicht nur fachlich ausgewiesene Beiträge der eigenen Disziplin geboten, sondern sie erhalten auch immer wieder Gelegenheit, Blicke über den fachlichen Zaun zu werfen. So steht die Buchreihe im Dienst eines interdisziplinären Dialogs, der die Kompetenz hinsichtlich eines sicheren und verantwortungsvollen Umgangs mit der Informationstechnik fördern möge.

Herausgegeben von

Prof. Dr. Helmut Reimer
Erfurt, Deutschland

Prof. Dr. Alexander Roßnagel,
Universität Kassel, Deutschland

Dr. Karl Rihaczek
Bad Homburg v.d. Höhe
Deutschland

Alexander Roßnagel • Silke Jandt
Hendrik Skistims • Julia Zirfas

Datenschutz bei Wearable Computing

Eine juristische Analyse am Beispiel
von Schutzanzügen

Herausgegeben von der
Bundesrepublik Deutschland, vertreten
durch die Präsidentin der Bundesanstalt
für Arbeitsschutz und Arbeitsmedizin

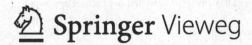
Springer Vieweg

Prof. Dr. Alexander Roßnagel
Dr. Silke Jandt
Hendrik Skistims
LL.M. Julia Zirfas
Universität Kassel, Deutschland

Das Buch ist auf der Grundlage eines Rechtsgutachtens zur „Zulässigkeit von Feuerwehr-Schutzanzügen mit Sensoren und Anforderungen an den Umgang mit personenbezogenen Daten" im Auftrag der Bundesanstalt für Arbeitsschutz und Arbeitsmedizin entstanden.

ISBN 978-3-8348-2554-4   ISBN 978-3-8348-2555-1 (eBook)
DOI 10.1007/978-3-8348-2555-1

Die Deutsche Nationalbibliothek verzeichnet diese Publikation in der Deutschen Natio-
nalbibliografie; detaillierte bibliografische Daten sind im Internet über http://dnb.d-nb.de
abrufbar.

Springer Vieweg
© Springer Fachmedien Wiesbaden 2012

Gedruckt auf säurefreiem und chlorfrei gebleichtem Papier

Springer Vieweg ist eine Marke von Springer DE. Springer DE ist Teil der Fachverlagsgruppe
Springer Science+Business Media.
www.springer-vieweg.de

Inhaltsverzeichnis

Einführung: Wearable Computing als Problem des Datenschutzes

Kaum ein Rechtsgebiet wird so von den immer neuen Entwicklungen der Informations- und Kommunikationstechniken (I&K-Techniken) herausgefordert wie das Datenschutzrecht. Während viele neue Anwendungen mit geeigneten Konkretisierungen bestehender Datenschutzregelungen und mit problembewussten Anpassungen der Datenschutzpraxis beherrscht werden können, wird dies für Ubiquitous Computing bezweifelt. Dringen die I&K-Techniken in alle Lebensbereiche ein und bieten sie für (fast) alle Situationen unbemerkt und ungefragt Unterstützung oder Informationen und müssen sie daher über ihre Nutzer (fast) alles wissen, sind nicht nur neue Interpretationen und Praktiken gefragt. Vielmehr wird vermutet, dass diese allgegenwärtige Datenverarbeitung das gesamte bisherige Schutzkonzept des Datenschutzrechts in Frage stellt und eine neue Konzeption der Risikoabwehr und -vorsorge erfordert.[1]

Ein wichtiges Anwendungsfeld der Idee des Ubiquitous Computing ist das Wearable Computing.[2] In den nächsten Jahren wird Ubiquitous Computing nicht nur – wie bereits zu beobachten ist – in der näheren Umgebung des Menschen, wie etwa in der Haustechnik oder im Automobil, genutzt werden, sondern auch in der Hülle um seinen Körper oder sogar in diesem selbst eingebaut sein. Immer mehr elektronische Geräte werden in miniaturisierter Form in der Kleidung oder etwa in Armbanduhren, Brillen und Schmuckstücken enthalten sein. Sie werden vor allem genutzt werden, um die Sicherheit des Nutzers zu erhöhen, seine Sinne zu erweitern, sein Gedächtnis zu unterstützen und ihm seine Arbeit zu erleichtern.[3]

Wearable Computing kann die Sicherheit des Nutzers zum Beispiel dadurch erhöhen, dass seine Körper- und Umgebungsdaten zur medizinischen Kontrolle erfasst und verarbeitet werden. Für die ambulante Beobachtung von Patienten sind bereits Kleidungsstücke wie Hemden oder Anzüge entwickelt worden, in die sowohl verschiedene Sensoren als auch Speicher- und Kommunikationseinheiten integriert sind, die Vitalparameter wie Blutdruck, Herzfrequenz oder Sauerstoffverbrauch erfassen und für eine spätere

---

[1] S. hierzu ausführlich mit vielen Nachweisen *Roßnagel* 2007; *ders.* 2008, 123 ff.
[2] S. hierzu z.B. *Roßnagel* 2007, 40 ff. m.w.M.
[3] S. zu diesen Träumen, die für die Nutzung von Ubiquitous Computing bedeutsam sein werden, s. *Roßnagel* 2007, 13 ff.

Unersuchung speichern oder unmittelbar an eine Kontrollstation übermitteln. Durch diese Kleidungsstücke können auch Alarme ausgelöst werden, wenn die gemessenen Werte dazu Anlass geben.

Die Sicherheit des Anwenders wird auch erhöht, wenn durch Chips in der Kleidung der Aufenthaltsort jedes Mitarbeiters oder jedes in einem bestimmten gefährlichen Bereich befindlichen Menschen festgestellt werden kann.[4] Sensoren können riskante Situationen erkennen und den Nutzer vor diesen warnen. Ein anderes Beispiel könnte eine Alarmfunktion sein, die Gegenstände in Jacke oder Hose vor Diebstahl schützt.

Wearable Computing wird die Sinne des Nutzers verstärken, indem Sensoren ihn unterstützen, die Umgebung wahrzunehmen. Künftig dürfte es Brillen geben, in die beinahe unbemerkbar ein Mikrofon, eine Kamera, Stereoton und ein GPS-System integriert sind. Diese Brille der Zukunft kombiniert Mobiltelefon und Videokamera und ist ständig mit dem Internet verbunden. Die kleine Kamera erweitert den Sehsinn des Nutzers, indem dieser durch sie im Infrarotmodus auch in der Nacht sehen, durch die Zoomfunktion wie mit einem Feldstecher auch ferne Dinge erkennen oder im Makromodus wie durch eine Lupe kleine Strukturen wahrnehmen kann.

Eng mit diesen Anwendungen zusammen hängt die Möglichkeit für den Nutzer, mit Wearable Computing sein Gedächtnis zu erweitern, indem er die Kamera und das Mikrofon in der Brille dazu verwendet, alles, was sich vor ihm akustisch oder visuell abspielt, aufzuzeichnen. Diese Aufzeichnungen können durch Orts- und Zeitstempel markiert und so leicht wieder gefunden werden. Die Daten können auf den individuellen Server des Nutzers übertragen und dort als „Tagebuch der Sinne"[5] gespeichert werden. Mit geeigneter Software kann so prinzipiell jeder Moment im Leben in Erinnerung gerufen werden. Will der Nutzer sich an etwas erinnern, kann ihm die früher aufgenommene Situation über Kopfhörer oder über eine Projektion auf die Netzhaut vorgespielt werden. Über Gesichtserkennung könnte ihm so etwa immer die letzte Begegnung mit einem Menschen, den er gerade trifft, in Erinnerung gerufen werden.

Wearable Computing vermag schließlich viele Berufstätige bei der Erfüllung ihrer Aufgaben zu unterstützen. Vielfach benötigen sie – wie etwa Reporter, Wartungsmonteure oder Lagerarbeiter – einerseits beide Hände für ihre Tätigkeit und andererseits zugleich situations- und kontextabhängig vielfältige Informationen. Für sie wäre es sehr hilf-

---

[4]   S. im Folgenden das Beispiel der Schutzanzüge für Feuerwehreinsatzkräfte.
[5]   *Maurer*, Informatik-Spektrum 2004, 47.

reich, wenn die sie umgebenden Datenverarbeitungssysteme erkennen könnten, welche Information sie benötigen, und diese ihnen über spezifische Ausgabegeräte, wie zum Beispiel die Projektion von Schaltplänen direkt auf das zu reparierende Systemteil, ausgeben.

Mit Wearable Computing kann der Benutzer durch solche Anwendungen eine auf seine persönliche Interessenlage zugeschnittene „Informations- und Funktionsaura" mit sich herumtragen, die ihn zugleich mit der Welt verbindet.

Zur datenschutzrechtlichen Beherrschung der Risiken für die informationelle Selbstbestimmung wurde vorgeschlagen, den Einsatz von Ubiquitous oder Wearable Computing danach zu unterscheiden, ob er in überschaubaren Anwendungen stattfindet, die durch bekannte und bewertete Interessenkonflikte bestimmt sind, oder ob der Einsatz in komplexen, unübersichtlichen Situationen erfolgt, die neue Interessenkonflikte hervorrufen.[6]

Das Datenschutzrecht enthält zwar keine speziellen Regelungen für Anwendungen allgegenwärtiger Datenverarbeitung. Sein normatives Schutzkonzept dürfte jedoch für grundsätzlich tauglich befunden werden,[7] wenn die zu bewertenden Anwendungen dadurch gekennzeichnet sind, dass

- nur wenige Instanzen mit klarer Rollenzuweisung beteiligt sind. Soweit der Staat Überwachungsdaten erhebt, der Arbeitgeber mit Logistikdaten auch Daten seines Arbeitnehmers speichert, der Vermieter in seinem Haus Daten über den individuellen Energieverbrauch seiner Mieter verarbeitet, der Verkäufer dem Kunden nur mit RFID-Chips versehene Waren anbietet, oder die Autoversicherung das Fahrverhalten der Versicherungsnehmer für die Prämienberechnung aufzeichnet, besteht eine klare und einfache „Frontstellung" zwischen Datenverarbeiter und Betroffenem.

- die Verhältnisse überschaubar sind. Soweit nur wenige Beteiligte einzelne Schritte der Datenerhebung, -verarbeitung und -nutzung durchführen und damit eindeutige Zwecke verfolgen, herrschen klar strukturierte Prozesse, deren Wirkungen einzelnen Verantwortlichen zuzurechnen sind.

- die zu beurteilenden Handlungen nur Einzelfälle betreffen. Soweit der Umgang mit den Daten bekannt oder aufklärbar ist und die Zusammenhänge und Verantwortlich-

---

[6] S. *Roßnagel* 2007. 120 ff.
[7] *Roßnagel/Jandt/Müller/Gutscher/Heesen* 2006, 57 ff.

keiten durchschaubar sind, können der Betroffene oder die Datenschutzaufsicht sich auf das Ereignis konzentrieren und ihre Kontrollrechte geltend machen.

In solchen Konstellationen wird allgegenwärtige Datenverarbeitung Möglichkeiten der Interessendurchsetzung zwischen den Beteiligten verschieben und für die Datenverarbeiter auch neue Missbrauchsmöglichkeiten eröffnen. Dennoch entsprechen die neuen Problemstellungen dem „Erwartungshorizont" des Datenschutzrechts und es ist weiterhin möglich, die rechtliche Erlaubnis einer Datenverwendung zu überprüfen und datenschutzrechtliche Grundsätze wie Transparenz für den Betroffenen sowie Zweckbindung und Erforderlichkeit der Datenverarbeitung zur Anwendung zu bringen. Dies wurde für die allgegenwärtige Datenverarbeitung etwa im Arbeitsverhältnis, im Versicherungsverhältnis und im Mietverhältnis näher erläutert.[8]

Allgegenwärtige Datenverarbeitung eröffnet aber nicht nur neue Handlungsmöglichkeiten zur Interessendurchsetzung und zum Datenmissbrauch. Es verändert auch die Form der Interaktion des Menschen mit Informationstechnik grundsätzlich und schafft dadurch Verhältnisse in denen

- viele Beteiligte mit ständig wechselnden Rollen beteiligt sind,

- vielfältige Zwecke mit der I&K-Technik gleichzeitig verfolgt werden,

- Daten auch in privaten oder gemischt privat/geschäftlichen Kontexten verwendet werden,

- die Datenverarbeitung spontan von den Techniksystemen selbst organisiert wird,

- die Datenverarbeitung für den Betroffenen unbemerkt erfolgt und in ihren Wirkungen undurchschaubar ist.

Auf diese neuen Verhältnisse – so wird befürchtet – sind die Grundsätze des datenschutzrechtlichen Schutzprogramms kaum anwendbar. Die Ziele, zu deren Erreichung allgegenwärtige Datenverarbeitung eingesetzt wird, widersprechen den Zielen, die mit den Prinzipien des Datenschutzrechts verfolgt werden. Im Konflikt zwischen beiden dürfte entscheidend sein, dass die Anwendungen des Ubiquitous Computing den Betroffenen in den meisten Fällen nicht aufgedrängt – in diesem Fall dürften die Datenschutzprinzipien greifen –, sondern von diesen gewollt werden. Sie wollen sich mit ih-

---

[8]   S. *Roßnagel* 2007, 123 ff.

rer Hilfe die Träume erfüllen, die Ubiquitous Computing zu erfüllen verspricht. Sie werden dann als Konsequenz auch damit einverstanden sein müssen, dass die Hintergrundsysteme die notwendige Kenntnis über ihre Lebensweise, Gewohnheiten, Einstellungen und Präferenzen erhalten. In diesen neuen Verhältnissen wird das bisherige Schutzprogramm als solches – in jedem seiner Bestandteile – in Frage gestellt.[9]

Der Auftrag der Bundesanstalt für Arbeitsschutz und Arbeitsmedizin, ein Rechtsgutachten zur „Zulässigkeit von Feuerwehr-Schutzanzügen mit Sensoren und Anforderungen an den Umgang mit personenbezogene Daten" zu erstellen, ermöglichte, an einem konkreten Beispiel, diese Thesen zumindest teilweise zu überprüfen.

Um die Feuerwehreinsatzkräfte in gefährlichen und unübersichtlichen Situationen besser koordinieren und schützen zu können, soll Wearable Computing in ihre Schutzanzüge integriert werden. Dadurch können Sensoren während des Einsatzes Vital- und Umgebungsparameter erheben und an die Einsatzleitung übermitteln. Diese kann mit ihrer Hilfe besser einschätzen, welchen Belastungen eine Einsatzkraft ausgesetzt ist und welchen Einsatzanforderungen sie aktuell gewachsen ist. Durch diese Form des Schutzes und der Koordination werden im Beschäftigungsverhältnis dem Arbeitgeber Informationen bekannt, die er bisher nicht kannte. Sie ermöglichen ihm nicht nur, den Einsatz besser zu steuern und die Beschäftigten besser zu schützen, sondern sie auch hinsichtlich ihrer Einsatzleistung und ihrer allgemeinen körperlichen Leistungsfähigkeit einzuschätzen.

An diesem Beispiel kann die These, dass das bestehende Datenschutzrecht bei risikoadäquater Konkretisierung auch beim Einsatz von Ubiquitous Computing ausreichend leistungsfähig ist, wenn es sich um übersichtliche Situationen mit bekannten Interessenkonstellationen handelt, überprüft werden.

Diese Überprüfung ist zugleich ein Beitrag für den Forschungsschwerpunkt „Gestaltung technisch-sozialer Vernetzung in situativen ubiquitären Systemen" (VENUS) des Forschungszentrums für Informationstechnik-Gestaltung (ITeG), der durch die LandesOffensive zur Entwicklung wissenschaftlich-ökonomischer Exzellenz (LOEWE) des Landes Hessen gefördert wird. In diesem Schwerpunkt steht unter anderem die rechtliche Gestaltungsfähigkeit von Ubiquitous Computing-Anwendungen im Mittelpunkt der Forschungen. Für diese Fragestellung liefert das folgende Rechtsgutachten vielfältige Hinweise und Erkenntnisse.

---

[9]   S. *Roßnagel* 2007, 128 ff.; *Roßnagel* 2008, 141 ff.

Die Autoren danken der Bundesanstalt für Arbeitsschutz und Arbeitsmedizin für die Möglichkeit, diesen praxisnahen Anwendungsfall zu untersuchen und die Ergebnisse in diesem Buch der rechtswissenschaftlichen Diskussion zur Kenntnis zu bringen.

Teil I   Grundlagen

1   Einleitung

Einsatzkräfte der Feuerwehr sind in ihrer Arbeit regelmäßig Gefahren ausgesetzt. Es wird von ihnen volle Konzentration und eine hohe körperliche Belastbarkeit erwartet. Insbesondere Atemschutzträger sind bei einem Einsatz durch körperliche Arbeit, Zeitdruck, Hitze, Atembeschränkungen und Umgebungsgefahren, aber auch durch psychischen Druck besonders gefordert.

Die Gefahren, die während eines Einsatzes entstehen, können externe Ursachen haben oder sind im Verhalten der Einsatzkräfte begründet. Die Einsatztätigkeit ist mit hohen Belastungen verbunden und fordert von Feuerwehreinsatzkräften eine hohe körperliche und geistige Leistungsfähigkeit. Beide müssen möglichst gut erfasst und kontrolliert werden, um die Aufgabenerfüllung und den Schutz der Einsatzkräfte zu gewährleisten. Während des Einsatzes kann auf die externen Gefahren nur bedingt Einfluss genommen werden. Daher ist es wichtig, die Einsatzbedingungen so gut wie möglich zu erfassen. Außerdem ist es notwendig, zumindest die auf die Einsatzkräfte zurückführbaren Gefahren der Übermüdung und der mangelnden Leistungsfähigkeit zu mindern. Denn dies hilft gleichzeitig dabei, auf externe Gefahren angemessen zu reagieren.[10]

Zu diesem Zweck sollen durch die Integration von Sensoren in den Schutzanzug der Einsatzkräfte während des Einsatzes Vital- und Umgebungsparameter erhoben und ausgewertet werden. Diese Daten werden während des Einsatzes oder der Übungseinheit an die zuständige Leitstelle zur Überwachung und Einsatzleitung weitergegeben. Diese kann mit ihrer Hilfe besser einschätzen, welchen Belastungen eine Einsatzkraft ausgesetzt ist und ob sie den Einsatzanforderungen aktuell gewachsen ist.

Um die gewünschten Funktionen ausführen zu können, müssen unterschiedlichste Nutzerdaten verarbeitet werden. Die Sensoren erheben und übermitteln unter anderem Daten über Standort, Umgebungsbedingungen und Vitalparameter einer Einsatzkraft, um eine möglichst hohe Aussagekraft über die Einsatzsituation und die aktuelle körperliche Belastung zu erhalten.

In der vorliegenden Untersuchung werden zuerst die allgemeinen Grundlagen und Hintergrundinformationen beschrieben, die für den Themenkomplex der Erfassung von Daten bei Einsatzkräften mit neuer Informations- und Kommunikations- (I&K)-

---

[10]   *Wyrda/Schwarz/Heidinger/Demke*, BPUVZ 2010, 358.

Technologien wichtig sind (Kap. 2). Danach wird auf die Chancen und Risiken (Kap. 3) und den verfassungsrechtlichen Rahmen (Kap. 4) dieser neuen Technik eingegangen. Darauf folgend werden die rechtlichen Grundlagen erörtert und geprüft, welche Zulassungsvoraussetzungen an die Schutzanzüge zu stellen sind (Kap. 5) und ob beziehungsweise in welchem Rahmen eine Erhebung, Speicherung und Übermittlung, der bei der Nutzung der Anzüge anfallenden Daten zulässig ist (Kap. 6). Zuletzt wird dargestellt, welche Ziele bei der Gestaltung der Anwendungen zu beachten sind und wie Gestaltungsvorschläge aussehen können (Kap.7).

2   Allgemeine Grundlagen

Im Folgenden werden die Grundlagen für die rechtliche Analyse beschrieben. Wichtig ist zunächst die Identifizierung der typischen Gefahren im Einsatz. Im Anschluss werden die Funktionsweise der Schutzanzüge und ihr Nutzen für die Einsatzkraft dargestellt. Die anschließende rechtliche Analyse beinhaltet die Erläuterung der einschlägigen Normierungen, die datenschutzrechtlich für das deutsche Feuerwehrwesen zu beachten sind. Zuletzt erfolgt eine Darstellung der Interessengegensätze beim Einsatz der neuen Schutzanzüge.

Dies ist im Fall der Integration von I&K-Technik in die Einsatzkleidung von Einsatzkräften besonders relevant, da sich hier nicht nur zwei Grundrechte gegenüberstehen, nämlich das Recht auf Leben und körperliche Unversehrtheit und das Recht auf informationelle Selbstbestimmung. Es entstehen gleichzeitig Interessensgegensätze zwischen dem Arbeitgeber und Arbeitnehmer, die insbesondere durch das im Arbeitsverhältnis bestehende Über- und Unterordnungsverhältnis beeinflusst sind.

2.1   Gefahren für Einsatzkräfte

Für Einsatzkräfte können unterschiedlichste Gefahren während eines Einsatzes auftreten. Die wahrscheinlichsten Gefahren werden in der Literatur und Praxis in neun Gefahrengruppen eingeordnet. Diese Gefahren sind Atemgifte, Angstreaktionen, Ausbreitung eines Brandes, atomare Strahlung (AAAA), chemische Stoffe (C), Erkrankung oder Verletzung, Explosion, Einsturz und Elektrizität (EEEE). Die Eingruppierung wird mit den Anfangsbuchstaben der möglichen Gefahren an der Einsatzstelle abgekürzt, woraus sich das AAAA C EEEE Schema ergibt. Weitere Gefahren können aber auch ein eventueller Waffengebrauch oder Ansteckungsgefahren sein. Die Reihenfolge der Aufzählung sagt nichts über deren Häufigkeit oder Gefährlichkeit aus. Die Hauptgefahr ergibt sich in jedem Einsatzfall aus der aktuellen Lage und kann sich im Laufe des Einsatzes daher auch mehrmals dynamisch verändern.[11]

Abgesehen von den Gefahren, die externe Ursachen haben, entstehen auch Gefahren, die im Verhalten der Einsatzkräfte begründet sind. Beispiele für solche Ursachen sind die Nichtbefolgung von Befehlen, Leichtsinn, Verstöße gegen die Unfallverhütungsvorschriften, die Verwendung von unzulässigen Geräten, aber auch unnötige Hektik, Übermüdung, mangelnde Leistungsfähigkeit und das Verkennen von eigenen Leistungsgrenzen.[12]

Die Arbeitsbelastungen bei einem Feuerwehreinsatz sind ohne ausreichende Ausdauer nicht zu bewältigen. Einsatzkräfte benötigen deshalb eine hohe körperliche und geistige Fitness und Belastbarkeit, die auch regelmäßig kontrolliert werden muss, damit zumindest die Gefahren der Übermüdung und der Überschreitung von Leistungsgrenzen gemindert und auf externe Gefahren angemessen reagiert werden kann.[13]

Ein weiterer gefährdungsfördernder Faktor ist die mangelnde Vorhersehbarkeit der bevorstehenden Schadensereignisse. Den Einsatzkräften stehen meist nur unzureichende Informationen zur Verfügung, die sie in kürzester Zeit verarbeiten müssen. Darüber hinaus ist regelmäßig nicht nur einer Gefahr, sondern es sind gleichzeitig mehreren Gefahren zu begegnen, wobei sich Eintrittswahrscheinlichkeit und Schadenspotenzial noch während des Einsatzes verschieben können. Die Gefahren erfordern daher regelmäßig ein hohes Maß an Flexibilität. Dieses erfordert auf Seiten der Einsatzleitung eine hohe Koordinationsfähigkeit. Sie muss zur schnellen Erfassung und Beurteilung der Lage befähigt sein. Der Einsatzerfolg hängt somit im Wesentlichen auch vom reibungslosen Funktionieren der Einsatzleitung ab.[14]

2.2 Schutzanzüge mit neuer Informations- und Kommunikationstechnik

Textilien und Kleidung, insbesondere in beruflichen Kontexten, in denen Schutzausrüstungen zur Arbeits- und Dienstkleidung gehören, sollen in Zukunft nicht nur eine „reine Schutzkleidung" vor physischen Beeinträchtigungen sein. Sie sollen zudem einen

---

[11] *Knorr* 2010, 16.
[12] *Knorr* 2010, 13.
[13] *Wyrda/Schwarz/Heidinger/Demke*, BPUVZ 2010, 358.
[14] Feuerwehr-Dienstvorschrift 100 (FwDV 100), Nr. 1.1; Eine umfassende Darstellung der für den Nutzungskontext relevanten Dienstvorschriften und deren Bedeutung findet im Laufe des Gutachtens noch statt.

Mehrwert erfüllt, indem sie zu einer Multifunktionskleidung werden, die den zusätzlichen Nutzen der Informationsgenerierung und -weitergabe aufweist.

Ziel gegenwärtiger Forschung ist das Monitoring der Einsatzdaten von Feuerwehreinsatzkräften mithilfe intelligenter Feuerwehrschutzkleidung. Diese Kleidung kann verschiedene Daten direkt während eines Einsatzes erheben und zur Auswertung weiterleiten. Dazu werden Sensoren in die Feuerwehrschutzkleidung, die aus Anzug, Helm, Handschuhen und Schuhen besteht, integriert. Die Sensoren erfassen Umgebungsparameter, wie zum Beispiel Temperatur, chemische Stoffe und Luftfeuchtigkeit, gleichzeitig messen sie aber auch körpereigene Vitaldaten.

In dem Forschungsprojekt SAFE[15] (Semipermeable Anzüge für Einsatzkräfte, siehe Abbildung) ist ein Prototyp für eine mit Sensoren ausgestattete Persönliche Schutzausrüstung entwickelt worden. Dieser wird im Folgenden als Beispiel zur Erläuterung der Funktionsweise einer solchen Persönlichen Schutzausrüstung genutzt.

Bei zu großer Hitzeentwicklung kann es für die Einsatzkraft sehr schnell zu lebensgefährlichen Situationen kommen. Folgen einer zu starken Belastung im Einsatz können eine Hitzeerschöpfung oder ein Hitzschlag sowie Kreislaufprobleme bis zur Bewusstlosigkeit oder Schock sein. Nicht zuletzt entstehen aus diesen Situationen heraus auch sehr schnell Einsatzfehler. Eine Beanspruchung insbesondere durch starke Hitzeentwicklung kann sehr leicht durch einen gleichzeitigen Anstieg der Hauttemperatur, der Körperkerntemperatur und der Herzfrequenz beobachtet werden.[16] Deshalb spielt auch die Messung von Vitalparametern, beispielsweise über den Helm oder die Innenseiten des Schutzanzugs, eine Rolle. So können die Sauerstoffsättigung des Blutes, die Herzfrequenz der Einsatzkraft und die wichtige Körperkerntemperatur gemessen werden. Damit kann frühzeitig erkannt werden, wie hoch die Belastung und wann eine Einsatzkraft an ihren körperlichen Leistungsgrenzen angelangt ist. Zusammen mit den Positionsdaten der Einsatzkraft ergibt sich insgesamt ein eindeutiges Bild von den Geschehnissen am Einsatzort.

---

[15] Projekt der Bundesanstalt für Arbeitsschutz und Arbeitsmedizin zusammen mit verschiedenen anderen Projektpartnern.

[16] Die individuellen Schwellen hängen hier von Alter, Gewicht, der körperlichen Gesamtverfassung und Konstitution ab.

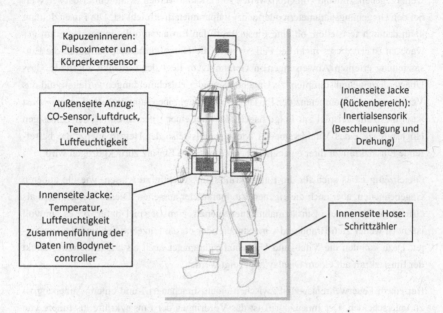

Kapuzeninneren:
Pulsoximeter und
Körperkernsensor

Außenseite Anzug:
CO-Sensor, Luftdruck,
Temperatur,
Luftfeuchtigkeit

Innenseite Jacke
(Rückenbereich):
Inertialsensorik
(Beschleunigung und
Drehung)

Innenseite Jacke:
Temperatur,
Luftfeuchtigkeit
Zusammenführung der
Daten im Bodynet-
controller

Innenseite Hose:
Schrittzähler

Abb. 1: Mögliche Verteilung der Sensoren im Anzug
Quelle: Bundesanstalt für Arbeitsschutz und Arbeitssicherheit

Bei diesem Beispiel befindet sich auf der Innenseite der Hose außerdem ein Schrittzähler, um die zurückgelegte Entfernung der Einsatzkraft erfassen zu können. Auf der Innenseite der Jacke befinden sich auf dem Rücken ein Beschleunigungs- und Drehsensor.

Damit können eventuelle Stürze und ruckartige Bewegungen erkannt werden. Auf der vorderen Innenseite der Jacke sind Sensoren zur Erfassung der Temperatur und Luftfeuchtigkeit im Innern des Anzugs angebracht. Sie sollen die Einsatzkraft vor einer Überhitzung schützen, indem vorzeitig angezeigt wird, wie viel der Außenhitze trotz des Schutzanzuges auf den Körper einwirkt. Um die Temperatur in der Einsatzumgebung zu überwachen, ist auf der Außenseite des Anzugs ein weiterer Temperatur- und Luftfeuchtigkeitssensor zu finden. Dieser wird ergänzt durch einen CO-Sensor und einen Luftdrucksensor, die ebenfalls an der Außenseite des Anzugs befestig sind.

Die Vital- und Umgebungsparameter der Einsatzkräfte werden regelmäßig und während jedes Einsatzes erhoben und ausgewertet. Diese Daten werden in Echtzeit noch während des Einsatzes oder der Übungseinheit an die zuständige Einsatzleitung zur Überprüfung weitergegeben. Anhand von Grenzwerten soll erkannt werden, wann ein kritischer Wert bei den Umgebungsparametern oder den Vitalparametern erreicht ist. Die Einsatzleitung kann dadurch feststellen, ob eine Einsatzkraft den Einsatzanforderungen weiterhin gewachsen ist. Ist dieses nicht der Fall, ist auch die Durchführbarkeit der durch die Einsatzleitung erteilten Anweisungen in Gefahr. Dem liegt der Gedanke zugrunde, dass Überforderungen abstumpfen, zu Ungehorsam oder Falschmeldungen verleiten und das Vertrauen in die Kompetenz der Einsatzleitung untergraben können.[17] Im Einsatz selbst kann dies zum Beispiel zur Folge haben, dass bei einer Überschreitung der zulässigen Höchstgrenze eines Vitalparameters wie beispielsweise der Herzfrequenz, die betreffende Einsatzkraft zu ihrer eigenen Sicherheit aus dem Einsatz zurückgezogen wird.

Gleichzeitig ist es auch für die Einsatzkraft selbst wichtig zu wissen, wie die äußeren Gegebenheiten, aber auch die eigenen Vitalparameter aussehen. Dieses Wissen kann als Grundlage für weitere Einsatzmaßnahmen dienen, zum Beispiel dafür, ob es sinnvoll ist, noch weiter zum Brandherd vorzustoßen oder ob die Hitzeentwicklung dies verbietet. Dazu könnten die Vital- und Umgebungsparameter auch als Statusmeldung direkt der Einsatzkraft auf einem Display angezeigt werden.

Bei einem Feuerwehreinsatz ist zwischen einem Innenangriff und einem Außenangriff zu unterscheiden. Der Innenangriff ist das Vordringen der Einsatzkräfte ins Innere von Gebäuden und baulichen Anlagen, um dort zum Beispiel das Löschmittel aufzubringen.[18] Beim Außenangriff hingegen erfolgt die Brandbekämpfung von außerhalb des Gebäudes. Der Innenangriff ist die wirksamste Angriffsart der Feuerwehr zur Brandbekämpfung, aber er ist gleichzeitig auch die gefährlichere Variante. Darum soll insbesondere bei diesem die Persönliche Schutzausrüstung (PSA) mit integrierter I&K-Technik eingesetzt werden.

2.3   Aufgaben und Struktur der Feuerwehren in Deutschland

Die Feuerwehr wird grundsätzlich immer dann tätig, wenn eine Gefahr für die öffentliche Sicherheit und Ordnung besteht und die Beseitigung dieser Gefahr in das gesetzlich festgelegte Aufgabengebiet der Feuerwehr fällt.[19] Eine Gefahr muss nicht unbedingt nur für Menschen bestehen, sondern es sind in diesem Zusammenhang auch negative Auswirkungen auf Tiere, Sachwerte oder die Umwelt als Gefahren anzusehen. Der Feuer-

---

[17]   FwDV 100, Nr. 3.3.3 (Abschnitt „Befehlsgebung").
[18]   S. dazu Atemschutz Lexikon, Innenangriff, http://www.atemschutzlexikon.de/lexikon/i/innenangriff/
       (zuletzt aufgerufen am 7. Juli 2011).
[19]   *Knorr* 2010, 11.

wehreinsatz kann also die Abwehr vielfältiger Gefahren betreffen. Die Aufgaben der Feuerwehr umfassen neben der eigentlichen Brandbekämpfung auch die Hilfeleistung bei Notständen, Unglücksfällen und Umweltschäden, zum Beispiel Sturmschäden.[20] Auch Fälle von Wasserrettung gehören zu den Aufgaben der Feuerwehr. Die genauen Aufgaben der öffentlichen Feuerwehren werden in den jeweiligen Feuerwehrgesetzen der Bundesländer beschrieben.[21]

Ausgehend von den Besonderheiten des deutschen Feuerwehrwesens, die sich auch in den Feuerwehrgesetzen wiederfinden, bestehen unterschiedliche Rechtsverhältnisse, je nachdem, ob eine Einsatzkraft Angehöriger der Berufs-, Pflicht-, Werks- oder freiwilligen Feuerwehr ist. Davon hängt es auch ab, welches Recht für die jeweilige Einsatzkraft anwendbar ist.

Die Feuerwehren sind in Deutschland in öffentliche und nicht-öffentliche Feuerwehren aufgeteilt. Zu den öffentlichen Feuerwehren gehören die Berufsfeuerwehren, die freiwilligen Feuerwehren und die Pflichtfeuerwehren. Werksfeuerwehren und Betriebsfeuerwehren sind im Gegensatz dazu nicht-öffentliche Feuerwehren in wirtschaftlichen Unternehmen oder öffentlichen Einrichtungen. Die öffentlichen Feuerwehren sind gemeindliche Einrichtungen ohne eigene Rechtspersönlichkeit.[22] Die Gemeinden sind damit die Träger der Feuerwehr und verantwortlich dafür, dass die Aufgaben der Feuerwehr erfüllt und geregelte Abläufe eingehalten werden.[23] Sie sind aber auch für die Durchführung von Maßnahmen zur Verhütung von Arbeitsunfällen, von Berufskrankheiten und von Gesundheitsgefahren verantwortlich. Jedoch sind diese Pflichten im Arbeitsalltag auf die Leitung der Feuerwehr und spezialisierte Führungskräfte, wie zum Beispiel den Beauftragten für die Wahrnehmung des Arbeitsschutzes und der Unfallverhütung, übertragen.[24]

---

[20] *Knorr* 2010, 11.
[21] Feuerwehrgesetz Baden-Württemberg, Bayerisches Feuerwehrgesetz, Gesetz über die Feuerwehren im Land Berlin, Brandenburgisches Brand- und Katastrophenschutzgesetz, Bremisches Hilfeleistungsgesetz, Feuerwehrgesetz Hamburg, Hessisches Brand- und Katastrophenschutzgesetz, Brandschutz- und Hilfeleistungsgesetz Mecklenburg-Vorpommern, Niedersächsisches Brandschutzgesetz, Gesetz über den Feuerschutz und die Hilfeleistung (Nordrhein-Westfalen), Brand- und Katastrophenschutzgesetz (Rheinland-Pfalz), Brandschutzgesetz Saarland, Brandschutzgesetz Sachsen, Brandschutzgesetz Sachsen-Anhalt, Gesetz über den Brandschutz und die Hilfeleistungen der Feuerwehren (Schleswig-Holstein), Thüringer Gesetz über den Brandschutz, die Allgemeine Hilfe und den Katastrophenschutz.
[22] Bezugnehmend auf das Hessische Gesetz über Brandschutz, die Allgemeine Hilfe und den Katastrophenschutz (HBKG) *Diegmann/Lankau* 2010, 26.
[23] *Kemper* 2007, 16.
[24] *Kemper* 2007, 16.

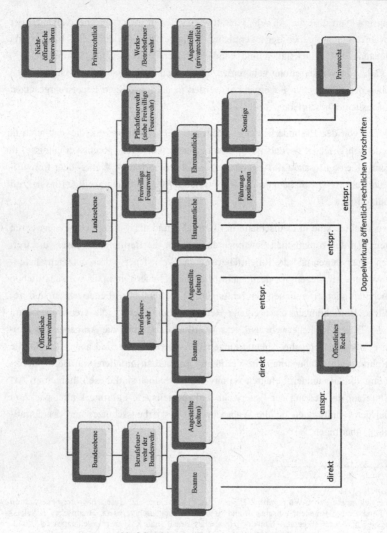

Abb. 2 Struktur der Feuerwehr in Deutschland

Die Angehörigen der Berufsfeuerwehren werden innerhalb eines Beamtenverhältnisses beschäftigt[25] oder für sie gilt das Beamtenrecht.[26] Damit sind auch die beamtenrechtli-

---

[25]   § 9 HBKG jedoch auch so auch in den anderen landeseigenen Feuerwehrgesetzen.
[26]   So zum Beispiel in Berlin, dazu § 5 Abs. 1 Satz 2 Gesetz über den Brandschutz und die Hilfeleistungen bei Notlagen, FWG Berlin.

chen Vorschriften auf das Arbeitsverhältnis anwendbar. Hauptamtliche Mitarbeiter der freiwilligen Feuerwehr können, wenn sie Aufgaben erfüllen, die denen der Angehörigen des Einsatzdienstes der Berufsfeuerwehr entsprechen, im Beamtenverhältnis beschäftigt werden.[27] Das heißt, sie können statusrechtlich auch wie Beamte des Einsatzdienstes beschäftigt werden.[28] Die Beurteilung, ob die Tätigkeiten von hauptamtlichen Feuerwehrkräften denen der Berufsfeuerwehr entsprechen, ist jedoch vom jeweiligen Einzelfall abhängig.

Die Organisation und der Einsatz der Feuerwehren sind detailliert in Feuerwehrdienstvorschriften (FwDV) geregelt. Die Feuerwehrdienstvorschriften werden von der Projektgruppe Feuerwehr-Dienstvorschriften des Ausschusses für Feuerwehrangelegenheiten, Katastrophenschutz und zivile Verteidigung (AFKzV) erstellt und den Bundesländern zur Einführung auf Grundlage ihrer entsprechenden Feuerwehrgesetze empfohlen. Sie werden danach durch Erlass des jeweiligen Bundeslandes in Kraft gesetzt. Aufgrund dieser Rechtslage unterscheiden sich die in den einzelnen Bundesländern tatsächlich gültigen Feuerwehrdienstvorschriften kaum.[29] Das Ziel der Feuerwehr-Dienstvorschriften ist es, die erforderliche Einheitlichkeit im Feuerwehrdienst in allen Bundesländern herbeizuführen und für die Zukunft sicherzustellen. Sie gelten für den Einsatzund gleichermaßen auch für die Ausbildung. Die Dienstvorschriften beschränken sich nur auf solche Festlegungen, die für einen geordneten Einsatz der taktischen Einheiten und des Einzelnen unbedingt erforderlich sind. Weitergehende Festlegungen werden nicht getroffen.

Dienstvorschriften sind Regelungen zur Organisation und Durchführung bestimmter Dienste. Ihre Rechtsnatur entspricht weitgehend den Verwaltungsvorschriften, die ebenfalls nicht nach außen gerichtet sind, sondern lediglich Rechtsregeln des Verwaltungsinnenraums (Innenrechtssätze) enthalten.[30] Von den derzeit gültigen bundeseinheitli-

---

[27] § 9 HBKG jedoch so auch in den anderen landeseigenen Feuerwehrgesetzen.
[28] *Diegmann/Lankau* 2010, 32.
[29] Informationen von der Homepage des Bundesamtes für Bevölkerungsschutz und Katastrophenhilfe, http://www.bbk.bund.de/cln_007/nn_403144/DE/06__Fachinformationsstelle/03__Vorschriften__un d__Richtlinien/06__Volltext__FwDV/FwDV-volltext__einstieg.html__nnn=true (zuletzt aufgerufen am 7 Juli 2011).
[30] *Ossenbühl*, in: Isensee/Kirchhoff, Bd. V, § 104, Rn. 44.

chen Feuerwehrdienstvorschriften[31] ist die FwDV 1 die allgemeinste und allumfassendste. Sie legt die Grundlagen für Lösch- und Hilfstätigkeiten dar. Außerdem bildet sie die Grundlage für die Ausbildung von Feuerwehr-Einsatzkräften.[32]

Mitglieder der freiwilligen Feuerwehr üben dagegen ein freiwilliges und unentgeltliches Ehrenamt aus. In den Gemeindeordnungen ist regelmäßig festgelegt, dass die Feuerwehrtätigkeit eine sogenannte schlichte ehrenamtliche Tätigkeit für eine Gemeinde ist.[33] Das macht die Mitglieder der freiwilligen Feuerwehr nicht zu „Ehrenbeamten" der Gemeinde, wodurch sie auch nicht den für die Ehrenbeamten geltenden Vorschriften des Beamtenrechts unterliegen. Eine Ausnahme stellen dabei lediglich Führungspersonen dar, für die dies ausdrücklich vorgeschrieben ist.[34] Gemäß den Feuerwehrgesetzen[35] werden die Rechte und Pflichten der ehrenamtlichen Feuerwehrangehörigen durch Ortssatzung geregelt. Für den Ersatz von Sachschäden und für die Haftung bei schuldhaften Verletzungen der Dienstpflichten finden in Hessen die beamtenrechtlichen Bestimmungen Anwendung.[36] Andere Feuerwehrgesetze der Bundesländer verweisen eher allgemein auf die Ersatzfähigkeit von Schäden durch Träger der Feuerwehr.[37]

Kann in einer Gemeinde, beispielsweise aufgrund von Nachwuchsschwierigkeiten weder eine Berufsfeuerwehr noch eine freiwillige Feuerwehr gebildet werden, sehen die Feuerwehrgesetze der Länder die Bildung einer Pflichtfeuerwehr vor.[38] Zur Pflichtfeuerwehr können alle Personen einer Gemeinde im entsprechenden Alter – in Hessen zum Beispiel zwischen 18 und 50 Jahren – herangezogen werden, solange dem nicht andere wichtige Gründe entgegenstehen.[39] Die Angehörigen der Pflichtfeuerwehr haben rechtlich die gleiche Stellung wie diejenigen der freiwilligen Feuerwehr.

Werksfeuerwehren, die in einer Gemeinde auch neben einer Gemeindefeuerwehr (freiwillige oder Berufsfeuerwehr) existieren können, sind Feuerwehren zum Schutz von

---

[31]   FwDV 1: Grundtätigkeiten - Lösch- und Hilfeleistungseinsatz, FwDV 2: Ausbildung der Freiwilligen Feuerwehren, FwDV 3: Einheiten im Lösch- und Hilfeleistungseinsatz, FwDV 7: Atemschutz, FwDV 8: Tauchen, FwDV 10: Die tragbaren Leitern, FwDV 13.1: Die Gruppe im technischen Hilfeleistungseinsatz, FwDV 100: Führung und Leitung im Einsatz: Führungssystem, FwDV 500: Einheiten im ABC-Einsatz; PDV/DV 800: Fernmeldeinsatz, PDV/DV 810: Fernmeldebetriebsdienst. (Aufzählung ist abschließend; die Nummerierung der Vorschriften ist nicht fortlaufend)

[32]   FwDV 1, Einleitung.

[33]   Wie zum Beispiel die ehrenamtliche Tätigkeit gemäß § 21 Hessische Gemeindeordnung (HGO).

[34]   *Diegmann/Lankau* 2010, 34.

[35]   § 11 Abs. 1 HBKG.

[36]   § 11 Abs. 7 HBKG.

[37]   So zum Beispiel § 10 Abs. 1 Brandschutz- und Hilfeleistungsgesetz des Landes Sachsen-Anhalt.

[38]   § 7 Abs. 5 Satz 3 HBKG, aber auch die anderen Landesfeuerwehrgesetze sehen dies vor.

[39]   Solche Gründe sind beispielsweise körperliche und geistige Gebrechen oder auf Antrag, wenn die Freistellung im öffentlichen Interesse liegt.

Betrieben, Einrichtungen und Verwaltungen. Sie müssen in Aufbau, Ausrüstung und Ausbildung den Erfordernissen des Betriebs oder der Einrichtung und den an gemeindliche Feuerwehren gestellten Anforderungen entsprechen. Die Existenz von Werksfeuerwehren ist von allen Feuerwehrgesetzen geregelt.[40] Grundsätzlich ist die Gründung einer Werksfeuerwehr für den Betrieb freiwillig, jedoch können Einrichtungen mit erhöhter Brand- oder Explosionsgefahr oder anderen besonderen Gefahren dazu verpflichtet werden, zur Verhütung und Bekämpfung solcher Gefahren eine entsprechend leistungsfähige Feuerwehr aufzustellen, auszustatten und zu unterhalten.[41] Die Kosten einer Werksfeuerwehr trägt in jedem Fall der Betrieb, die Einrichtung oder die Verwaltung, die die Werksfeuerwehr unterhält. Die Mitglieder einer Werksfeuerwehr sind Mitarbeiter in dem jeweiligen Betrieb oder der Einrichtung. Sie können auch Mitarbeiter in einem Betrieb sein, der als „Drittleister" den Brandschutz für ein Unternehmen übernimmt. Sie stehen deshalb in den meisten Fällen in einem privatrechtlichen Arbeitsverhältnis. Eine Ausnahme stellen hierbei lediglich verbeamtete Mitarbeiter einer Verwaltung dar, die eine Werksfeuerwehr unterhält.

Weiterhin sind auch auf Bundesebene Feuerwehren organisiert, wie zum Beispiel die Berufsfeuerwehr der Bundeswehr. Diese sind nicht einer Gemeinde unterstellt, sondern ein Teilbereich der Bundeswehr. Grundsätzlich handelt es sich im Rahmen der Bundeswehr um besondere Gefahren im Sinne des Brandschutzes, die dazu führen, dass der abwehrende Brandschutz nicht durch die kommunalen Wehren übernommen werden kann und einer eigenen Berufsfeuerwehr übertragen wird.[42] Diese besonderen Gefahren resultieren entweder aus dem Einsatzbetrieb, zum Beispiel Flugplätzen, den infrastrukturellen und baulichen Gegebenheiten, zum Beispiel Untertageanlagen oder aus der Gefährdung durch eingelagerte oder zu bearbeitende Materialien, zum Beispiel Munitionsdepots.

Das Bundesverwaltungsgericht (BVerwG) hat in einem Rechtsstreit zwischen der Stadt Pforzheim und der Bundesrepublik Deutschland („Bundeswehrverwaltung") entschieden, dass der abwehrende Brandschutz an Bundeswehranlagen grundsätzlich zu den Aufgaben der nach Landesrecht zuständigen Gemeinden gehört. Diese Aufgabe ist von

---

[40] Beispielhaft s. hierfür stellvertretend § 14 HBKG und § 19 FWG Baden-Württemberg.
[41] Diese Pflicht erlegt beispielsweise das Innenministerium/Regierung (zum Beispiel § 17 Abs. 2 BrSchG Mecklenburg-Vorpommern, Art. 15 Abs. 2 BayFwG) auf Antrag der Gemeinde oder das Regierungspräsidium (zum Beispiel § 14 Abs. 1 HBKG) den Betrieben auf.
[42] S. Verband der Bundeswehrfeuerwehren e.V., Die Feuerwehr in der Bundeswehr, http://www.bwfw.de/ index.php?page=bwfw&font= standard&item=item (zuletzt abgerufen am 7. Juli 2011).

der Bundeswehr nur dann selbst zu erfüllen, wenn der Verteidigungsauftrag der Bundeswehr dies konkret gebietet. Das Bundesverwaltungsgericht legte hierbei fest, dass der abwehrende Brandschutz als Materie der allgemeinen öffentlichen Sicherheit und Ordnung nach der bundesstaatlichen Kompetenzverteilung grundsätzlich Sache der Länder sei.[43] Zivile Gesetze aus dem Bereich des Brandschutzes sind für die Bundeswehrfeuerwehr damit ebenso verbindlich wie für jede zivile Feuerwehr.[44] Damit ist die Bundeswehrfeuerwehr an den sachlichen Gehalt der jeweiligen Feuerwehrgesetze gebunden und unter Umständen angehalten, danach erforderliche Brandbekämpfungsmittel vorzuhalten.[45] Die Mitglieder der Bundeswehrfeuerwehr sind Beamte.[46]

2.4   Interessensgegensätze im Beschäftigungsverhältnis

Aus der dargestellten Struktur des Feuerwehrwesens in Deutschlang ergibt sind, dass – mit Ausnahme der freiwilligen Feuerwehr und der Pflichtfeuerwehr – die Feuerwehrtätigkeit als Beruf in einem öffentlichen-rechtlichen oder privatrechtlichen Beschäftigungsverhältnis ausgeübt wird. Das Verhältnis von Beschäftigten und Dienstherr oder Arbeitgeber ist geprägt durch ein strukturell bedingtes Ungleichgewicht. Auf der einen Seite ist Beschäftigung die Grundlage wirtschaftlicher Unabhängigkeit, die wiederum in vielen Bereichen Voraussetzung für die Teilnahme am gesellschaftlichen Leben ist. Auf der anderen Seite nimmt der Arbeitgeber durch sein Unternehmen am wirtschaftlichen Leben teil oder erfüllt im öffentlichen Bereich Aufgaben des Gemeinwohls. Die Entfaltung unternehmerischer Initiative sowie die Effektivität und Effizienz der Verwaltung werden maßgeblich durch die Beschäftigten erweitert und begrenzt. Die Arbeitsbedingungen, die der Beschäftigte vorfindet, unterliegen jedoch vorbehaltlich zwingender gesetzlicher Vorschriften der Gestaltungsfreiheit des Arbeitgebers. Das Beamten- und Arbeitsrecht ist konzipiert, um einen gerechten Ausgleich der verschiedenen Interessen herbeizuführen.[47] Es kompensiert die strukturellen Ungleichheiten und schützt den Beschäftigten durch eine Vielzahl zwingender Regelungen.[48] Die starke Abhängigkeit im Beschäftigungsverhältnis ist unter anderem durch die Weisungsabhängigkeit des Be-

---

[43] BVerwG, NVwZ-RR 1997, 350.
[44] Diese Informationen über die Bundeswehrfeuerwehr stammen vom Verband der Bundeswehrfeuerwehren e.V. - s. Fußnote 42.
[45] BVerwG, NVwZ-RR 1997, 352.
[46] Früher wurden sie auch im Angestelltenverhältnis beschäftigt, jedoch finden Neueinstellungen nur noch als Beamte statt.
[47] *Weidenkaff*, in: Palandt 2010, Einf v § 611 BGB, Rn. 3.
[48] *Preis*, in: Müller-Glöge/Preis/Schmidt 2011, § 611 BGB, Rn. 7.

schäftigten gekennzeichnet.[49] Sie besteht grundsätzlich bei allen Beschäftigten, auch wenn die einzelnen Beschäftigungsverhältnisse noch so verschieden sind.

Beide Parteien haben ein prinzipielles Interesse am ungestörten Ablauf des Beschäftigungsverhältnisses. Der Bedarf des Beschäftigten an einer Beschäftigung erfolgt vor allem aus materiellen Eigeninteressen. Diese sind zivilrechtlich durch die grundsätzliche Bestandssicherheit beamtenrechtlicher oder arbeitsvertraglicher Beziehungen geschützt,[50] die sich wiederum als Ausfluss des Sozialstaatsgedankens gemäß Art. 20 Abs. 1 GG[51] und der Berufsfreiheit aus Art. 12 Abs. 1 GG darstellt.[52] Flankiert wird das Interesse des Beschäftigten an der Aufrechterhaltung seines Beschäftigungsverhältnisses durch verschiedenartige Schutzpflichten des Dienstherrn oder Arbeitgebers. Im Bereich des öffentlichen Dienstes ist in diesem Zusammenhang zusätzlich die allgemeine verfassungsrechtliche Fürsorgepflicht des Dienstherrn gegenüber den Beamten gemäß Art. 33 Abs. 4 GG zu beachten.[53]

Diesen primären Beschäftigteninteressen steht das Interesse des Dienstherrn an der Erfüllung der Verwaltungsaufgabe und des Arbeitgebers am Erhalt des eingerichteten Gewerbebetriebes durch die Sicherung geordneter Betriebsabläufe gegenüber. Hierzu gehören insbesondere die Umgehung von Ausfallzeiten, die Vermeidung von Störungen im Arbeitsprozess oder dessen notwendige Änderungen oder aber die Vermeidung von einer allgemeinen Überlastung des Personals. Verfassungsrechtlich sind die Verwaltungsinteressen durch die Bindung der Exekutive an das Gesetz vorgegeben. Die Arbeitgeberinteressen sind verfassungsrechtlich durch das von Art. 12 Abs. 1 GG geschützte Recht an der unternehmerischen Berufsausübung und das von Art. 14 Abs. 1 GG geschützte Recht am eingerichteten und ausgeübten Gewerbebetrieb. erfasst. Letztlich geht es dem Arbeitgeber im privatrechtlichen Bereich beim Einsatz neuer I&K-Technologie um die Erhaltung seiner Wettbewerbsfähigkeit durch Steigerung der Effizienz und Effektivität im Unternehmen. Im öffentlichen Bereich geht es um die Erfüllung der zugewiesenen öffentlichen Aufgaben, bezogen auf den Untersuchungsgegenstand, also um die Gefahrenabwehr.

---

[49]   *Richardi*, in: Richardi/Wlotzke/Wissmann/Oetker 2009, § 1, Rn. 1; *Preis*, Müller-Glöge/Preis/Schmidt 2011, § 611 BGB, Rn. 4; *Moll/Altenburg*, in: Moll 2005, § 1, Rn. 31; *Wilms*, in: Hümmerich/Boecken/Düwell 2007, Art. 1, 2 GG, Rn. 52.
[50]   *Reichold*, in: Richardi/Wlotzke/Wissmann/Oetker 2009, § 84, Rn. 3.
[51]   *Hergenröder*, ZfA 2002, 359; *Oetker*, RdA 1997, 13.
[52]   *Kiel*, in: Ascheid/Preis/Schmidt 2007, § 1 KSchG, Rn. 447.
[53]   *Leisner*, ZBR 1998, 81.

3   Chancen und Risiken

Die neue Technologie bietet eine Reihe von Chancen, deren Verwirklichung sich für die Gesellschaft lohnt. Die neue Persönliche Schutzausrüstung mit I&K-Technik wird eingesetzt, um Belange von hohem verfassungsrechtlichem Gewicht zu schützen. Sie dient dem Schutz von Leben und Gesundheit der Feuerwehreinsatzkräfte, dem Schutz Dritter und ihrer Interessen sowie dem Schutz erheblicher Sachgüter.[54]

Neben den Chancen, die der Einsatz von Sensoren zur Überwachung der Einsatzkräfte bieten kann, dürfen aber auch die möglichen Risiken nicht außer Acht gelassen werden. Es entstehen hier sowohl Risiken für den Gesundheitsschutz als auch für die informationelle Selbstbestimmung und für den Interessensausgleich im Arbeitsverhältnis. Bei der Implementierung dieser neuen I&K-Technik ist deshalb darauf zu achten, dass diese sich teilweise widerstreitenden Interessen zu einem verfassungsgemäßen Ausgleich gebracht werden.

3.1   Chancen für den Gesundheitsschutz

Gerade weil die Vielschichtigkeit und Vielzahl der Gefahren sowie die oft lediglich unter Zeitdruck erfolgenden Erkundungen unter widrigen Umständen eine vollständige Erfassung der Gefahrensituation nicht immer zulassen, muss mit allen geeigneten Mitteln die Verhinderung von Unfällen betrieben werden.[55] Die Einsatzkräfte müssen befähigt werden, durch geeignete Geräte, geeignete Schutzausrüstung und vor allem angemessenes Verhalten den Gefahren so zu begegnen, dass sich erst gar keine Unfälle ergeben.[56] Deshalb ist es wichtig, dass Gefahren frühzeitig erkannt werden können. Dies kann durch Sensoren und die Übermittlung der Sensordaten zu einer Einsatzstelle unterstützt werden. Die Sensoren erweitern die Sinne sowohl der Einsatzkraft als auch der Einsatzleitung. Es können Situationen erkannt und erfasst werden, die nicht oder nur beschränkt mit den eigenen Sinnen wahrgenommen werden können. Die Einsatzkraft kann durch die Sensoren ihre Umgebung beobachten, ohne darauf Aufmerksamkeit verwenden zu müssen. Dieses gilt auch für den Einsatzleiter, sogar ohne an diesem Ort selbst anwesend zu sein. Er kann zugleich mehrere Einzelsituationen als auch die Gesamtsituation erkennen und daraus Schlussfolgerungen ziehen, die bisher mangels aktueller Kenntnis nicht möglich waren. Es wird von einem Dritten beobachtet, ob die Ein-

---

[54]   S. *Giesen* 2007, 647.
[55]   *Knorr* 2010, 20.
[56]   *Knorr* 2010, 20.

satzkraft sich einem kritischen Grenzwert nähert. Beim Überschreiten eines solchen Grenzwertes können unmittelbar Konsequenzen gezogen. Bei einem Feuerwehreinsatz kann diese Technologie die Auswirkungen der Gefahren abmildern, zu einer besseren Koordination des Rettungs- oder Hilfseinsatzes führen und für präventiven gesundheitlichen Schutz sorgen.

Hierzu stellt eine Einsatzstelle, an der Atemgifte oder Sauerstoffmangel vorkommen, ein gutes Beispiel dar. Atemgifte kommen in allen Aggregatzuständen vor, fest oder flüssig als Schwebstoffe, Gas oder Dämpfe.[57] Atemgifte können einen unterschiedlichen Einfluss auf den Menschen haben. Es gibt solche, die zum Ersticken führen (Stickgase), andere, die eine Reiz- oder Ätzwirkung[58] haben, und weitere, die Auswirkungen auf Blut, Nerven und Zellen[59] haben. Atemgifte können schon nach kurzer Zeit schwerwiegende Beeinträchtigungen und Schäden bei Einsatzkräften hinterlassen. Vor allem in brennenden Gebäuden wird zwar in erster Linie mit Atemschutz gearbeitet, trotzdem ist es von Nutzen, wenn über äußerlich an der Schutzkleidung angebrachte Sensoren einige Atemgifte, wie zum Beispiel Kohlenmonoxid, in der Luft festgestellt werden kann. Gleichzeitig kann über die Vitalparameter, insbesondere durch die Sauerstoffsättigung im Blut, festgestellt werden, wie stark sich eine vorhandene Belastung auf den Körper der Einsatzkraft auswirkt.

Außerdem lässt sich an den Vitaldaten die Belastbarkeit der Einsatzkräfte erkennen. Ist eine der Einsatzkräfte durch Tagesform oder Grundfitness wahrscheinlich nicht in der Lage, die zu erwartenden körperlichen Belastungen weiter durchzuhalten, wird sie angewiesen, den Einsatz abzubrechen. Dadurch wird garantiert, dass keine Einsatzkräfte im Einsatz sind, die durch mangelnde Leistungsfähigkeit eine Gefährdung für sich oder andere darstellen. Umgebungs- und Vitaldaten ermöglichen so ein schnelles und zutreffendes Eingreifen der Einsatzleitung.

Voraussetzung für die Einstellung in der Berufsfeuerwehr ist es, dass die Bewerber einen Einstellungstest absolvieren müssen, durch den auch ihre körperliche Konstitution getestet wird. Bei freiwilligen Feuerwehren gibt es allerdings keine Einstellungsprüfung. Das bedeutet, dass die Mitglieder einer freiwilligen Feuerwehr bei einem Einsatz die gleichen Belastungen überstehen müssen wie die Beschäftigten der Berufsfeuerwehr, obwohl nicht sicher gewährleistet ist, dass sie dem auch gewachsen sind. Sie

---

[57] *Knorr* 2010, 22.
[58] Chlor (CL_2), Ammoniak (NH_3), Nitrose Gase (NO_X), Säuredämpfe; s. dazu *Knorr* 2010, 27f.
[59] Kohlenmonoxid (CO); Kohlendioxid (CO_2), Cyanwasserstoff (HCN), Schwefelwasserstoff (H_2S), PCB und Dioxine, Gülle und Biogase - s. dazu *Knorr* 2010, 28 ff.

können durch ihre körperliche Konstitution möglicherweise nicht so lange in einem brennenden Haus bleiben wie leistungsfähigere Kollegen. Gerade ihnen würde es zugutekommen, wenn man bei dem Überschreiten von Leistungsgrenzen bei den Vitalparametern rechtzeitig einschreiten kann. Aufgrund der nicht geprüften Grundkonstitution ergibt sich somit ein höheres Risikopotential bei den freiwilligen Feuerwehren. Daher könnte gerade bei ihnen durch die Spezialanzüge die Unfallwahrscheinlichkeit noch mehr reduziert werden.

3.2 Chancen für die Aufgabenerfüllung

Für einen erfolgreichen Einsatz in Hilfs- oder Rettungssituationen ist auf Seiten der Einsatzleitung ein hohes Maß an Koordination notwendig, um den bestehenden Gefahren während eines Einsatzes wirksam begegnen zu können. Erforderlich ist vor allem, dass die Einsatzleitung mit möglichst vielen relevanten Informationen über die Einsatzsituation ausgestattet ist. Sie muss quasi mit allen Sinnen – Augen, Ohren, Nase und Hände – an allen Einsatzorten die notwendigen Informationen aufnehmen und sie in der Einsatzzentrale mit weiteren Informationen über die Einsatzsituation verbinden. Je besser die Informationslage, umso höher ist die Chance, die Situation richtig einzuschätzen und daraus die entsprechenden Strategien und Maßnahmen abzuleiten.

Rechtlich ist die Organisation der Einsatzleitung in den Dienstvorschriften der Feuerwehren geregelt.[60] Die Führungsebenen der Einsatzleitung ergeben sich aus einer taktischen Gliederung der Kräfte und einer taktischen Gliederung des Raumes.[61] Die taktische Gliederung der Kräfte erfolgt durch die Einteilung in „Trupps", „Staffeln", „Gruppen" und „Züge", wobei je nach Gliederungsebene auch unterschiedliche Spezialfertigkeiten zum Tragen kommen. Unter taktischer Gliederung des Raumes wird die Zuweisung unterschiedlicher Einsatzleiter zu verschiedenen Einsatzabschnitten verstanden. Diese kann aufgrund der Größe der Einsatzstelle, des Umfangs des Einsatzes oder aber auch der Art des Einsatzes notwendig werden.[62]

Die Sensoren ermöglichen es, die Einsatzleitung in den verschiedenen Facetten der taktischen Gliederungen zu unterstützen. Hierbei kann eine individuelle und eine kollektive Komponente unterschieden werden. Auf individueller Ebene vermittelt die eingesetzte

---

[60] FwDV 100, Nr. 3. Die Dienstvorschriften werden von der Projektgruppe Feuerwehr-Dienstvorschriften des Ausschusses für Feuerwehrangelegenheiten, Katastrophenschutz und zivile Verteidigung (AFKzV) erstellt und den Bundesländern zur Einführung auf Grundlage ihrer entsprechenden Feuerwehrgesetze empfohlen. Sie werden durch Erlass des jeweiligen Bundeslandes in Kraft gesetzt.
[61] FwDV 100, Nr. 3.2.4.
[62] FwDV 100, Nr. 3.2.4.2.

Technik der Einsatzleitung ein Wissen über den konkreten Belastungszustand der Einsatzkräfte in Echtzeit, das wiederum Rückschlüsse auf die einzelnen „Trupps", „Staffeln", „Gruppen" und „Züge" erlaubt. Der taktische Einsatz der Kräfte kann demnach besser an die aktuell bestehende Leistungsfähigkeit angepasst werden. Zum anderen ermöglichen die Positions- und Umgebungsdaten auch die bessere Koordination der Einsatzkräfte im Kollektiv. Gerade bei weitläufigen Einsätzen, wie bei Großschadenereignissen und im Katastrophenfall, ist eine umfassendere Ordnung der Einsatzstelle notwendig, so dass weitere Ebenen in Unterabschnitte einzuführen sind. Die Sensorinformationen helfen bei der Koordination innerhalb und zwischen diesen Unterabschnitten. Im Laufe des Einsatzes können die Einsatzkräfte je nach ihrer Position und Eilbedürftigkeit der konkreten Gefahrenlage effizient aufgeteilt werden. Je mehr Informationen die Einsatzleitung erhält, desto effektiver und effizienter kann sie die Beteiligten zur Gefahrenbekämpfung einsetzen. Die neue Persönliche Schutzausrüstung unterstützt das Abarbeiten des konkreten Führungsvorhabens, aber auch des Einsatzes insgesamt und hilft, die Dynamik des Einsatzes zu organisieren. Dies geschieht, indem weitere Möglichkeiten zur Informationsgewinnung, -verarbeitung und -weiterleitung geschaffen werden. Darüber hinaus werden die Möglichkeiten erweitert, den Ablauf des Einsatzes ex post zu analysieren und bestehende Defizite individueller oder kollektiver Art, in Form von beispielsweise mangelnder Koordination, bei zukünftigen Einsätzen zu beheben.

In vielen Bereichen ordnungsbehördlicher Tätigkeit liegt die Entscheidung der Verwaltung darüber, ob sie tätig wird und welche Maßnahme sie ergreift, in ihrem Ermessen. Auch den Feuerwehren der jeweiligen Länder wird durch die jeweiligen Feuerwehrgesetze regelmäßig ein Ermessen eingeräumt. Exemplarisch führt § 6 Abs. 1 BbgFWG (Brandenburg) an, dass „Feuerwehren … im Rahmen der geltenden Gesetze die nach pflichtgemäßem Ermessen erforderlichen Maßnahmen zu treffen (haben)". Die Technik und die durch sie generierten Daten verbessern die Ausübungsbedingungen des Ermessens der Einsatzkräfte, indem sie diese auf eine breitere und verlässlichere Informationsbasis erweitern. Grundsätzlich räumt das Ermessen dem Entscheidungsträger gewisse Freiheiten bei der Entscheidungsfindung ein. Ordnungsbehörden haben regelmäßig ein dreifaches Ermessen. Dieses stellt sich als Entschließungs-, Gestaltungs-, und Auswahlermessen dar.[63] Das Entschließungsermessen betrifft die Frage, „ob" eingegriffen werden soll. Beim Gestaltungsermessen klärt die Behörde das „Wie" der Aufgabenerfüllung. Betroffen sind hiervon insbesondere der Umfang des Eingriffs und die Wahl

---

[63] *Rachor*, in: Lisken/Denninger 2007, Kap. F, Rn. 115.

der Mittel. Das Auswahlermessen bezieht sich wiederum auf die Frage, „gegen wen" eine Maßnahme vorgenommen wird. Das Ermessen wird maßgeblich durch die Art des gefährdeten Rechtsguts, als auch durch die Wahrscheinlichkeit des Schadenseintritts beschränkt.[64] Je wahrscheinlicher der Eintritt eines Schadens an einem bedeutenden Rechtsgut ist, desto weniger Ermessen besitzt die Einsatzkraft hinsichtlich des Entschlusses, eine Maßnahme durchzuführen. Auch die Pflicht, die Aufgabenerfüllung in einer bestimmten Art und Weise durchzuführen, kann sich hieraus ergeben.

Die Umgebungsdaten bieten Informationen hinsichtlich der Umstände, aus denen sich Gefahren für bestimmte Rechtsgüter ergeben können. Auch können sich die Daten unmittelbar auf die bedrohten Rechtsgüter beziehen. Sie ermöglichen daher eine Beurteilung der Frage, welche Rechtsgüter aktuell bedroht sind und bieten unter Umständen sogar Anzeichen darauf, wie wahrscheinlich der Eintritt des Schadens ist. Die Umgebungsparameter enthalten zudem Hinweise darauf, wie eine Aufgabe am erfolgversprechendsten durchzuführen ist. Durch Sensorik, die Temperatur und Sauerstoffgehalt misst, kann beispielsweise die Frage nach einem weiteren Vorgehen unter Einsatz von Spezialausrüstung beurteilt werden. Es besteht eine bessere Sachkenntnis, durch die die optimalen Einwirkungsmöglichkeiten auf die Gefahr ermittelt werden können. Das Ermessen wird hierdurch zunehmend an objektiven Kriterien ausgerichtet.

Die Vitaldaten ermöglichen der Einsatzleitung und der jeweiligen Einsatzkraft weiterhin, die eigene Belastbarkeit besser zu beurteilen. Hiermit geht auch einher, dass eine bessere Beurteilung der Frage möglich ist, wie eine Gefahrenabwehrmaßnahme durchzuführen ist. Der Umfang des Einsatzes, wie zum Beispiel ob und wenn ja, wie viele weitere Einsatzkräfte zur Aufgabenerfüllung notwendig sind, ist seitens der Einsatzleitung besser abschätzbar. Die konkrete Maßnahme kann effizienter gestaltet werden, wodurch wiederum mehr Kapazitäten für andere Aufgaben frei werden. Dies kann sich wiederum auf die Effektivität des gesamten Einsatzes auswirken.

Die Daten verbessern die Ausübungsbedingungen des Ermessens, indem sie die Gefahr von Ermessensfehlern reduzieren. Es entsteht eine Vielzahl von Informationen, die aktuell und verlässlich sind. Die Entscheidungsträger sind hierdurch weniger auf vage Informationen oder Vermutungen angewiesen. Die Gefahr, sich auf sachfremde Erwägungen, das heißt unzutreffende Sachverhaltsfeststellungen, verlassen zu müssen, wird somit verringert.[65] Hierdurch stehen den Einsatzkräften und der Einsatzleitung wiede-

---

[64] *Rachor*, in: Lisken/Denninger 2007, Kap. F, Rn. 134.
[65] S. zu den Ermessensfehlern: *Rachor*, in: Lisken/Denninger 2007, Kap. F, Rn. 118.

rum mehr Entscheidungsvarianten zur Verfügung, um die Maßnahmen durchzuführen. Es bestehen auch Chancen für die Arbeitserleichterung der Einsatzleiter, die letztlich die Mitverantwortung tragen, wenn einer Einsatzkraft etwas zustößt. Bisher wird bei Entscheidungen eher auf Erfahrungswerte zurückgegriffen, aus denen bestimmte Regeln abgeleitet werden. Hier kann mit realen, ad hoc vorliegenden Daten eine Optimierung erzielt werden. Individuelle, der Einsatzperson angepasste Einsätze, zum Beispiel eine längere oder kürzere Einsatzzeit, werden möglich. Die durchgängige Kontrolle der Situation vereinfacht auch die Entscheidungen, Einsatzkräfte im Einsatz auszutauschen oder diesen Austausch bei frühzeitigen Anzeichen vorzubereiten.

3.3   Risiken für den Gesundheitsschutz

Der Grundsatz, dass Entscheidungen während eines Einsatzes hauptsächlich oder vollständig auf Informationen basieren sollen, die Sensoren liefern, beinhaltet aber auch Risiken. Dies ist dadurch begründet, dass die Technik beispielsweise falsch eingestellt sein oder fehlerhafte Messewerte liefern kann. Daraus ergibt sich die Frage, welche Anforderungen an die Zuverlässigkeit der jeweiligen Daten zu stellen sind. Es muss kritisch hinterfragt werden, unter welchen Voraussetzungen Daten als zuverlässig angesehen werden können. Es besteht immer die Möglichkeit, dass Daten unvollständig oder falsch erfasst oder übermittelt oder manipuliert werden. Deshalb ist zu fragen, wie eine ausreichende Zuverlässigkeit der Daten sichergestellt werden kann, wie mit möglichen Falschmeldungen umgegangen wird und wer für potenzielle Schäden haftet.

Vitale Höchstwerte sind außerdem für die Messung der Leistungsgrenze von Person zu Person unterschiedlich. Selbst wenn man davon ausgeht, dass das Messgerät die richtigen Werte liefert, bedeutet dies noch nicht bei jeder Person das Gleiche. Dies macht eine einheitliche Interpretation schwierig. Demnach fällt es auch schwer, einheitliche Entscheidungskriterien festzulegen, zu welchem Zeitpunkt eine Einsatzkraft noch einsatzfähig und wann sie für den Einsatz nicht mehr tauglich ist. Es könnten zwar die individuellen Höchstwerte für die Belastbarkeit im Vorhinein zumindest annähernd für jede Person durch eine Eingangsuntersuchung ausgelotet werden. Allerdings ist jeder gemessene Wert tagesformabhängig, denn es fließen zum Beispiel Faktoren wie ausreichend Schlaf und sich anbahnende Krankheiten in die jeweiligen Werte zur Anzeige der Belastbarkeit mit ein. Eine Einsatzkraft, die gerade erkältet ist, kann an diesem Tag viel schneller an seine Leistungsgrenze gelangen, als es normalerweise für sie üblich wäre. Solche Einflussfaktoren sind nicht immer bekannt. Da diese aber nicht unberücksichtigt bleiben können, resultiert daraus immer eine gewisse Entscheidungsungenauigkeit.

Die Grenzen der Belastbarkeit bei der Messung von Vital- und Umgebungsparametern sind aber nicht nur personenabhängig, sondern auch einsatzabhängig. Es müssen demnach zur Bewertung von Leistungsgrenzen und für unterschiedliche Einsätze auch unterschiedliche Grenzwerte zur Beachtung der Einsatzbedingungen herangezogen werden. Dies erschwert es zusätzlich, eine interpretationssichere Entscheidungsgrundlage zu finden. Es entsteht durch die personen- und einsatzabhängigen Schwankungen in den individuellen Höchstwerten für die Belastbarkeit einer Einsatzkraft somit das Risiko einer möglichen Fehlinterpretation (falschen Auswertung) oder Überinterpretation von vorliegenden Werten.

Oft kommt es innerhalb eines Einsatzes vor, dass Personen gerettet werden müssen. Dabei ist nicht nur die zu rettende Person gefährdet, sondern auch die Einsatzkraft selbst. Die Leitstelle hat in solchen Situationen aufgrund der Sensordaten die Möglichkeit, der Einsatzkraft auf Grundlage der Vitaldaten Empfehlungen oder Befehle zu geben. Schwierig erscheint hierbei insbesondere, wie eine Entscheidung im Konfliktfall getroffen werden muss und wer die Verantwortung übernimmt, wenn auf der Grundlage der Messung von Vitalparametern die Belastungsgrenze überschritten wird, aber eine verletzte Person noch zu retten ist.

3.4   Risiken für die informationelle Selbstbestimmung

Der hohe Aussagegehalt der durch die Sensortechnik entstehenden und verarbeiteten personenbezogenen Daten begründet grundsätzlich das Risiko der Beeinträchtigung von Persönlichkeitsrechten der Einsatzkräfte. Diese werden über die Schutzkleidung in ein Kommunikationsnetzwerk eingebunden. Das Netzwerk ist mit einer Sensorik verbunden, die es ermöglicht, die Umgebungsbedingungen zu erfassen und in umfassender Weise Vitalparameter und Standortdaten zu erheben und zu verwenden. Die Umgebungsbedingungen besitzen für sich genommen keinen Personenbezug. Wenn sie aber durch einen Anzug erhoben werden, der einer bestimmten Person zugeordnet ist, kann angenommen werden, dass die erhobenen Daten auch von dieser Person stammen. In Verbindung mit der Information, dass sich eine Einsatzkraft in einer Situation einer bestimmten Umgebungsbedingung ausgesetzt hat, zum Beispiel einer bestimmten Temperatur, erlangen auch die Umgebungsbedingungen eine persönlichkeitsrechtliche Relevanz. Hierdurch stehen zunehmend personenbezogene Daten über die Einsatzkräfte in elektronisch auswertbarer Form zur Verfügung.

Bei der Auswertung dieser Datenbestände können vielfältige Rückschlüsse auf das Verhalten und die Arbeitsweise der Mitarbeiter gezogen werden. Die prinzipielle Möglichkeit, diese Informationen in vielen verschiedenen, unter Umständen sachfremden, Kontexten einzubeziehen, besitzt eine starke persönlichkeitsrechtsrelevante Komponente. So machte das Bundesverfassungsgericht im Volkszählungsurteil deutlich, dass die Beurteilung der Tragweite von Eingriffen von den der „Informationstechnologie eigenen Verarbeitungsmöglichkeiten und Verknüpfungsmöglichkeiten" abhängt.[66] Die Schutzanzüge werden in einer IT-Infrastruktur eingebettet sein, die eine digitalisierte Datenverarbeitung ermöglichen wird. Hierdurch bestehen nicht nur die Möglichkeit eines prinzipiell unbegrenzten Datenaustausches zwischen Behörden und Ämtern, sondern auch verbesserte Übermittlungsmöglichkeiten zu nicht-öffentlichen Stellen und Verknüpfungsmöglichkeiten mit öffentlich zugänglichen Daten. Eine unbegrenzte Zulassung dieser Möglichkeiten wäre rechtswidrig.[67] In den letzten Jahren sind aus der Praxis eine Vielzahl von Fällen bekannt geworden, zum Beispiel in den Unternehmen Deutsche Bahn, Telekom, Lidl, in denen die Erhaltung der „inneren Ordnung" des Unternehmens um den Preis einer Verletzung der informationellen Selbstbestimmung seiner Beschäftigten erkauft worden ist.[68]

Die Intensität der Gefährdung für das Recht auf informationelle Selbstbestimmung wird im Wesentlichen durch drei Faktoren bedingt. Diese sind der Umfang des Monitorings in zeitlicher Hinsicht, der Aussagegehalt der erhobenen Daten sowie das strukturelle Ungleichgewicht im Beschäftigungsverhältnis. Hinsichtlich der Dauer des Monitorings ist festzuhalten, dass eine Erfassung der Vitaldaten während jedes Inneneinsatzes erfolgen soll. Dadurch stehen die Einsatzkräfte für die Zeit dieser Einsätze unter ständiger Beobachtung, denn mit einer Unterbrechung würde der Zweck des Monitorings konterkariert. Weiterer Faktor ist der Aussagegehalt der erhobenen Daten. Schutzobjekt der informationellen Selbstbestimmung sind grundsätzlich alle Daten, die einen Personenbezug aufweisen. Einen besonders hohen Schutzbedarf weisen allerdings personenbezogene Daten auf, die Angaben über die Gesundheit repräsentieren. Diese werden von § 3 Abs. 9 BDSG als besonders schützenswerte personenbezogene Daten angesehen. Ihre Erhebung, Verarbeitung und Nutzung wird in den Datenschutzgesetzen besonderen Restriktionen unterworfen. Bei den einzelnen erhobenen Vitalparametern handelt es sich um Gesundheitsdaten, die diesen besonders hohen Schutzbedarf aufweisen. Diese werden in verschiedenster Art und in großem Umfang erhoben. Dadurch kann ein aus-

---

[66] BVerfGE 65, 1 (45); s. auch *Benda*, DuD 1984, 88.
[67] S. zur informationellen Gewaltenteilung *Roßnagel/Pfitzmann/Garstka* 2001, 126; *Laue* 2010, 317f.
[68] S. *Ehleben/Schirge/Seipel*, AiB 2009, 192.

sagekräftiger Datenbestand entstehen. Aussagekräftig ist der Datenbestand sowohl hinsichtlich einzelner Vitalparameter als auch in der Kumulation aller Datenarten.

Abstrakt ist nicht abschließend beurteilbar, welche konkreten Schlüsse hieraus tatsächlich gezogen werden können. Die regelmäßige Erhebung der Daten hat den Zweck, ständig einen aktuellen Datenbestand zur Verfügung zu haben, auf dessen Grundlage die Belastung der Einsatzkräfte beurteilt werden kann. Die Beobachtung findet demnach nicht nur in zeitlicher Hinsicht in großem Umfang statt, sondern erreicht durch die Vielzahl und Qualität der Daten auch eine hohe Dichte. Intensivierender Faktor ist weiterhin der Umstand, dass der Datenumgang im Rahmen eines Beschäftigungsverhältnisses stattfindet und somit für den Dienstherrn oder Arbeitgeber die Möglichkeit für weitere Überwachungsmaßnahmen bietet.

Schließlich besteht das Risiko, dass eine regelmäßige Überwachung der Vitaldaten beamten- oder arbeitsrechtliche Konsequenzen für die Einsatzkräfte haben kann. So könnte es beispielsweise zu Kündigungen oder Versetzungen in den Innendienst als Konsequenz auf nicht den Leistungsanforderungen entsprechende Vitaldaten in Einsätzen kommen.

4   Schutzpflichten und verfassungsrechtliche Rahmenbedingungen

Die Chancen und Risiken betreffen unterschiedliche Schutzpflichten sowohl des Gesetzgebers als auch der verschiedenen Arbeitgeber oder Dienstherrn. Soweit sich diese Pflichten widersprechen, müssen sie zu einem verträglichen Ausgleich gebracht werden. Dieser Ausgleich kann sowohl durch die Gestaltung von Technik und Organisation des Systems „Persönliche Schutzausrüstung mit integrierter I&K-Technik" als auch durch rechtliche Rahmenvorgaben hergestellt werden.

Zum einen können die Schutzpflichten auf die in der Verfassung verbürgten Grundfreiheiten zurückgeführt werden. Grundrechte haben unterschiedliche Funktionen. Sie sind in erster Linie jedoch dazu bestimmt, die Freiheitssphäre des Einzelnen zu schützen. Gemäß Art. 1 Abs. 3 GG sind Grundrechte Abwehrrechte des Bürgers gegen den Staat und begrenzen demnach primär staatliches Handeln.[69] In bestimmten Fällen ist jedoch anerkannt, dass den Staat eine Pflicht trifft, unabhängig vom Vorliegen staatlicher Eingriffe einen Schutz der Grundrechtsträger zu gewährleisten. Dieses bedeutet nicht nur

---

[69]   BVerfGE 7, 198 (204f.); 96, 56 (64); *Sachs*, in: Merten/Papier 2006, § 39, Rn. 1.

die Unterlassung von Eingriffen in geschützte Rechtspositionen, sondern verpflichtet den Staat vielmehr auch zum positiven Handeln. Der Staat hat dann auch Übergriffe in grundrechtlich geschützte Rechtspositionen eines Bürgers durch andere Bürger abzuwehren und ihnen vorzubeugen.[70] Die Annahme staatlicher Schutzpflichten erfordert grundsätzlich, dass grundrechtliche Rechtsgüter in ihrem Bestand gefährdet werden oder die mit einem Grundrecht verbundene Freiheitsausübung wesentlich erschwert oder vereitelt wird und sich diese Gefährdung auch und gerade auf nichtstaatliche Gefährdungsquellen zurückführen lässt.[71]

Pflichten des Gesetzgebers durch gesetzliche Rahmenregelungen Grundrechte im Verhältnis von Privaten zu schützen, bestehen vor allem dann, wenn eine strukturelle Unterlegenheit einer Partei anzunehmen ist.[72] Diese liegt vor, wenn in einem Rechtsverhältnis eine Partei durch die gegebenen tatsächlichen und rechtlichen Strukturen eine ungleich höhere Chance hat, ihre Interessen durchzusetzen, als die andere Partei. Die grundrechtlichen Gewährleistungen der Privatautonomie gemäß Art. 2 Abs. 1 GG und des Sozialstaatsprinzips gemäß Art. 20 Abs. 1 und Art. 28 Abs. 1 GG gebieten eine Korrektur solcher Ungleichgewichte.[73] Die strukturelle Unterlegenheit des Arbeitnehmers liegt darin begründet, dass der Arbeitgeber die Arbeitsbedingungen, seien sie faktischer oder rechtlicher Art, typischerweise diktiert. Der Umstand, dass der Beruf und der Arbeitsplatz gemäß Art. 12 Abs. 1 GG frei wählbar sind, ändert nichts daran, dass die Vorbedingungen regelmäßig feststehen. Die Nutzung der Arbeitsmittel findet demnach nicht im Rahmen einer gleichberechtigten Bestimmung durch Arbeitnehmer und Arbeitgeber statt. Der Arbeitnehmer wird vielmehr aufgrund eines im vertraglichen Bereich angesiedelten strukturellen Ungleichgewichts im Rahmen des Direktionsrechts des Arbeitgebers zur Nutzung von Arbeitsmitteln mittelbar „gezwungen".

Wie der Gesetzgeber seiner Schutzpflicht nachkommt, obliegt seiner weiten Einschätzungsprärogative.[74] Soweit er jedoch Grundrechte von Arbeitnehmern durch arbeitsrechtliche Vorschriften schützt, wird dies durch seine Schutzpflicht gefordert oder zumindest gerechtfertigt. Inzwischen hat sich durch die vielfältigen Regelungen des Arbeits- und Gesundheitsschutzrechts ein gewisser Schutzstandard herausgebildet, der zum einen negative Beeinflussungen der körperlichen Unversehrtheit reduziert und Ge-

---

[70] *Starck*, in: Starck 2010, Art. 2 GG, Rn. 208; *Callies*, in: Merten/Papier 2006, § 44, Rn. 25.
[71] *Heckmann*, in: Rüßmann 2009, 134.
[72] BVerfG, NJW 1994, 2750.
[73] BVerfGE 81, 242 (255).
[74] BVerfGE 56, 54 (81).

sundheitsbeeinträchtigungen auch durch neue Technik abwehrt und zum anderen die persönlichkeitsrechtlichen Belange der Arbeitnehmer berücksichtigt.

Des Weiteren können sich Schutzpflichten aus privatrechtlichen Verträgen ergeben. Ungeschriebener Bestandteil eines jeden Vertrags ist die Pflicht, bei der Durchführung des Vertrags die Rechtsgüter des Vertragspartners nicht zu verletzen oder zu gefährden. Ein Vertrag, in dem dies in besonderer Weise relevant wird, ist der Arbeitsvertrag. Er verpflichtet unter anderem den Arbeitgeber, Gesundheit und Persönlichkeit des Arbeitsnehmers zu achten und zu schützen.

4.1   Schutzpflichten für Allgemein- und Individualinteressen

Die Feuerwehr hat die explizite Schutzaufgabe, die Allgemeinheit und die einzelnen Bürger vor Schäden durch Brand, Explosionen, Überschwemmungen und andere Natur- und Zivilisationsereignisse zu bewahren oder Schäden zu minimieren.[75] Dies betrifft sowohl Schäden an Rechtsgütern Einzelner als auch der Allgemeinheit.

Der Individualschutz umfasst insbesondere den Schutz von Leben und körperlicher Unversehrtheit einzelner Menschen. Diese Rechtsgüter werden verfassungsrechtlich durch das Grundrecht aus Art. 2 Abs. 2 Satz 1 GG geschützt. Einfachrechtliche Konkretisierungen finden die Individualinteressen beispielsweise in § 1 Abs. 1 und 2 HBKG. Dieser normiert die Pflicht der Feuerwehr, den Einzelnen vor Bränden und öffentlichen Notständen zu schützen, die zu einer gegenwärtigen oder unmittelbar bevorstehenden Gefahr für das Leben und die Gesundheit führen. Exemplarisch ist auch § 1 BrSchG-SH, der den Schutz des Menschen und von Sachen vor Brandschäden dem Aufgabenbereich der Feuerwehren zuschreibt. Neben dem Sachgüterschutz sind insofern auch Leben und Gesundheit geschützt.[76] Zum Eigentum, das durch Art. 14 Abs. 1 GG geschützt wird, gehören Grundstücke ebenso wie bewegliche Gegenstände und Tiere.

Neben den Interessen von Individuen sind der Feuerwehr auch die Interessen der Allgemeinheit anvertraut. Exemplarisch kann § 2 Abs. 1 Satz 2 FWG-BW angeführt werden. Diese Landesnorm zählt zum Aufgabenbereich der Feuerwehren auch den Schutz vor Gefahren für wesentliche Rechtsgüter, von denen die Allgemeinheit unmittelbar betroffen ist. Die Feuerwehrgesetze, wie zum Beispiel § 3 Abs. 1 FwG Berlin, § 2 Abs. 1 Nr. 2 BbgBKG Brandenburg oder § 15 Abs. 2 HBKG, definieren ihren Aufgabenbereich teilweise auch mit der Abwehr von Gefahren für die öffentliche Sicherheit,

---

[75]   *Lüder* 2009, 29.
[76]   BVerfGE 56, 54 (73 ff.).

die durch Brände und andere Unfälle entstehen. Der öffentlichen Sicherheit zugerechnet werden gemeinhin auch der Bestand und die Funktionsfähigkeit staatlicher Einrichtungen und Veranstaltungen.[77] Als hiervon umfasst können unter anderem Grundstücke und Gegenstände angesehen werden, die staatlichen Einrichtungen gehören, aber auch der ungehinderte Funktionsablauf öffentlicher Einrichtungen wie zum Beispiel Krankenhäuser, Schulen, Hochschulen, Verwaltungen oder Einrichtungen der Daseinsvorsorge wie Verkehrsanlagen, Energieanlagen, Wasser-, Entwässerungs- oder Telekommunikationseinrichtungen. Alle diese Einrichtungen sind erforderlich, um ein zivilisiertes Zusammenleben in der Bundesrepublik Deutschland auf dem erreichten Wohlstandsniveau sicherzustellen. Sie sind mithin von der Schutzpflicht des Staates umfasst.

4.2 Funktionsfähigkeit der Feuerwehr

Diese Schutzaufgaben für die Allgemeinheit und die einzelnen Bürger in Notsituationen zu erfüllen, ist die zentrale Aufgabe der Feuerwehr.[78] Ihr zu dienen, ist auch die Aufgabe jeder Einsatzkraft. Die Erfüllung dieser Aufgabe wird durch die neuen Schutzanzüge erleichtert und verbessert. Sie helfen jeder Einsatzkraft, ihre Hilfs- und Schutzaufgaben im konkreten Einsatz effektiver und effizienter zu erfüllen, und der Einsatzleitung, das Zusammenwirken der Einsatzkräfte besser zu koordinieren. Allgemein ermöglicht die neue Persönliche Schutzausrüstung mit I&K-Technik Verbesserungen hinsichtlich organisatorisch-institutioneller Belastbarkeit sowie eine höhere Flexibilität und Freiheit bei der Aufgabenerfüllung.[79]

Für die Träger und Leitungsorgane der Feuerwehr ergibt sich die Aufgabe, alle verfügbaren und vertretbaren Mittel einzusetzen, die der Feuerwehr ermöglichen, ihre grundständige Schutzaufgabe besser zu erfüllen. Sie müssen daher auch ihr Direktionsrecht gegenüber ihren Einsatzkräften in einer Weise einsetzen, die diese im vertretbaren und zulässigen Rahmen verpflichtet, förderliche Hilfsmittel einzusetzen.

4.3 Schutzpflichten für den Arbeits- und Gesundheitsschutz

Im Folgenden werden die Schutzpflichten, die sich aus dem öffentlichen Recht für den Arbeits- und Gesundheitsschutz ableiten lassen, beschrieben sowie solche Schutzpflich-

---

[77] *Denninger*, in: Lisken/Denninger 2007, Kap. E, Rn. 22.
[78] S. zum Beispiel § 2 Abs. 1 FwG (Baden-Württemberg); § 1 Abs. 1 BremHilfG (Bremen);
[79] S. *Laue* 2010, 163.

ten, die sich aus dem Arbeitsvertrag oder Dienstvertrag ergeben. Diese dienen dem Schutz des Grundrechts auf Leben und körperliche Unversehrtheit.

4.3.1   Das Grundrecht auf Leben und körperliche Unversehrtheit

Im Zentrum vieler Entscheidungen des Bundesverfassungsgerichts[80] zu den Schutzpflichten des Staates steht Art. 2 Abs. 2 Satz 1 GG.[81] Die herausragende Bedeutung dieser Norm liegt nicht zuletzt darin begründet, dass der Schutz des Lebens Grundvoraussetzung für die Verwirklichung vieler anderer Freiheitsrechte ist. Weiterhin liegt die Annahme einer Schutzpflicht für das Leben und die körperliche Unversehrtheit deswegen besonders nahe, weil Schäden, die in diesem Bereich entstehen, weitreichende Konsequenzen für den Einzelnen haben.[82]

Im Bereich der Gefahrenabwehr ist unterschiedlichen Gefahren von Schadensfeuern, Unglücksfällen und öffentlichen Notständen, die durch Naturereignisse, Explosionen oder ähnliche Vorkommnisse verursacht werden, zu begegnen.[83] Bedroht ist regelmäßig nicht nur das Leben und die Gesundheit der unmittelbar vom Schadensereignis Betroffenen, sondern auch Leben und Gesundheit der Einsatzkräfte. Die neue Persönliche Schutzausrüstung berührt damit schützenswerte Interessen der Feuerwehreinsatzkräfte, aber auch derjenigen von sonstigen Rettungsmaßnahmen Betroffenen. Die in den Schutzanzügen implementierte Technik hat ein großes Potenzial, die Effektivität und Effizienz lebensrettender Maßnahmen zu erhöhen. Sie kann jedoch auch genau den gegenteiligen Effekt haben, wenn sie nicht richtig funktioniert oder falsch bedient wird.

Soweit durch die Reglementierung des Verhaltens Dritter die Schutzpflicht erfüllt wird, findet eine Kollision mit den Rechten dieser Grundrechtsträger statt. Wird beispielsweise im privatrechtlichen Bereich das Verhalten des Arbeitgebers bezogen auf den Einsatz der konkreten Technologie reglementiert, findet eine Beeinträchtigung in der durch Art. 12 Abs. 1 GG geschützten unternehmerischen Berufsfreiheit statt.[84] Gleichzeitig ist jedoch zu bedenken, dass durch die Technologie den Unternehmen, die eine Werksfeuerwehr unterhalten, allgemein ein weiterer Spielraum zur Entfaltung von Unternehmensinitiativen[85] gegeben werden. Allgemein ermöglicht die neue Technologie Verbes-

---

[80]   BVerfGE 49, 89 (140 ff.); BVerfGE 79, 174 (201f.); BVerfGE 39, 1 (41).
[81]   *Callies*, in: Merten/Papier 2006, § 44, Rn. 5.
[82]   *Pieroth/Schlink* 2010, Rn. 433.
[83]   *Lüder* 2009, 29.
[84]   S. BVerfGE 12, 341 (347); 25, 371 (407); 29, 260 (267); 50, 290 (366).
[85]   S. BVerfGE 29, 260 (267).

serungen in Form organisatorisch-institutioneller Leistungsfähigkeit und eine höhere Flexibilität und Freiheit bei der Aufgabenerfüllung.[86]

Ähnliche Überlegungen wären anzustellen, wenn der Gesetzgeber durch Regelungen die Sicherheit, Eignung und Leistung der Technik gewährleistet. Knüpft der Staat das Inverkehrbringen und die Inbetriebnahme solcher Persönlicher Schutzausrüstung mit I&K-Technik an bestimmte Zulassungsvoraussetzungen, wie es etwa im Medizinproduktegesetz (MPG) erfolgt ist,[87] dann ist hierin eine Einschränkung der Berufsausübungsfreiheit der Hersteller der Anzüge aus Art. 12 Abs. 1 GG zu sehen. Dies darf nicht in unverhältnismäßiger Weise geschehen.

Abschließend ist noch darauf hinzuweisen, dass den Staat dort besondere Schutzpflichten treffen, wo er besondere Gesundheitsopfer von den Angehörigen seiner Institutionen fordert. Für den öffentlichen Bereich ist dieses bei besonders gefahrgeneigter Tätigkeit gegeben.[88] Die Gefahrgeneigtheit der Tätigkeit wirkt regelmäßig schutzpflichtverstärkend.

4.3.2   Öffentlich-rechtlicher Arbeits- und Gesundheitsschutz

Bedingt durch den öffentlich-rechtlich und privatrechtlich normierten Arbeitsschutz, ist der Dienstherr und der Arbeitgeber umfassend zum Schutz von Leben und Gesundheit der für ihn tätigen Beschäftigten verpflichtet.[89] Das öffentlich-rechtliche Arbeitsschutzrecht findet sich zu einem großen Teil im Arbeitsschutzgesetz wieder.[90] Dieses gilt für Arbeitnehmer und Beamte gleichermaßen.[91] Zahlreiche weitere spezielle öffentlichrechtliche Schutzbestimmungen sowie Rechtsverordnungen oder EG-Richtlinien auf dem Gebiet des Gesundheitsschutzes und der Arbeitssicherheit konkretisieren die Schutz- und Fürsorgepflichten im Beschäftigtenverhältnis zusätzlich.[92]

Sofern es sich um die Berufsfeuerwehr oder hauptamtliche, verbeamtete Mitglieder der Feuerwehr handelt, ist der Dienstherr gemäß § 3 Abs. 1 ArbSchG gesetzlich verpflichtet, die erforderlichen Maßnahmen des Arbeitsschutzes unter Berücksichtigung der Umstände zu treffen, die die Sicherheit und Gesundheit der Beschäftigten bei der Arbeit beeinflussen. Er hat die Maßnahmen auf ihre Wirksamkeit zu überprüfen und erforderli-

---

[86]   S. *Laue* 2009, 163.
[87]   S. § 11 MPG.
[88]   *Starck*, in: Starck 2010, Art. 2 GG, Rn. 224.
[89]   *Wank*, in: Wank 2009, § 96, Rn. 1 ff.
[90]   *Reinfeld*, in: Richardi/Wlotzke/Wissmann/Oetker, 2009, § 32, Rn. 2.
[91]   § 2 Abs. 2 ArbSchG.
[92]   *Preis*, in: Müller-Glöge/Preis/Schmidt 2011, § 611 BGB, Rn. 612.

chenfalls an sich ändernde Gegebenheiten anzupassen. Dabei hat er eine Verbesserung von Sicherheit und Gesundheitsschutz der Beschäftigten anzustreben.

Ähnliche Vorschriften ergeben sich nach den Feuerwehrgesetzen in Bezug auf die Mitglieder von freiwilligen Feuerwehren. Hiernach sind Gemeinden als Träger der Feuerwehr beispielsweise dazu verpflichtet, zur Verhütung von Arbeitsunfällen Anordnungen und Maßnahmen zu treffen, die den Unfallverhütungsvorschriften und den allgemein anerkannten sicherheitstechnischen und arbeitsmedizinischen Regeln entsprechen. Außerdem müssen die Gemeinden dafür Sorge tragen, dass bei Feuerwehrangehörigen, die bei ihrer Tätigkeit einer besonderen gesundheitlichen Gefährdung ausgesetzt werden können, regelmäßig spezielle Vorsorgeuntersuchungen nach arbeitsmedizinischen Grundsätzen durchgeführt werden. Eine solche Vorsorgeuntersuchung, die G 26-3, findet beispielsweise alle drei Jahre für Atemschutzträger statt.[93]

4.3.3   Schutzpflichten des Arbeitgebers und Dienstherrn aus Arbeitsvertrag

Neben den öffentlich-rechtlichen Schutzpflichten ist der Arbeitgeber oder Dienstherr auch vertraglich aufgrund seiner Fürsorgepflicht gemäß § 618 Abs. 1 BGB zum Schutz von Leben und Gesundheit seiner Mitarbeiter verpflichtet.[94] Diese Norm ordnet an, dass der Dienstberechtigte die Räume, Vorrichtungen oder Gerätschaften, die zur Verrichtung der Dienste bestimmt sind, so einzurichten und zu unterhalten hat, dass ein Schutz des Dienstverpflichteten vor Gefahren für Leben und Gesundheit besteht. Er ist verpflichtet, bei der Einrichtung und Unterhaltung des Betriebs, insbesondere bei der Regelung der betrieblichen Ordnung und Arbeitsabläufe sowie bei der Gestaltung der Arbeitsmittel und -stoffe, angemessene Maßnahmen zum Schutz des Lebens, der Gesundheit und der Persönlichkeit des Arbeitnehmers zu treffen. Erforderliche Schutzkleidung ist unentgeltlich zur Verfügung zu stellen.[95]

Zu den sich aus § 618 Abs. 1 BGB ergebenden Pflichten des Dienstberechtigten gehört auch, einer gesundheitsschädigenden Überanstrengung des Dienstverpflichteten entgegenzuwirken. Dem Dienstberechtigten bekannte Umstände, die die Leistungsfähigkeit des Dienstverpflichteten mindern, sind zu berücksichtigen.[96] Die Überwachung der Vitaldaten von Einsatzkräften mittels Sensoren könnte diese Pflicht unterstützen und eine Überanstrengung frühzeitig vermeiden.

---

[93]   S. *Kemper* 2007, 17.
[94]   *Reinfeld*, in: Richardi/Wlotzke/Wissmann/Oetker 2009, § 32, Rn. 2.
[95]   *Müller-Glöge*, in: Säcker/Rixecker 2009, § 611 BGB, Rn. 1003.
[96]   *Reinfeld*, in: Wank 2009, § 32, Rn. 6.

§ 618 BGB gilt für alle Dienst- und Arbeitsverhältnisse soweit nicht Sondervorschriften bestehen wie zum Beispiel im Arbeitsschutzgesetz.[97] Umfasst werden von § 618 BGB auch die Arbeitsverhältnisse der im öffentlichen Dienst beschäftigten Arbeiter und Angestellten.[98] Diese generelle Schutzpflicht konkretisiert sich in vielen, noch genauer zu untersuchenden öffentlich-rechtlichen Ge- und Verboten sowie in Vorschriften zum Arbeitsschutz und zur Unfallverhütung.

4.4 Schutzpflichten für den Schutz der Persönlichkeit

Bei der Implementierung von I&K-Technik im Arbeitsumfeld von Einsatzkräften besteht die Gefahr der Verletzung von Persönlichkeitsrechten. Verfassungsrechtlich geschützt ist das Persönlichkeitsrecht in Art. 2 Abs. 1 in Verbindung mit Art. 1 Abs. 1 GG. Es schützt vor Beeinträchtigungen der persönlichen Lebenssphäre.[99] Davon umfasst sind auch die Grundbedingungen der Persönlichkeitsentfaltung, das heißt die Elemente der Persönlichkeit, die nicht durch besondere Freiheitsgarantien ausdrücklich geschützt sind, aber ebenso wichtig für die freie Entfaltung einer Persönlichkeit sind.[100] Persönlichkeitsentfaltung bedeutet demnach Verwirklichung der eigenen Identität. Nur wenn die autonome Bestimmung der Lebensgestaltung geschützt ist, ist die Verwirklichung der eigenen Identität möglich.

Das Bundesverfassungsgericht hat die allgemeine Gewährleistung des Persönlichkeitsschutzes immer wieder neu konkretisiert und mit den neuen Konkretisierungen des Persönlichkeitsrechts stets die entwicklungsoffene und lückenschließende Konzeption betont.[101] Wenn es auch vor neuen Gefährdungen durch moderne technische Entwicklungen schützt,[102] dann ist das, was „modern" ist, vor dem Hintergrund aktueller Entwicklungen immer wieder neu einzufangen. Es begegnet damit jeden Gefährdungen, zu denen es im Zuge des wissenschaftlich technischen Fortschritts und gewandelter Lebensverhältnisse kommen kann.[103] Art. 2 Abs. 1 GG hat damit die Funktion eines sich stetig ergänzenden Freiheitsrechts.[104] Die neueste Ausprägung ist das Recht auf Ge-

---

[97] *Weidenkaff*, in: Palandt 2010, § 618 BGB, Rn. 1.
[98] *Wank*, in; Müller-Glöge/Preis/Schmidt 2011, § 618 BGB, Rn. 1; *Henssler*, in: Säcker/Rixecker 2009, § 618 BGB, Rn. 9.
[99] *DiFabio*, in: Herzog/Scholz/Herdegen/Klein 2010, Art. 2 GG, Rn. 147
[100] BVerfGE 99, 185 (193); *DiFabio*, in: Herzog/Scholz/Herdegen/Klein 2010, Art. 2 GG, Rn. 147; *Roßnagel/Schnabel*, NJW 2008, 3543.
[101] BVerfGE 54, 148 (153f.); 72, 155 (170); 79, 256 (268).
[102] *Hammer/Pordesch/Roßnagel* 1993, 49.
[103] BVerfGE 54, 148 (153).
[104] *Scholz*, AöR 1975 (100), 83.

währleistung der Vertraulichkeit und Integrität informationstechnischer Systeme.[105] Damit fügte das Bundesverfassungsgericht den vielen bereits anerkannten Ausprägungen des aus Art. 2 Abs. 1 in Verbindung mit Art. 1 Abs. 1 GG abgeleiteten Persönlichkeitsrechts eine weitere hinzu. Es ist grundsätzlich zwischen den Elementen der Selbstbestimmung, Selbstbewahrung und Selbstdarstellung zu unterscheiden.[106] Zum Recht der Selbstbestimmung gehören das Recht auf schuldenfreien Eintritt in die Volljährigkeit,[107] das Recht auf Kenntnis der eigenen Abstammung[108] und das Recht des Straftäters auf Respektierung seiner Identität durch Resozialisierung.[109] Das Recht der Selbstbewahrung verbürgt das Recht des Einzelnen, sich zurückzuziehen und für sich allein zu bleiben und umfasst den Schutz der Krankenakten,[110] Befunde über die seelische Verfassung und den Charakter des Einzelnen[111] und eines vertraulichen Tagebuchs.[112] Zum Recht der Selbstdarstellung gehört der verfassungsrechtliche Schutz des Rechts am eigenen Bild,[113] des Rechts am eigenen Wort[114] und auch das umfassende Recht der informationellen Selbstbestimmung.[115]

Persönlichkeitsentfaltung ist die Entfaltung der eigenen Identität. Dabei ist dem Individuum zuzugestehen, dass es sich je nach sozialem Kontext auch unterschiedlich verhält. Wer damit einverstanden ist, dass eigene personenbezogene Daten im Arbeitskontext bekannt werden, muss nicht notwendigerweise auch mit der Bekanntgabe in der Öffentlichkeit einverstanden sein. Menschen handeln gerade dann konsistent, wenn sie sich öffentlich anders verhalten als privat. Dieses muss ihnen auch rechtlich zugestanden werden.[116] Das Persönlichkeitsrecht soll jedem ermöglichen, selbst zu entscheiden, wie er sich Dritten gegenüber, in der Öffentlichkeit oder in bestimmten Situationen darstellen will.[117] „Wer nicht mit hinreichender Sicherheit überschauen kann, welche ihn betreffenden Informationen in bestimmten Bereichen seiner sozialen Umwelt bekannt sind und wer das Wissen möglicher Kommunikationspartner nicht einigermaßen abzuschätzen vermag, kann in seiner Freiheit wesentlich gehemmt werden, aus eigener Selbstbe-

---

[105] BVerfGE 120, 274.
[106] *Roßnagel/Schnabel*, NJW 2008, 3534.
[107] BVerfGE 72, 155 (170 ff.).
[108] BVerfGE 79, 256 (268f.).
[109] BVerfGE 35, 202 (235f.).
[110] BVerfGE 32, 373 (379).
[111] BVerfGE 89, 69 (82f.).
[112] BVerfGE 80, 367 (373 ff.).
[113] BVerfGE 35, 202 (220).
[114] BVerfGE 54, 148 (155).
[115] BVerfGE 65, 1.
[116] *Gusy*, in: Starck 2010, Art. 10 GG, Rn. 15.
[117] *Jandt* 2008, 155.

stimmung zu planen oder zu entschieden. Mit dem Recht auf informationelle Selbstbestimmung wären eine Gesellschaftsordnung und eine diese ermöglichende Rechtsord-
nung nicht vereinbar, in der Bürger nicht mehr wissen können, wer was wann und bei
welcher Gelegenheit über sie weiß."[118]

4.4.1   Das Grundrecht der informationellen Selbstbestimmung

Bereits im Jahr 1983 erkannte das Bundesverfassungsgericht im sogenannten Volkszählungsurteil das Grundrecht auf informationelle Selbstbestimmung an.[119] Durch diese
spezielle Ausprägung des allgemeinen Persönlichkeitsrechts aus Art. 2 Abs. 1 GG in
Verbindung mit Art. 1 Abs. 1 GG sollte den neuartigen Gefährdungen, die durch die
elektronische Datenverarbeitung entstanden sind, begegnet werden. Zu diesem Zweck
konstituiert das Recht auf informationelle Selbstbestimmung einen Schutz des Einzelnen gegen unbegrenzten Umgang mit personenbezogenen Daten. Es stellt die Befugnis
dar, grundsätzlich selbst zu entscheiden, wann und innerhalb welcher Grenzen persönliche Lebenssachverhalte offenbart werden. Das Bundesverfassungsgericht forderte, dass
der Gesetzgeber zum Schutz vor den Gefährdungen durch eine unkontrollierte Verbrei-
tung von Daten und der unbegrenzten Zusammenführung organisatorische und verfah-
rensrechtliche Anforderungen zu treffen hat, die der Gefährdung des Persönlichkeitsrechts entgegenwirken.[120] Diese Anforderungen wurden im Bundesdatenschutzgesetz
sowie anderen bereichsspezifischen Gesetzen konkretisiert.

Persönlichkeitsbeeinträchtigungen haben die Besonderheit, dass sie gerade nicht nur
vom Staat, sondern maßgeblich auch von Dritten ausgehen können. Hieraus resultiert
die grundsätzliche Verpflichtung des Gesetzgebers, für ein bestimmtes Maß an positi-
vem Schutz des Persönlichkeitsrechts Sorge zu tragen.[121] Dieser ist er durch vielfältige
Regelungen zum Datenschutz – insbesondere im Bundesdatenschutzgesetz – nachge-
kommen. Vom Bundesdatenschutzgesetz ist jede Erhebung, Verarbeitung und Nutzung
personenbezogener Daten umfasst. Gemäß § 3 Abs. 1 BDSG werden unter personenbezogenen Daten alle Einzelangaben über persönliche oder sachliche Verhältnisse einer
bestimmten oder bestimmbaren Person zusammengefasst. Der Umgang mit personenbezogenen Daten ist solange verboten, wie er nicht gesetzlich ausdrücklich zugelassen ist
oder eine Einwilligung des Betroffenen besteht. Dies bedeutet umgekehrt, dass eine

---

[118] BVerfGE 65, 1 (42).
[119] BVerfGE 65, 1.
[120] BVerfGE 65, 1 (44).
[121] *Di Fabio*, in: Herzog/Scholz/Herdegen/Klein 2010, Art. 2 GG, Rn. 135.

Einwilligung nicht erforderlich ist, wenn der Umgang mit den personenbezogenen Daten gesetzlich zugelassen ist.

Beim Einsatz von I&K-Technik in Schutzanzügen von Einsatzkräften ergeben sich einige bereits angedeutete Besonderheiten im Bezug auf die informationelle Selbstbestimmung. Besonders zu berücksichtigende Aspekte sind die Art der Daten und der Kontext, in dem sie erhoben und verwendet werden.

4.4.1.1 Wirkung im Arbeitsverhältnis

Lange Zeit war die Frage strittig, wie das Recht auf informationelle Selbstbestimmung in privatrechtlichen Beschäftigungsverhältnissen zur Anwendung kommt. Das Bundesverfassungsgericht konstatierte zur Einwirkung der Grundrechte ins einfache Recht grundsätzlich, dass die verfassungsrechtlichen Grundentscheidungen durch die das jeweilige Rechtsgebiet unmittelbar beherrschenden Vorschriften Wirkung entfalten.[122] Die juristische Lehre diskutierte in der Folge die Möglichkeit der Berücksichtigung der informationellen Selbstbestimmung über die noch zu besprechende Transformationsnorm des § 75 Abs. 2 BetrVG.[123] Das Bundesarbeitsgericht hat in ständiger Rechtsprechung die mittelbare Wirkung des Rechts auf informationelle Selbstbestimmung im Arbeitsverhältnis anerkannt.[124] Das Gericht sieht das Arbeitsverhältnis als ein personenrechtliches Gemeinschaftsverhältnis an, das „für seinen Geltungsbereich die ganze Person des Arbeitnehmers erfasst, deshalb wesentlich sein Leben gestaltet und seine Persönlichkeit bestimmt. Die Achtung und Anerkennung des Arbeitnehmers beruht nicht nur auf dem wirtschaftlichen Wert seiner Leistung ..., sondern weitgehend darin, wie er die ihm obliegenden Aufgaben erfüllt."[125] Hieraus erwächst die für Privatrechtsverhältnisse in § 75 Abs. 2 BetrVG normierte Verpflichtung des Arbeitnehmers, die freie Entfaltung der Persönlichkeit der Beschäftigten am Arbeitsplatz zu wahren und zu fördern.[126] Die Geltung des Rechts auf informationelle Selbstbestimmung in privatrechtlichen Beschäftigungsverhältnissen wird jedenfalls vom Ergebnis her nicht in Frage gestellt.

Grundsätzlich kann der Arbeitnehmer auf den Schutz seines Persönlichkeitsrechts verzichten. Ein Teil der Ausübung der informationellen Selbstbestimmung – nicht des Verzichts – liegt in der Abgabe von Einwilligungen zum Umgang mit personenbezogenen

---

[122] BVerfGE 42, 143 (148); s. auch: BVerfGE 7, 198 (205).
[123] *Heußner*, ArbUR 1985, 309; *Heußner*, RDV 1988, 7.
[124] BAGE 48, 122; BAGE 2, 221.
[125] BAGE 2, 221 (224).
[126] *Gola/Wronka*, in: Gola/Wronka 2010, Kap. 1, Rn. 85.

Daten. Hierbei sind noch näher zu besprechende absolute Grenzen durch einen unverzichtbaren Kernbereich zu beachten.

4.4.1.2 Daten von besonderer Schutzwürdigkeit

Gemäß § 3 Abs. 9 BDSG unterstehen besondere Arten von personenbezogenen Daten einer besonderen Schutzwürdigkeit. Entsprechende Regelungen in den Datenschutzgesetzen der Länder sind vorhanden.[127] Unter diese Daten fallen unter anderem alle personenbezogenen Angaben über die Gesundheit des Betroffenen. Die Sensorik ist vorwiegend darauf ausgerichtet die Vitalparameter des Trägers der Persönlichen Schutzausrüstung zu erfassen. Werden im Rahmen eines kontinuierlichen oder auch punktuellen Monitorings Datenbestände hinsichtlich seiner Vitalfunktionen generiert, so gehören diese zu den Gesundheitsdaten. Bei den erhobenen und verwendeten Daten handelt es sich demnach um Daten mit besonderer Schutzwürdigkeit im Sinn des § 3 Abs. 9 BDSG. Diese unterstehen besonderen Restriktionen, die sich vor allem in den besonderen Anforderungen der Eingriffsvoraussetzungen niederschlagen.[128]

Die besondere Schutzbedürftigkeit wirkt sich einfachrechtlich etwa in den gesetzlichen Erhebungstatbeständen oder aber auch durch die Auferlegung besonderer Pflichten der verantwortlichen Stelle im Rahmen der Einwilligung aus. So bestehen besondere Regelungen hinsichtlich der Erhebung, Verarbeitung und Nutzung in § 13 Abs. 2 BDSG sowie in § 28 Abs. 6 bis 9 BDSG. Sollen diese Daten im Rahmen einer Einwilligung gemäß § 4a BDSG erhoben und verwendet werden, ergibt sich Abs. 3 der Vorschrift die besondere Verpflichtung, auf diesen Umstand ausdrücklich hinzuweisen. Festzuhalten bleibt soweit, dass sich aus der erhöhten Sensitivität der Daten eine besondere Schutzbedürftigkeit ergibt.

Gerade die automatisierte Erhebung von Gesundheitsdaten impliziert das Risiko nicht abschätzbarer Folgewirkungen,[129] indem die Daten beispielsweise für kontextfremde Zwecke missbraucht werden können. Die elektronische Erhebung und Speicherung von

---

[127] § 6a BlnDSG, § 4a BdgDSG, §§ 2 Abs. 6, 3 Abs. 2, 12 Abs. 2 Satz 3, 13 Abs. 1 Satz 3, 17 Abs. 1 BremDSG, § 5 Abs. 1 Satz 2 HmbDSG (Hamburg), § 7 Abs. 4 HDSG (Hessen), § 7 Abs. 2 DSG M-V (Mecklenburg-Vorpommern), § 4 Abs. 2 Satz 2 NDSG (Niedersachen), § 4 Abs. 3 DSG NRW (Nordrhein-Westphalen), §§ 3 Abs. 9, 5 Abs. 4, 9 Abs. 5 Satz 2 Nr. 1, 12 Abs. 5, 13 Abs. 3, 14 Abs. 2, 16 Abs. 2 LDSG (Rheinland-Pfalz), § 4 Abs. 2 SDSG (Saarland), § 4 Abs. 2 SächsDSG (Sachsen), §§ 2 Abs. 1 Satz 2, 14 Abs. 2 Satz 1 Nr. 2, 26 DSG-LSA (Sachsen-Anhalt), § 11 Abs. 3 LDSG (Schleswig-Holstein), § 4 Abs. 5 ThürDSG (Thüringen).

[128] Auf europäischer Ebene gibt Art. 8 Abs. 1 DSRL (Richtlinie 95/46/EG) genau diesen Datenkatalog wieder und konstatiert damit die Verpflichtung der Mitgliedsstaaten, die Verarbeitung dieser Art von personenbezogenen Daten jedenfalls grundsätzlich zu verbieten; *Hornung* 2005, 275.

[129] *Di Fabio*, in: Herzog/Scholz/Herdegen/Klein 2010, Art. 2 GG, Rn. 192.

Daten begründet die Möglichkeit des räumlich prinzipiell unbegrenzten Datenaustausches.[130] Würden die Daten etwa an private Versicherungsgesellschaften übermittelt werden, liegt die Annahme nicht fern, dass hieraus umfangreiche Risikoprofile erstellt werden. Der faktische Zwang der Arbeitnehmer sich diesen Missbrauchsrisiken auszusetzen, erhöht die Schutzbedürftigkeit der Betroffenen. Die Arbeitsmittel in Form der Schutzanzüge bieten zwar eine Reihe von Chancen, die es zu verwirklichen gilt, stellen jedoch gleichzeitig neuartige Gefahren für die Verwirklichungsbedingungen für die informationellen Selbstbestimmung aus Art. 2 Abs. 1 in Verbindung mit Art. 1 Abs. 1 GG in Form dar.

4.4.1.3   Persönlichkeitsprofile

Die in die Schutzanzüge eingebrachte Sensorik ist in der Lage, eine große Menge an personenbezogenen Daten zu erheben. Werden umfangreiche Datenbestände, die Informationen von Personen aus verschiedenen Lebensbereichen enthalten, zusammengeführt, kann hieraus unter Umständen ein Persönlichkeitsprofil erstellt werden. Das Bundesverfassungsgericht hat bereits im Volkszählungsurteil erkannt, dass die durch eine Profilbildung bedingten Risiken für das Recht auf informationelle Selbstbestimmung relevant sind. Es schützt insofern auch das individuell herausgebildete Profil als Destillat der Persönlichkeitsentfaltung. Die Risiken potenzieren sich im Zuge des Einsatzes softwareunterstützter Verfahren, die ein Zusammenführen der einzelnen Gesundheitsdaten zusammen mit den Umgebungs- und Standortdaten erheblich vereinfachen.[131] Die Möglichkeit der Erhebung, Speicherung und Weitergabe von Daten führt dazu, dass an sich außerhalb der Intimsphäre angesiedelte Daten zu einem Persönlichkeitsmosaik zusammengefasst werden können.[132]

Besonders hervorzuheben für das Monitoring von Vitaldaten der Einsatzkräfte ist der mit diesem einhergehende Kontrollverlust des Betroffenen über den Inhalt des neu zusammengeführten Datensatzes. Gerade im Zuge elektronischer Datenverarbeitung bestehen durch das problemlose Kopieren und Übermitteln von Daten fehlende faktische Verbreitungsbeschränkungen. Erschwerend für die Rechtsdurchsetzung kann hinzukommen, dass je nach konkreter Ausgestaltung der IT-Infrastruktur die Transparenz verhindert werden kann. Etwaigen Missbrauch berücksichtigend wird der Arbeitnehmer mit vollständiger Sicherheit nie vorhersehen können, wie oft die ihn betreffenden Informationen kopiert und an wen sie übermittelt worden sind. Je nachdem, wie aussage-

---

[130]   *Di Fabio*, in: Herzog/Scholz/Herdegen/Klein 2010, Art. 2 GG, Rn. 190.
[131]   S. *Jandt* 2008, 154.
[132]   *Hufen* 2009, § 12, Rn. 4.

kräftig das Persönlichkeitsprofil ist, wiegt auch dieser Umstand sehr schwer. So können Profile nicht nur die Daten enthalten, derer er sich bewusst ist oder die allgemein zugänglich sind, sondern es sind insbesondere auch durch die Ergänzung von zusätzlichen Daten aus anderen Quellen Rückschlüsse von nicht absehbarer Art möglich. Individuelle Eigenschaften der Person können so auf der einen Seite durch Verallgemeinerungen, Klassifizierungen und Standardisierungen aufgehoben oder aber in einer solchen Weise überbetont werden, dass sie ein unzutreffendes Bild der Realität entwerfen. Die durch die Sensoren erhobenen Vitaldaten stellen immer nur einen Ausschnitt bestimmter Funktionen des Körpers des Betroffenen in einer besonderen Situation dar. Inwiefern hierdurch wissenschaftlich belegbare Aussagen über Krankheiten oder die sonstige physische Konstitution getroffen werden können, kann hier nicht abschließend geklärt werden. Allerdings besteht die Gefahr, dass sachlich unrichtige Schlüsse den gegenteiligen Eindruck erwecken können. Die Auswertung vorhandener Daten führt schließlich häufig zu einem Kontextverlust. Es besteht die Gefahr, dass der ursprüngliche Informationsgehalt verkürzt wird und die objektive Richtigkeit des Profils in Frage steht.[133] Je nachdem, welche Schlüsse gezogen werden und wem sie zur Verfügung stehen, kann dieses unterschiedlich schwere Konsequenzen für den Betroffenen bedeuten. Dieses kann zu einem verzerrten Persönlichkeitsbild und zu einer zunehmenden Vereinheitlichung der Individualität des Einzelnen führen.

4.4.1.4   Selbstbestimmung im Arbeitsverhältnis

Die Problematik ärztlicher Untersuchungen im Arbeitsverhältnis ist ein in der rechtswissenschaftlichen Literatur[134] bereits diskutiertes Thema. Gemeinsam haben entsprechende Untersuchungen mit dem technischen System der neuen Schutzanzüge, dass in beiden Fällen besonders schutzwürdige personenbezogene Daten im Arbeitsumfeld erhoben und verwendet werden. Für den Bereich arbeitsmedizinischer Untersuchungen wurde bereits die Frage aufgeworfen, ob und wenn ja unter welchen Voraussetzungen eine Weitergabe dieser Daten zulässig ist.[135]

Datenschutzrechtlich fokussiert sich dieser Themenkomplex auf die Problematik, wie konkret der Zweck des Umgangs mit personenbezogenen Daten im Rahmen telematischer Anwendungen gefasst werden muss und wie stark die verantwortlichen Stellen an diese Zwecke zu binden sind. Der Grundsatz der Zweckbindung erfordert, dass nach der eindeutigen Zweckfestlegung ein Umgang mit den personenbezogenen Daten grund-

---

[133] *Jandt* 2008, 155.
[134] *Tinnefeld*, DuD 2002, 231; *Tinnefeld/Viethen*, NZA 2000, 977.
[135] *Kohte*, in: Dieterich/Fraint/Nogler/Kezuka/Pfarr 2010, 338.

sätzlich nur im Rahmen dieser Zwecke stattfinden darf.[136] Die datenverarbeitende Stelle ist derart an die festgelegten Zwecke gebunden, dass eine Zweckänderung grundsätzlich unzulässig ist. Finden datenverarbeitende Vorgänge für Zwecke statt, die nicht von dem ursprünglichen Zweck und die sich auf diesen beziehende Rechtsgrundlage beziehungsweise Einwilligung gedeckt sind, stellt das einen erneuten Eingriff in das Recht auf informationelle Selbstbestimmung dar.[137] Dieses schließt zwar einen Datenumgang zu mehreren Zwecken nicht aus,[138] fordert jedoch im Umkehrschluss, dass für jeden Zweck eine eigene Rechtfertigung vorliegt.

4.4.1.5   Selbstbestimmung über Gesundheitsdaten

Auf der einen Seite schützt das Recht auf informationelle Selbstbestimmung die Freiheit des Einzelnen, über die Erhebung und Verwendung persönlicher Daten selbst zu entscheiden.[139] Diese Entscheidungsfreiheit wirkt sich auch in der Weise auf die Zulässigkeit des Umgangs mit personenbezogenen Daten durch Dritte aus, dass es ein Recht auf Nichtwissen des Betroffenen impliziert.[140] Ihm dürfen mithin keine Informationen aufgedrängt werden. In diesem Zusammenhang ist das aus Art. 2 Abs. 2 GG in Verbindung mit Art. 1 Abs. 1 GG abzuleitende Patienten-Selbstbestimmungsrecht zu beachten. Allgemein gewährleistet es die autonome Selbstbestimmung und Selbstentfaltung im Kontext medizinischer Behandlungen. Der Patient hat konkret ein Recht auf Auswahl der medizinischen Handlungsoptionen.[141]

Wenn mit dem Recht auf informationelle Selbstbestimmung ein Recht auf Nichtwissen besteht, ist zu fragen, inwiefern auch ein Recht besteht, die erhobenen Vitaldaten oder Rückschlüsse aus diesen nicht zu erfahren. Dies wäre eventuell dann der Fall, wenn die Grundsätze aus dem Bereich der Genomanalyse übertragen werden könnten. Die Kenntnisse um die eigenen Gene und die damit verbundenen Veranlagungen vermögen nicht nur Handlungsmöglichkeiten zu erweitern. Sie können diese auch zerstören und Lebenshaltungen in Frage stellen. Dem Einzelnen ist daher zuzugestehen, dass er ein Leben in Unbestimmtheit und Offenheit der kompletten Berechenbarkeit vorzieht.[142] Über den genetischen Bereich hinaus stellen sich allgemein vergleichbare Fragestellun-

---

[136] BVerfGE 65, 1 (46); *Roßnagel/Laue*, DÖV 2007, 547.
[137] *Roßnagel/Pfitzmann/Garstka* 2001, 115.
[138] BVerfGE 65, 1 (61f.).
[139] BVerfGE 65, 1 (42).
[140] *DiFabio*, in: Herzog/Scholz/Herdegen/Klein 2010, Art. 2 GG, Rn. 192.
[141] *Lang*, in: Epping/Hillgruber 2009, Art. 2 GG, Rn. 63.
[142] *Laufs* 2010, § 129, Rn. 82.

gen bei der medizinischen Diagnostik.[143] Auch hier ist die Unzulässigkeit proaktiver Beratung seitens des Arztes anerkannt. Der Arzt soll nicht durch das unerbetene und unaufgeforderte Vermitteln von Kenntnissen den Betroffenen eine Diagnose aufdrängen.[144]

Für das Monitoring von Vitaldaten der Einsatzkräfte lassen sich die dargestellten Grundätze auf die Frage verdichten, inwiefern der Einsatzkraft die Kenntnis über die im Rahmen des Einsatzes gesammelten Vitaldaten und die Rückschlüsse hieraus zuzumuten sind. Hierbei bestehen schon grundsätzliche Unsicherheiten, inwiefern überhaupt verlässliche Rückschlüsse auf etwaige Krankheiten oder Veranlagungen aus den Vitaldaten gezogen werden können. Dieses wird abschließend nur mit medizinischen Fachkenntnissen durch die Analyse der konkreten Daten zu beurteilen sein. Grundsätzlich ist jedoch davon auszugehen, dass die faktische Möglichkeit zu einer abschließenden Beurteilung etwaiger Krankheitsbilder oder Veranlagungen eher die Ausnahme bilden wird. Im Übrigen besteht darüber hinaus die grundsätzliche Pflicht zur persönlichen Behandlung in Form des ärztlichen Verbots der Fernbehandlung.[145]

Selbst wenn jedoch verlässliche Rückschlüsse in der beschriebenen Form möglich sind, bestehen prinzipielle Bedenken, die Grundsätze der Genomanalyse auf das Monitoring von Vitaldaten der Einsatzkräfte anzuwenden. Die Besonderheit der Genomanalyse besteht darin, dass die genetischen Anlagen regelmäßig unabänderliche Dispositionen darstellen. Die Kenntnis einer nicht heilbaren Krankheitsdisposition kann eine massive Beeinträchtigung der seelischen Integrität zur Folge haben.[146] Dieses ist insofern nicht mit der Aufnahme von Vitalparametern im Feuerwehreinsatz vergleichbar, als hier allenfalls Symptome einer Erkrankung oder Verletzung, die unter Umständen behandelbar ist, erkannt werden können. Die Möglichkeit, über eine Behandlung der Erkrankung oder Verletzung zu entscheiden, impliziert auch die Möglichkeit, die Entscheidungsfreiheit auszuüben. Diese Möglichkeit besteht bei einer Verweigerung von Wissen nicht. Wissen ist demnach die Bedingung, unter der es erst möglich wird, einen Willen zur Behandlung zu bilden. Grundsätzlich hat demnach eine Aufklärung über die festgestellten Vitalparameter zu erfolgen.[147]

---

[143] *Weichert/Kilian*, in: Kilian/Heussen 2010, Kap.1.13, Rn. 44.

[144] *Laufs* 2010, § 129, Rn. 81.

[145] *Kern*, in: Laufs/Kern 2010, § 50, Rn. 5.

[146] *Weichert*, Gentests und Persönlichkeitsrecht Datenschutz und Datenhoheit, https://www.datenschutzzentrum.de/material/themen/gendatei/gentests.htm (zuletzt aufgerufen am 7. Juli 2011).

[147] *Lang*, in: Epping/Hillgruber 2009, Art. 2 GG, Rn. 63.

4.4.2   Integrität und Vertraulichkeit informationstechnischer Systeme

Im Urteil zur Online-Durchsuchung im Jahr 2008 konstatierte das Bundesverfassungsgericht ein „grundrechtlich erhebliches Schutzbedürfnis" für eigen genutzte komplexe
informationstechnische Systeme gegenüber der Möglichkeit, dass sie infolge ihrer Vernetzung infiltriert, ausgespäht und manipuliert werden.[148] Hieraus leitete es als neueste
Ausprägung des allgemeinen Persönlichkeitsrechts das Grundrecht zur Gewährleistung
der Vertraulichkeit und Integrität informationstechnischer Systeme ab.[149] Der Kreierung
dieses neuen Grundrechts liegt die Erkenntnis zugrunde, dass entsprechende Systeme
ein zunehmend zentraler Bestandteil der alltäglichen Lebensführung werden. Der Einzelne ist immer stärker auf die Nutzung informationstechnischer Systeme angewiesen
und vertraut dabei dem System persönliche Daten an oder liefert sie ihm zwangsläufig
schon allein durch seine Nutzung.[150] In Abgrenzung zum Recht auf informationelle
Selbstbestimmung kommt es bei diesem Grundrecht demnach gerade nicht auf einzelne
Datenerhebungs- oder Verwendungsvorgänge an. Informationstechnische Systeme müssen lediglich abstrakt in der Lage sFein, die Verarbeitung personenbezogener Daten zu
vollziehen.[151]

Vom Schutzbereich des Grundrechts umfasst sind lediglich eigen genutzte komplexe
informationstechnische Systeme. Nicht jedes informationstechnische System, das personenbezogene Daten erzeugen, verarbeiten oder speichern kann, bedarf des besonderen
Schutzes durch eine eigenständige persönlichkeitsrechtliche Gewährleistung.[152] Voraussetzung dafür ist, dass ein Angreifer sich bei einem Zugriff auf das System „einen potenziell äußerst großen und aussagekräftigen Datenbestand verschaffen" kann, der in
seinem „Gewicht für die Persönlichkeit des Betroffenen über einzelne Datenerhebungen
weit hinaus(-geht)".[153]

Bei der automatischen Erhebung von Umgebungs- und Vitaldaten durch die Sensoren in
den Schutzanzügen werden umfassende Datensätze generiert, die vielerlei Rückschlüsse
auf die Belastungssituation des Betroffenen erlauben. Die Daten zur Gesundheit, die das
System zu generieren imstande sind, beinhalten zudem eine besondere Schutzwürdigkeit. Allerdings ist das System hinsichtlich der Art und des Umfangs der Daten durch

---

[148] BVerfGE 120, 306.
[149] BVerfGE 120, 274 (306 ff.), im Folgenden auch „Computergrundrecht" genannt.
[150] BVerfGE 120, 274 (312f.).
[151] BVerfGE 120, 274 (314).
[152] BVerfGE 120, 274 (313).
[153] BVerfGE 120, 274 (312).

den Funktionsumfang der verwendeten Sensorik limitiert. Zwar wird man gerade auch im Hinblick auf potenzielle weitere Verarbeitungsmöglichkeiten nicht davon ausgehen können, dass die Daten lediglich einen punktuellen Bezug zu einem bestimmten Lebensbereich des Betroffenen enthalten.[154] Allerdings ist der Nutzer nicht selbst imstande, einen potenziell äußerst großen und aussagekräftigen Datenbestand zu erzeugen. Die Notwendigkeit eines spezifischen Grundrechtsschutzes wurde gerade auf Systeme bezogen, die wie zum Beispiel Laptops „über einen großen Funktionsumfang verfügen und personenbezogene Daten vielfältiger Art erfassen und speichern können."[155] Diese Voraussetzung konkretisierte das Bundesverfassungsgericht, indem es höchstpersönliche Inhalte, wie zum Beispiel „tagebuchartige Aufzeichnungen oder private Film- oder Tondokumente", anführte.[156] Die Sensorsysteme in Schutzanzügen generieren keine Daten vielfältiger Art, sondern lediglich bestimmte Umgebungs- und Gesundheitsdaten. Zwar sind auch diese von höchstpersönlicher Art, allerdings sind sie ausschließlich auf den Lebensbereich der Einsätze der Feuerwehr beschränkt.

Sieht man über diese Bedenken hinweg, würden sich weitere Probleme hinsichtlich der Eröffnung des Schutzbereichs ergeben. Voraussetzung hierfür ist nämlich, dass der Nutzer das System als eigenes nutzt. „Eine eigene Nutzung ist gegeben, soweit der Betroffene infolge der Nutzung des IT-Systems davon ausgehen darf, dass er allein oder zusammen mit anderen zur Nutzung berechtigten Personen über das IT-System selbstbestimmt verfügt."[157] Unerheblich für den Schutzbereich ist, ob das System im Eigentum des Nutzers steht. Entscheidend ist vielmehr die Nutzung „als" eigenes System.[158] Für den arbeitsrechtlichen Kontext müsste demnach eine individualvertragliche Ausgestaltung der Nutzungsverhältnisse stattgefunden haben.[159] Grundsätzlich ist davon auszugehen, dass die Einsatzkräfte, unabhängig davon wie das konkrete Beschäftigungsverhältnis ausgestaltet ist, ein obligatorisches Nutzungsrecht für sämtliche Ausrüstungsgegenstände haben. Allerdings nutzt die Einsatzkraft die im Schutzanzug integrierte Sensorik nicht selbstbestimmt. Es muss zwischen den Grundfunktionen der Schutzausrüstung und den zusätzlichen Funktionen, die die I&K-Technik liefert, unterschieden werden. Die entscheidende Eigenschaft des informationstechnischen Systems ist nicht die Kleidung, sondern die darin implementierte Sensorik. Diese wird regelmäßig durch

---

[154] S. BVerfGE 120, 274 (313).
[155] BVerfGE 120, 274 (314).
[156] BVerfGE 120, 274 (335).
[157] BVerfGE 120, 274 (315).
[158] *Hornung*, CR 2008, 303.
[159] S. *Stogmüller*, CR 2008, 436.

entsprechende Fachkräfte in der Einsatzleistung ferngesteuert oder erfolgt automatisiert. Die Einsatzkraft erhält allenfalls die Ergebnisse entsprechender Verarbeitungsvorgänge und muss auf deren Basis autonome Entscheidungen treffen. Weiterhin ist es möglich, dass auf der Basis der gesammelten Daten die Einsatzleitung direkte Befehle an die Einheiten erteilt. In jedem Falle erschöpft sich die „Nutzung" des informationstechnischen Systems darin, die eigenen Umgebungs- und Vitaldaten erfassen zu lassen. Dieses reicht für das Vorliegen von Selbstbestimmung im Rahmen der Nutzung nicht aus. Eine eigene Nutzung liegt demnach nicht vor. Der Schutzbereich des Computergrundrechts ist nicht eröffnet.

4.4.3   Pflicht des Arbeitgebers und Dienstherrn zum Schutz der Persönlichkeit

Dienstherren und Arbeitgeber müssen nicht nur für einen ausreichenden Schutz des Lebens und der Gesundheit ihrer Beschäftigten sorgen, sondern auch ihrer Persönlichkeit. Diese Schutzpflicht wird zum Beispiel im Arbeitsverhältnis kollektivrechtlich in § 75 Abs. 2 BetrVG und individualrechtlich in § 618 BGB konkretisiert. Diese Regelungen verpflichten den Arbeitgeber und den Betriebsrat, die freie Entfaltung der Persönlichkeit der im Betrieb beschäftigten Arbeitnehmer zu schützen und zu fördern. Zu den schutzfähigen Persönlichkeitsgütern gehören unter anderem die informationelle Selbstbestimmung, die persönliche Ehre, das Verfügungsrecht über die Darstellung der eigenen Person sowie das Recht am eigenen Bild und am eigenen Wort.[160] Der Persönlichkeitsschutz kann nur durch gerechtfertigte betriebliche Interessen des Arbeitgebers oder der Kollegen beschränkt werden. Eine willkürliche Begrenzung, auch zum Beispiel aus persönlichen Erwartungen heraus, ist nicht erlaubt.[161]

Zum allgemeinen Persönlichkeitsschutz im Betrieb gehört auch der Datenschutz.[162] Der arbeitsrechtliche Datenschutz hat zum Ziel, die Privatsphäre des Arbeitnehmers gegen Gefahren zu schützen, die durch den Missbrauch persönlicher Daten durch den Arbeitgeber und durch andere entstehen können. In diesem Zusammenhang ist auch die Verpflichtung des Arbeitgebers zu beachten, in die Personalakte aufgenommene sensitive Daten seiner Arbeitnehmer besonders aufzubewahren und Gesundheitsdaten hierbei besonders zu schützen.[163]

---

[160]   *Reinfeld*, in: Wank 2009, § 32, Rn. 44.
[161]   S. auch *Reinfeld*, in: Wank 2009, § 32, Rn. 45.
[162]   *Reinfeld*, in: Wank 2009, § 32, Rn. 48.
[163]   *Reinfeld*, in: Wank 2009, § 32, Rn. 48.

Ein weiterer für das Monitoring der Vital- und Umgebungsparameter wichtiger Aspekt zum Schutz der Persönlichkeit ist die Maß der Überwachung. Das Bundarbeitsgericht hat eine ständige und systematische Überwachung durch technische Einrichtungen als erheblichen Eingriff in die Persönlichkeitssphäre des Arbeitnehmers angesehen.[164] Eine solche systematische Überwachung könnte auch die Kontrolle der Umgebungs- und Vitaldaten im Schutzanzug von Einsatzkräften darstellen. Je intensiver, umfangreicher und öfter sie stattfindet, umso tiefer ist der Eingriff in die informationelle Selbstbestimmung. Eine bloß gelegentliche Kontrolle des Arbeitnehmers am Arbeitsplatz ist dagegen grundsätzlich zulässig.[165]

4.5   Konflikte und Konfliktlösungen

Letztlich greifen für die Gestaltung und den Einsatz moderner, mit Sensoren versehener Schutzanzüge drei unterschiedliche und zumindest zum Teil sich widersprechende Anforderungen und Ansprüche ineinander. Alle drei leiten sich aus dem Schutz von Grundrechten ab. Die Funktionserfüllung der Feuerwehr ist gefordert durch die Grundrechte auf Leben und körperliche Unversehrtheit, das Grundrecht auf Eigentum des einzelnen Bürgers sowie durch die verfassungsrechtlichen Grundlagen zur Aufrechterhaltung staatlicher Einrichtungen und Anlagen. Auf das Grundrecht auf Leben und körperliche Unversehrtheit können sich aber auch die Einsatzkräfte der Feuerwehr im Rahmen ihres Beschäftigungsverhältnisses oder ihrer ehrenamtlichen Tätigkeit berufen. Schließlich fordert der Schutz der Persönlichkeit und der informationellen Selbstbestimmung des Beschäftigten und der Mitglieder der freiwilligen Feuerwehr Berücksichtigung.

Die Träger der Feuerwehr und deren Leitungen müssen beim Einsatz der neuen Schutzanzüge allen drei Anforderungen zugleich gerecht werden. Hierfür kann es keinen abstrakten Vorrang des einen über das andere Interesses geben. Vielmehr ist nach dem Grundsatz der praktischen Konkordanz danach zu suchen, wie die Einsatzbedingungen so gestaltet werden können, dass sich jedes geschützte Rechtsgut im jeweils weitestgehenden Sinn durchsetzt und nur insoweit zurücktritt, wie dies unabdingbar ist, um auch eine der beiden anderen Schutzinteressen zum Zuge kommen zu lassen. Für die Leitung der Feuerwehr sind Lösungen vor allem im Rahmen der Einsatzkonzepte, der Organisation der Datenverarbeitung, der Konfigurierung der Schutzanzüge und ihres Hinter-

---

[164]   BAG, DB 1982, 1116.
[165]   *Reinfeld*, in: Wank 2009, § 32, Rn. 49; so auch *Gola*, NZA 2007, 1140.

grundsystems sowie der Organisation von Schutzmechanismen und Kontrollprozessen zu suchen.

Die Aufgabe eines Ausgleichs der drei konkurrierenden Rechtsgüter gilt indirekt auch für die Hersteller der Schutzanzüge und der mit ihren Sensoren verbundenen Informationssysteme. Wenn ihre Schutzanzüge bei der Feuerwehr zum Einsatz kommen sollen, dürfen sie keine Eigenschaften haben, die die angesprochenen Lösungen zum Ausgleich der Interessen behindern oder ausschließen. Insofern müssen sie flexibel und konfigurierbar sein sowie Möglichkeiten des Schutzes und der Kontrolle bieten.

Die rechtliche Untersuchung nähert sich in zwei Schritten den möglichen Lösungswegen. Im ersten Schritt wird untersucht, ob bestehende gesetzliche Lösungen einem Einsatz der Schutzanzüge grundsätzlich entgegenstehen und welche Aspekte zu berücksichtigen sind, damit ihr Einsatz rechtlich zulässig ist. Dies ist die Suche nach einem rechtlichen Mindestniveau, das in jedem Fall und ohne große Abwägungen einzuhalten ist. In einem zweiten Schritt wird untersucht, welche Aspekte zu beachten sind, um jenseits dieses Mindestniveaus zu dem verfassungsrechtlich geforderten Ausgleich zwischen den widerstreitenden grundrechtlich geschützten Interessen zu gelangen. Hierbei wird es um Gestaltungsmöglichkeiten von Technik, Organisation und Einsatzkonzepten für die Schutzanzüge gehen.

Teil II Zulassungsvoraussetzungen für Persönliche Schutzausrüstungen mit I&K-Technik

Als erster Schritt bei der Frage, unter welchen Voraussetzungen Persönliche Schutzausrüstungen mit integrierter I&K-Technik eingesetzt werden können, ist zu klären, ob für Persönliche Schutzausrüstungen eine Pflicht zur Produktzulassung besteht. Eine solche Pflicht könnte sich hier für die Schutzausrüstung selbst, aber auch für Teilkomponenten, die ein Medizinprodukt darstellen könnten, ergeben und müsste somit von den Herstellern der Persönliche Schutzausrüstungen erfüllt werden.

Vorschriften zur Zulassung und Ausgestaltung eines Schutzanzuges resultieren aus der 8. Verordnung zum Geräte- und Produktsicherheitsgesetz (8. GPSV). Durch diese Verordnung ist die europäischen Richtlinie für persönliche Schutzausrüstungen[166] in deutsches Recht umgesetzt worden. Die Vorschriften der 8. GPSV und der Richtlinie betreffen die Gestaltung und Herstellung der persönlichen Schutzausrüstungen.[167]

Persönliche Schutzausrüstungen sind gemäß § 1 Abs. 2 der 8. GPSV Vorrichtungen und Mittel, die zur Abwehr und Minderung von Gefahren für Sicherheit und Gesundheit einer Person bestimmt sind und von dieser am Körper oder an Körperteilen gehalten oder getragen werden. Dies ist auch bei der Persönlichen Schutzausrüstung für Feuerwehrleute der Fall. Somit müssen für diese Persönlichen Schutzausrüstungen die Zulassungsvorschriften aus der 8. GPSV vor einer Zulassung beachtet werden.

Für Medizinprodukte findet das Medizinproduktegesetz (MPG) Anwendung. Es garantiert, dass ein bestimmter Sicherheitsstandard bei der Herstellung und der Verwendung von Medizinprodukten eingehalten wird. Das deutsche Medizinproduktegesetz entstand aufgrund der Umsetzungspflicht der „Harmonisierungsrichtlinien" zur Vereinheitlichung und Sicherung eines europäischen Medizinprodukterechts.[168] Zweck des Medizinproduktegesetzes ist gemäß § 1 MPG, „den Verkehr mit Medizinprodukten zu regeln und dadurch für die Sicherheit, Eignung und Leistung der Medizinprodukte sowie die Gesundheit und den erforderlichen Schutz der Patienten, Anwender und Dritter zu sorgen". Das Gesetz und seine Verordnungen richten sich an Hersteller, Betreiber und Anwender medizinisch technischer Geräte.

---

[166] Richtlinie 89/686/EWG des Rates vom 21. Dezember 1989 zur Angleichung der Rechtsvorschriften der Mitgliedstaaten für persönliche Schutzausrüstungen.

[167] Das Ziel der Richtlinie war hier insbesondere die Harmonisierung diesbezüglicher Normen auf europäischer Ebene.

[168] Dies sind die Richtlinie 93/42/EWG des Rates vom 14.06.1993 über Medizinprodukte, die Richtlinie 98/42/EG über In-vitro-Diagnostika sowie die Richtlinie 90/385/EWG zur Angleichung der Rechtsvorschriften über aktive implantierbare medizinische Geräte.

Medizinprodukte sind gemäß § 3 Nr. 1 MPG alle einzeln oder miteinander verbunden verwendeten Instrumente, Apparate, Vorrichtungen, Software, Stoffe und Zubereitungen aus Stoffen oder anderen Gegenständen einschließlich der vom Hersteller speziell zur Anwendung für diagnostische oder therapeutische Zwecke bestimmten und für ein einwandfreies Funktionieren des Medizinproduktes eingesetzten Software, die vom Hersteller zur Anwendung für Menschen mittels ihrer Funktionen zum Zwecke

a) „der Erkennung, Verhütung, Überwachung, Behandlung oder Linderung von Krankheiten,

b) der Erkennung, Überwachung, Behandlung, Linderung oder Kompensierung von Verletzungen oder Behinderungen, …"

zu dienen bestimmt sind und deren bestimmungsgemäße Hauptwirkung im oder am menschlichen Körper weder durch pharmakologisch oder immunologisch wirkende Mittel noch durch Metabolismus erreicht wird.[169] Eine Ausnahme bieten hierbei lediglich Sonderanfertigungen.[170] Im Fall des Schutzanzuges bekommt zwar jede Person ihren eigenen Schutzanzug, sollen die Schutzanzüge zeitnahe die Serienreife erreichen, so dass sie dann nicht mehr als einzelne Anfertigungen hergestellt werden und somit auch keine Sonderanfertigungen dar stellen.

Je nachdem wie weit man den Gesetzeswortlaut auslegt, kann der ganze Schutzanzug, aber auch nur die eingebaute Sensorik zur Vitalparametermessung ein Medizinprodukt darstellen. Nach strenger Auslegung des Gesetzeswortlauts wäre nur der Teil, der auch wirklich zum Zweck der Erkennung und Verhütung von Krankheiten dient, ein Medizinprodukt. Dies wären dann die Sensoren und die Software zur Auswertung der von ihnen erhobenen Daten. Der Schutzanzug würde Zubehör im Sinne des Medizinproduktegesetzes darstellen. Allerdings ist der Schutzanzug mit den unterschiedlichen eingebauten Sensoren und der Bedien- und Auswertungssoftware als ein Gesamtkonzept zu sehen. Als ein solches ist er dazu geeignet, Verletzungen und Gefahren für die Gesundheit zu erkennen oder diesen vorzubeugen. Demnach ist der Schutzanzug inklusive der verwendeten Sensorik und Software ein Medizinprodukt. Diese Einschätzung wird auch dadurch unterstützt, dass die einzelnen Sensoren nicht einzeln bedient werden und der Anzug als „Ganzes" genutzt wird. Eine Technologie, die wie hier beschrieben, unter anderem zur medizinischen Überwachung des Einsatzpersonals während eines Feuer-

---

[169] Deren Wirkungsweise kann aber durch solche Mittel unterstützt werden.
[170] § 3 Nr. 8 MPG.

wehreinsatzes dient, kann demnach insgesamt als ein Medizinprodukt klassifiziert werden.

Daraus lässt sich schließen, dass die Schutzanzüge, unabhängig davon, ob Sensorik integriert wurde, die Anforderungen aus der 8. GPSV für eine Zulassung erfüllen müssen. Zusätzlich fallen durch die Integration der Sensorik diese und die dazugehörige Software sowie der Schutzanzug unter die Anforderungen, die das Medizinproduktegesetz an die Zulassung stellt.

Sowohl die 8. GPSV als auch das Medizinproduktegesetz[171] schreiben für Produkte vor, dass sie mit einer CE-Kennzeichnung versehen sein müssen, damit sie in Deutschland in den Verkehr gebracht werden dürfen.[172] Damit deklariert der Hersteller, dass er die Anforderungen der europäischen Normen an Qualität und Sicherheit für alle Beteiligten erfüllt.

5   Anforderungen an Persönliche Schutzausrüstungen

Persönliche Schutzausrüstungen dürfen gemäß § 2 der 8. GPSV nur in den Verkehr gebracht werden und somit eine CE-Kennzeichnung erhalten, wenn sie den grundlegenden Anforderungen für Gesundheitsschutz und Sicherheit des Anhangs II der Richtlinie 89/686/EWG entsprechen und bei bestimmungsgemäßer Benutzung und angemessener Wartung Leben und Gesundheit der Benutzer schützen, ohne die Gesundheit oder Sicherheit von anderen Personen und die Sicherheit von Haustieren und Gütern zu gefährden. Anhang II der Richtlinie beschreibt dazu allgemeine Anforderungen, die beispielsweise die Ergonomie, das Schutzniveau, die Unschädlichkeit der Ausgangswerkstoffe und die Minimierung von Behinderungen durch die Schutzkleidung vorsehen, sowie Vorschriften für die Ausgestaltung bereichsspezifischer Schutzausrüstung.

Gemäß § 3 Abs. 1 Nr. 2 b) der 8. GPSV muss unter anderem eine Konformitätserklärung gemäß Anhang VI der Richtlinie 89/686/EWG für Behörden, die das CE-Kennzeichen vergeben, bereitgehalten werden. Diese bestätigt, dass die Persönliche Schutzausrüstung alle Anforderungen einhält. Diese Konformitätserklärung kann vom Hersteller selbst ausgefüllt werden, nachdem eine zugelassene Prüfstelle im Rahmen der

---

[171]   § 3 Abs. 1 GPSV, § 6 Abs. 1 MPG.
[172]   Davon ausgenommen sind bei Medizinprodukten lediglich die angesprochenen Sonderanfertigungen, eigen hergestellte und -benutzte Produkte, Medizinprodukte zur klinischen Prüfung, befristet zugelassene Medizinprodukte oder In-vitro-Diagnostika, die für Leistungsbewertungszwecke bestimmt sind.

EG-Baumusterprüfung festgestellt und bescheinigt hat, dass das Modell der Persönlichen Schutzausrüstung den einschlägigen Bestimmungen der Richtlinie entspricht. Eine Baumusterprüfung ist für alle Persönlichen Schutzausrüstungen vorgeschrieben, außer für derart einfache Modelle, bei denen der Konstrukteur davon ausgeht, dass der Benutzer selbst die Wirksamkeit gegenüber geringfügigen Risiken beurteilen kann. Das Muster für die Konformitätserklärung befindet sich in Anhang VI der Richtlinie.

6   Anforderungen an Medizinprodukte

Ein Medizinprodukt wird zuerst vom Hersteller in den Verkehr gebracht und dann vom Betreiber oder vom Anwender in Betrieb genommen.[173] Bei Medizinprodukten ist eine Voraussetzung für die CE-Kennzeichnung unter anderem, dass sie die grundlegenden Anforderungen an Medizinprodukte einhalten müssen. Diese ergeben sich gemäß § 7 MPG unter anderem aus Anhang I der Richtlinie[174] über Medizinprodukte. Dazu muss jeweils ein Konformitätsbewertungsverfahren durchgeführt werden. Der Hersteller ist verantwortlich und haftet auch dafür, dass die CE-Kennzeichnung eines Produktes hält, was sie verspricht.[175]

Wie ein Konformitätsverfahren bei einem Medizinprodukt durchgeführt werden muss, hängt davon ab, welcher Risikoklasse das Medizinprodukt zuzuordnen ist. Nach § 13 Abs. 1 MPG in Verbindung mit Art. 9 Abs. 1 und Anhang 9 der Richtlinie 93/42/EWG[176] gibt es vier Risikoklassen, in die die Produkte anhand ihres Gefährdungspotentials eingeordnet werden. Die zum Monitoring verwendeten Persönlichen Schutzausrüstungen können oftmals in die ersten beiden Klassen (Klasse I und IIa) eingeordnet werden, da sie lediglich aus Sensorik bestehen, die auch nicht invasiv ist. Zur Klasse I und IIa gehören eher Produkte mit geringem oder mittlerem Risikopotential. Bei Produkten der Klasse I liegt die Verantwortung eines Konformitätsverfahrens allein beim Hersteller (Selbstzertifizierung). Ab der Klasse II ist es notwendig, eine Zertifizie-

---

[173] Gemäß § 3 Nr. 11 MPG ist das Inverkehrbringen jede entgeltliche oder unentgeltliche Abgabe von Medizinprodukten an andere.

[174] Richtlinie 93/42/EWG (ABl. L 169 vom 12.7.1993, S. 1), die zuletzt durch Artikel 2 der Richtlinie 2007/47/EG (ABl. L 247 vom 21.9.2007, S. 21) geändert worden ist. Weitere Anforderungen finden sich beispielsweise für aktive implantierbare Medizinprodukte im Anhang 1 der Richtlinie 90/385/EWG des Rates vom 20.6.1990 zur Angleichung der Rechtsvorschriften der Mitgliedstaaten über aktive implantierbare medizinische Geräte (ABl. L 189 vom 20.7.1990, S. 17), die zuletzt durch Artikel 1 der Richtlinie 2007/47/EG (ABl. L 247 vom 21.9.2007, S. 21) geändert worden ist sowie für In-vitro-Diagnostika im Anhang I der Richtlinie 98/79/EG.

[175] *Kiesecker/Kamps* 2009, 397.

[176] Geändert durch Richtlinie 2007/47/EG.

rungsstelle hinzuzuziehen (benannte Stelle). Diese überprüft, ob das Produkt mit den grundlegenden Anforderungen übereinstimmt und stellt eine Bescheinigung aus, die dem Hersteller erlaubt, die CE-Kennzeichnung anzubringen. Die Regelungen dazu und die Einordnung von Produkten in die Risikoklassen wurde zu Beginn des Jahres 2010 durch eine Novelle des MPG[177] weiter verschärft. Software (auch eigenständige Software), die für die Vorbeugung von Verletzungen und Gesundheitsgefahren genutzt wird, muss nun im Rahmen des Konformitätsbewertungsverfahrens validiert werden, denn eigenständige Software ist als ein aktives Medizinprodukt[178] zu klassifizieren. Software als aktives Medizinprodukt wird gemäß Anhang IX der Richtlinie 93/42/EWG in Verbindung mit Anhang II der Richtline 2007/47/EG je nach Invasivität in die Risikoklasse I oder IIa eingeordnet.

Hervorgehend aus den grundlegenden Anforderungen müssen die Produkte so ausgelegt und hergestellt werden, dass ihre Anwendung weder den klinischen Zustand und die Sicherheit der Einsatzkräfte oder gegebenenfalls Dritter gefährden, wenn sie unter den vorgesehenen Bedingungen und zu den vorgesehenen Zwecken eingesetzt werden. Etwaige Risiken müssen, verglichen mit der nützlichen Wirkung für die Einsatzkraft, vertretbar und mit einem hohen Maß des Schutzes von Gesundheit und Sicherheit vereinbar sein. Auch die weiteren grundlegenden Vorschriften dienen auf unterschiedliche Weise alle diesem übergeordneten Ziel der Risikominimierung. Zusätzlich ist der Hersteller oder eine dazu befugte Person, die im Einvernehmen mit dem Hersteller handelt, dafür verantwortlich, ein Medizinprodukt am Betriebsort einer Funktionsprüfung zu unterziehen und eine vom Betreiber beauftragte Person anhand der Gebrauchsanweisung sowie beigefügter sicherheitsbezogener Informationen und Instandhaltungshinweise in die sachgerechte Handhabung, Anwendung und den Betrieb des Medizinprodukts sowie in die zulässige Verbindung mit anderen Medizinprodukten, Gegenständen und Zubehör einzuweisen (§ 5 Abs. 1 MPBetreibV).

7   Konkretisierungen der Anforderungen

Die Anforderungen an Persönliche Schutzausrüstungen und Medizinprodukte werden unter anderem durch Normen, zum Beispiel DIN-Normen, ergänzt und konkretisiert. Für Einsatzkleidung müssen somit auch die Anforderungen nach der DIN EN 469 be-

---

[177] BGBl. 2009, Teil I Nr. 48, 2326.
[178] Ein Medizinprodukt dessen Betrieb von einer Stromquelle oder einer anderen Energiequelle abhängt.

achtet werden.[179] Feuerwehrhelme müssen den Anforderungen der DIN EN 443 entsprechen. Genauso müssen die Schutzhandschuhe der DIN EN 659 sowie Feuerwehrschutzschuhwerk den Anforderungen der DIN EN 15090 genügen. Zur Sensorik und
speziell zur Sensorik in Feuerwehranzügen gibt es bisher keine Konkretisierungen in
Form von DIN-Normen. Ein Anzug mit integrierten Sensoren müsste in jedem Fall aber
zumindest den Normen, die für alle Schutzanzüge gelten, genügen.

Wenn alle Anforderungen an die Persönliche Schutzausrüstung und die darin integrierten Sensoren aus der 8. GPSV und dem Medizinproduktegesetz sowie den dahingehenden Kon-kretisierungen eingehalten werden, können sie zugelassen werden.

---

[179] DIN-Norm „Schutzkleidung für die Feuerwehr – Leistungsanforderung für Schutzkleidung für die
Brandbekämpfung".

Teil III   Einsatz von Persönlichen Schutzanzügen mit I&K-Technik

Der Einsatz von Persönlichen Schutzausrüstungen dient dem Ziel, die Sicherheit der Einsatzkraft zu gewährleisten. Die Integration von Sensoren kann noch eine weitere, zusätzliche Hilfestellung zur Vorbeugung von Gefahren während des Einsatzes, die für die Gesundheit der Einsatzkraft entstehen, darstellen und Effektivität der Schutzanzüge verstärken. Teil III befasst sich damit, ob der Dienstherr oder Arbeitgeber verpflichtet sein kann, die Persönliche Schutzausrüstung mit I&K-Technik zur Unterstützung des Ziele der Aufgabenerfüllung und der Sicherheit für die Einsatzkraft bereitzustellen. Untersucht wird auch, ob die Einsatzkraft verpflichtet ist, diese Persönliche Schutzausrüstung zu tragen.

8   Pflicht des Dienstherrn und Arbeitgebers zur Bereitstellung

Im Folgenden wird zuerst geprüft, ob für den Dienstherrn oder Arbeitgeber eine Pflicht bestünde, die Persönliche Schutzausrüstung mit integrierter I&K-Technik der Einsatzkraft bereitzustellen. Dafür werden Pflichten zu adäquater Arbeits- und Schutzkleidung, zum Arbeits- und Gesundheitsschutz und zu medizinischen Untersuchungen aus den Feuerwehrgesetzen, den Feuerwehrdienstvorschriften und den Unfallverhütungsvorschriften herangezogen.

8.1   Pflicht zu adäquater Arbeits- und Schutzkleidung

Zuerst ist zu klären, ob grundsätzlich eine Pflicht des Dienstherrn oder des Arbeitgebers besteht, die Einsatzkräfte mit Schutzkleidung auszurüsten, die mit I&K-Technik ausgestattet ist. Nach den meisten Feuerwehrgesetzen haben die Gemeinden dafür Sorge zu tragen, dass die öffentlichen Feuerwehren mit Schutzausrüstung ausgestattet sind. Beispielhaft kann hierfür § 3 Abs. 1 Nr. 1 HBKG angeführt werden. Kein Land regelt ausdrücklich die Ausstattung mit I&K-Technik in Schutzausrüstungen. Welche Schutzausrüstung vorgegeben ist, wird nur sehr abstrakt formuliert. So fordern einige Gesetze die Ausstattung mit der „notwendigen" Schutzausrüstung für die Aufgabenerfüllung.[180] Auch in der FwDV 1 und der UVV-Feuerwehren wird eine Mindestschutzausrüstung vorgeschrieben. Diese besteht aus einem Feuerwehrschutzanzug, einem Feuerwehrhelm mit Nackenschutz, Feuerwehrschutzhandschuhen und ausreichendem Feuerwehrschutzschuhwerk. Dieser Mindeststandart darf nicht unterschritten werden, das heißt, im Einsatz müssen alle diese Bestandteile getragen werden. Diese Vorgaben werden in § 2

---

[180]   S. § 6 Abs. 4 FwG (Berlin), ebenso § 5 Nr. 5 BbgBKG (Brandenburg).

FwDV 1[181] jedoch wieder insofern relativiert, als dass hierin ausdrücklich darauf hingewiesen wird, dass die beschriebenen Ausrüstungen beispielhaft und nicht abschließend zu verstehen sind.

In Nr. 2 der FwDV 1 werden neben der erforderlichen persönlichen Mindestausrüstung für Feuerwehrleute auch die gesonderten Spezialausrüstungen bei Lösch- oder Hilfeleistungseinsätzen beschrieben. Relevant für das Monitoring von Einsatzkräften sind außerdem die FwDV 100 und die FwDV 7. In der FwDV 100 wird ein Führungssystem beschrieben, das die Führungsorganisation, den Führungsvorgang und die Führungsmittel erläutert und festlegt. Die FwDV 7 beschäftigt sich eingehender mit dem Atemschutz. Sie beschreibt beispielsweise in Nr. 3 die Anforderungen an Atemschutzträger, die insbesondere eine körperliche Eignung voraussetzen und schreibt dementsprechende Vorsorgeuntersuchungen vor.

Eine Klausel, nach der die Schutzausrüstung am „Stand der Technik" zu halten ist, ist jedoch in keinem der relevanten Regelwerke ausdrücklich enthalten. Teilweise wird darauf abgestellt, eine „leistungsfähige" Feuerwehr zu unterhalten.[182] Das Land Niedersachsen spricht in § 5a Abs. 4 NBrandSchG von der Beschaffung einer sogenannten „Mindestausrüstung", während in Rheinland-Pfalz gemäß § 4 Abs. 1 Nr. 1 LBKG die für die Aufgabenerfüllung „erforderliche" Ausrüstung gefordert wird. Zwar ist eine Feuerwehr, die mit den neuen Schutzanzügen ausgerüstet ist, leistungsfähiger als eine, die nicht über sie verfügt. Daraus kann jedoch nicht geschlossen werden, dass eine Feuerwehr, die mit den bisherigen konventionellen Ausrüstungen arbeitet, nicht leistungsfähig ist.

8.2 Pflicht zum Arbeits-und Gesundheitsschutz

Die Feuerwehrgesetze der Länder verteilen Aufgaben auf die Gemeinden,[183] die Landkreise sowie die Bundesländer. Die Gemeinden müssen danach den Brandschutz und die Allgemeine Hilfe sicherstellen[184] und sind deshalb für die Unterhaltung der freiwilligen Feuerwehren und Berufsfeuerwehren zuständig. Für Werkfeuerwehren sind die jeweiligen Betriebe verantwortlich. Landkreise sind für den überörtlichen Brandschutz und die überörtliche Allgemeine Hilfe und zusammen mit dem Land für den Katastro-

---

[181] S. für eine Erläuterung der Feuerwehr-Dienstvorschriften das folgende Kap. Teil I8.2.
[182] S. § 3 Abs. 1 Satz 1FwG (Baden-Württemberg), ebenso § 3 Abs. 1 Nr. 1 HBKG (Hessen); § 1 Abs. 1 FSHG (Nordrhein-Westphalen); § 2 Abs. 1 Nr. 1 BrSchG (Sachsen-Anhalt).
[183] Bei der Bundeswehrfeuerwehr sind es die Aufgaben der Bundeswehr und bei der Werksfeuerwehr die Aufgaben des Betriebes.
[184] § 2 Abs. 1 HBKG und § 1 Abs. 1 FSHG

phenschutz zuständig. Das Land übernimmt die zentralen Aufgaben des Brandschutzes und der allgemeinen Hilfe.

Die Gemeinden und Betriebe, die Feuerwehren unterhalten, sind deshalb auch für den Unfallschutz verantwortlich. Sie sind darüber hinaus auch für die Durchführung der Maßnahmen zur Verhütung von Arbeitsunfällen und für die Verhütung von arbeitsbedingten Gesundheitsgefahren zuständig.[185] Diese Aufgaben werden auf die Leitung der Feuerwehr oder auf Führungskräfte zur Wahrnehmung des Arbeitsschutzes und der Unfallverhütung übertragen. Zur Übertragung solcher Aufgaben werden dementsprechende Arbeits- oder Dienstanweisungen ausgegeben.

Zentrale Vorschriften zur Unfallverhütung und zu arbeitsmedizinischen Untersuchungen finden sich in den Unfallverhütungsvorschriften (UVV). Diese enthalten Vorschriften zum Schutz der Einsatzkräfte und zur Verhütung von Unfällen sowie zu arbeitsmedizinischen Untersuchungen. Die UVV haben zum Ziel, durch Regelungen zu Geräten, zur Schutzausrüstung, zu arbeitsmedizinischen Untersuchungen und zum richtigen Verhalten im Einsatzdienst den im Feuerwehrdienst bestehenden Gefahren so zu begegnen und vorzubeugen, dass sich keine Unfälle ergeben.[186] Gemäß § 1 Nr. 1 SGB VII haben die Unfallversicherungsträger mit allen geeigneten Mitteln Arbeitsunfälle und Berufskrankheiten sowie arbeitsbedingte Gesundheitsgefahren zu verhüten. Zur Konkretisierung dieser Anforderungen wurde für die Feuerwehren mit Genehmigung des Bundesministeriums für Arbeit und Soziales von den Unfallversicherungsträgern speziell die „UVV-Feuerwehren" mit erläuternden Durchführungsanweisungen erlassen.[187]

UVV sind die Rechtsvorschriften jedes einzelnen Unfallversicherungsträgers, das er für seinen Zuständigkeitsbereich erlassen hat. Die UVV ist ein autonomes Satzungsrecht, denn die Unfallversicherungsträger sind nach § 15 Abs. 1 SGB VII satzungsberechtigt.[188] Unfallverhütungsvorschriften werden gemäß § 33 Abs. 1 SGB IV von den Vertreterversammlungen – zuständige Selbstverwaltungsorgane der Unfallversicherungsträger – beschlossen und durch die zuständige Genehmigungsbehörde, die zuständige oberste Landesbehörde, bestätigt. Sie sind im Zuständigkeitsbereich der Unfallversicherungsträger mit dem Rechtscharakter von Rechtsvorschriften unmittelbar rechtsverbindlich. Staatliche Arbeitsschutzvorschriften wie das Arbeitsschutzgesetz gehen den UVV

---

[185] *Kemper* 2007, 16.
[186] *Knorr* 2010, 20.
[187] GUV-V C 53, UVV vom Mai 1989, in der Fassung vom Januar 1997 mit Durchführungsanweisungen vom Juli 2003; s. dazu *Knorr* 2010, 20.
[188] *Ricke*, in: Leitherer 2010, § 15 SGB VII, Rn. 3.

jedoch vor. Daher können UVV staatliche Vorschriften nur ergänzen oder konkretisieren.[189] Eine Unfallverhütungsvorschrift stellt eine Mindestnorm dar, ohne konkrete Detailanforderungen zu stellen. Damit wird bewusst keine verbindliche Festlegung des Weges zur Erfüllung der Schutzziele vorgenommen, denn die rasche technische und arbeitsmedizinische Entwicklung würde andernfalls eine unablässige Anpassung der Vorschriften in kurzen Zeitabständen erzwingen.[190]

Mitglieder der Freiwilligen Feuerwehr sind immer automatisch in der gesetzlichen Unfallversicherung versichert.[191] Für sie ist die gesetzliche Unfallversicherung beitragsfrei; die Beiträge werden von den Gemeinden getragen. Die Angehörigen der Werks- und Betriebsfeuerwehren sind über die Fach- oder Berufsgenossenschaften des jeweiligen Unternehmens ver-sichert.[192] Die Versicherungspflicht in der gesetzlichen Unfallversicherung erfolgt kraft Gesetzes und ist demnach eine Pflichtversicherung.

Da die Beamten in der Berufsfeuerwehr jedoch keine Mitglieder in der gesetzlichen Unfallversicherung sind und die von den Unfallversicherungsträgern erlassenen Unfallverhütungsvorschriften nur auf die nach § 2 SGB VII versicherten Personen anzuwenden sind, gelten die UVV für sie in der Regel nicht direkt.[193] Sie haben einen Anspruch auf eine Unfallfürsorge nach beamtenrechtlichen Grundsätzen.[194] Beamte sind aber gemäß § 2 Abs. 2 Nr. 4 Beschäftige im Sinne des Arbeitsschutzgesetzes. Dadurch ist der Arbeitgeber oder Dienstherr gemäß § 3 ArbSchG dazu verpflichtet, die erforderlichen Maßnahmen des Arbeitsschutzes unter Berücksichtigung aller Umstände zu treffen, die die Sicherheit und Gesundheit der Beschäftigten bei der Arbeit beeinflussen. Er hat die Maßnahmen auf ihre Wirksamkeit zu überprüfen und erforderlichenfalls sich ändernden Gegebenheiten anzupassen. Dabei hat er nach § 3 Abs. 1 ArbSchG eine Verbesserung von Sicherheit und Gesundheitsschutz der Beschäftigten anzustreben. Gemäß § 4 Nr. 3 ArbSchG sind dabei der Stand von Technik, Arbeitsmedizin und Hygiene sowie sonstige gesicherte arbeitswissenschaftliche Erkenntnisse zu berücksichtigen. Zur Konkretisierung dieser Anforderung kann auf die Unfallverhütungsvorschriften der Berufsge-

---

[189] *Ricke*, in: Leitherer 2010, § 15 SGB VI, Rn. 3b.

[190] S. dazu das Glossar der Unfallkasse Nordrhein-Westfalen, http://www.infektionsschutz.gesundheits-dienstportal.de/glossar/unfallverhuetung.htm#unfallverhuetung (zuletzt abgerufen am 22.12.2011).

[191] Gemäß § 2 Nr. 1 Nr. 9 SGB VII sind Versicherter in der Unfallversicherung auch die Personen, die selbständig oder unentgeltlich, insbesondere ehrenamtlich im Gesundheitswesen oder in der Wohlfahrtspflege tätig sind.

[192] *Kemper* 2007, 26.

[193] Verbeamtete Feuerwehrmitarbeiter sind gemäß § 4 Abs. 1 Nr. 1 SGB VII versicherungsfrei gestellt, s. http://komnet.nrw.de/ccnxtg/frame/ccnxtg/danz?zid=public&did=11255&lid=DE&bid=BAS& (zuletzt aufgerufen 7.6.2011).

[194] Dies ergibt sich aus § 30 Beamtenvorsorgegesetz.

nossenschaften zurückgegriffen werden. Sie sind eine Grundlage für die Feststellung des Standes der Technik im Arbeitsschutz, da sie ein dem Stand der Technik angemessenes Schutzniveau beschreiben. Berufsgenossenschaftliche Regeln und Informationen werden als gesicherte arbeitswissenschaftliche Erkenntnisse angesehen.[195] Über die Vorschrift des § 4 ArbSchG findet somit das berufsgenossenschaftliche Vorschriften- und Regelwerk indirekt auch auf Beamte Anwendung.[196]

Insgesamt sind die im vorherigen Kapitel dargestellten Feuerwehrdienstvorschriften ein Binnenrecht für Einsatzkräfte, während die UVV eine von den Unfallversicherungen ausgegebene Rechtsquelle sind. Beide sind rechtsverbindlich. Sie stehen im Bezug auf den Schutzanzug in keiner Konkurrenz, da beide einheitliche Forderungen erheben. Beide schreiben in Nr. 2 der FwDV 1 bzw. in § 12 UVV Feuerwehren eine gleichlautende Mindestschutzausrüstung vor und beide fordern eine ausreichende körperliche und geistige Eignung für Feuerwehrangehörige. Sie verpflichten den Arbeitgeber, für ausreichenden Schutz für die Gesundheit der Feuerwehrangehörigen zu sorgen. In großen Teilen wird auch in den FwDV auf die Grundsätze in der UVV verwiesen.[197] Jedoch enthält noch keine der beiden Regelwerke Vorschriften zur Integration von Sensoren in die Feuerwehrschutzkleidung.

Für einen ausreichenden Arbeits- und Gesundheitsschutz ist gemäß § 14 UVV Feuerwehren als erster Schritt wichtig, dass nur fachlich und körperlich geeignete Einsatzkräfte für dienstliche Tätigkeiten, insbesondere Einsätze eingesetzt werden. Entscheidend für die körperliche und fachliche Eignung sind Gesundheitszustand, Alter und Leistungsfähigkeit. Bei der Berufsfeuerwehr findet, um dieser Anforderung zu genügen, ein Einstellungstest statt, der die körperliche Einsatz- und Belastungsfähigkeit überprüfen soll. Ein großer Teil der Feuerwehr steht aber lediglich im freiwilligen Dienst für die Allgemeinheit. Für diese findet lediglich eine Überprüfung der körperlichen Eig-

---

[195] *Frank/Müller/Auffermann*, Arbeitsstrafrecht und Technikstrafrecht – Anforderungen an die Betriebsorganisation und Verpflichtung auf den Stand der Technik, http://www.fachanwaelte-strafrecht-potsdamer-platz.de/wirtschaftsstrafrecht/arbeitsschutz-und-technikstrafrecht.html; Rundnagel, Übersicht Arbeitsschutzrecht, http://www.ergo-online.de/site.aspx?url=html/rechtsgrundlagen/ueberblick/uebersicht_arbeitsschutzrecht.htm (beide zuletzt aufgerufen 4.7.2011).

[196] KomNet, Wissensdatenbank, Gelten Unfallverhütungsvorschriften - unmittelbar oder mittelbar - auch für beamtete Beschäftigte?, http://komnet.nrw.de/ccnxtg/frame/ccnxtg/danz?zid=public&did=11255&lid =DE&bid=BAS& (zuletzt aufgerufen 4.7.2011).

[197] So zum Beispiel Nr. 3 FwDV 7 oder 2.1.1 FwDV 1.

nung im Rahmen der Ausbildung zum Atemschutzträger statt. Das einzige hier beachtete Ausschlusskriterium ist das Alter.[198]

Während eines Einsatzes muss außerdem dafür gesorgt werden, dass die Einsatzkräfte bei ihrer Einsatztätigkeit nur solchen Situationen ausgesetzt werden, in denen sie sich aufgrund ihrer Ausbildung, Erfahrung, Ausrüstung und körperlichen Leistungsfähigkeit sicher verhalten können.[199] Die Überwachung von Vitaldaten würde gerade diese Vorsorgeleistungen der Feuerwehrleitung sehr unterstützen, da davon ausgegangen werden kann, dass das Wissen um die Vitalparameter zusammen mit den Umgebungsparametern für den Entscheidungsträger eine wesentlich bessere Entscheidungsgrundlage darstellt. Speziell bei Trägern von Atemschutzgeräten wird gemäß Nr. 7.2 FwDV 7 immer truppweise (ein Truppführer und mindestens ein Truppmann) vorgegangen. Die Einsatzkräfte innerhalb eines Trupps unterstützen sich besonders beim Anschließen des Atemanschlusses und kontrollieren gegenseitig den sicheren Sitz der Atemschutzgeräte sowie die richtige Lage der Anschlussleitungen und der Begurtung. Der Trupp bleibt im Einsatz eine Einheit und tritt auch gemeinsam den Rückweg an. Das heißt, eine aufgrund der Vitaldaten getroffene Entscheidung betrifft immer alle Feuerwehrmänner eines Trupps, nicht nur einen einzelnen Feuerwehrmann. Für die Messung von Vitaldaten bedeutet dies, dass wenn eine Einsatzkraft den Grenzwert eines Vitalparameters überschreitet und zurückgezogen wird, der Rest des Trupps auch mitgehen muss. Die Einsatzdauer eines Atemschutztrupps richtet sich nach derjenigen Einsatzkraft innerhalb des Trupps, deren Atemluftverbrauch am größten ist. So würde sich auch die Einsatzzeit des Trupps nach der Zeit richten, die die Person mit den schwächsten Vitalparametern höchstens der Belastung gerecht werden kann. Jedoch muss an jeder Einsatzstelle für die eingesetzten Atemschutztrupps mindestens ein Sicherheitstrupp zum Einsatz bereitstehen. Je nach Risiko und personeller Stärke des eingesetzten Atemschutztrupps wird die Stärke des Sicherheitstrupps erhöht. Die Einführung von Persönliche Schutzausrüstungen mit integrierter I&K-Technik würde die Einsatzdurchführung und Organisation positiv beeinflussen, da frühzeitig bekannt würde, wann sich ein Sicherheitstrupp auf den Weg machen muss.

Im Ergebnis ist der Arbeitgeber oder Dienstherr dazu verpflichtet, die Sicherheit und Gesundheit der Beschäftigten bei der Arbeit sicherzustellen. Er hat dabei gemäß § 4 Nr. 3 ArbSchG den Stand von Technik, Arbeitsmedizin und Hygiene sowie sonstige gesi-

---

[198] Das Eintritt- oder Austrittsalter ist in den jeweiligen Feuerwehrgesetzen der Länder bestimmt, zumeist ist es vom 18. bis zum 60. Lebensjahr.
[199] *Kemper* 2007, 18.

cherte arbeitswissenschaftliche Erkenntnisse zu berücksichtigen. Mit der erprobten Einführung und Nutzung von Schutzanzügen mit integrierter Sensorik kann diese zum Stand der Technik werden. Dadurch lässt sich die Pflicht des Dienstherrn und Arbeitgeber begründen, diese spezielle Persönliche Schutzausrüstung auch zum Arbeits- und Gesundheitsschutz einzusetzen.

8.3 Pflicht von medizinischen Untersuchungen

Regelmäßige Vorsorgeuntersuchungen sind ein weiterer wichtiger Bestandteil eines effektiven Arbeits- und Gesundheitsschutzes. Die Allgemeinen Vorschriften zu Vorsorgeuntersuchungen sind im Gesetz über Betriebsärzte, Sicherheitsingenieure und andere Fachkräfte für Arbeitssicherheit (ASiG) geregelt. Daneben bestehen auch zusätzlich weitere besondere bereichsspezifische Vorschriften.[200] Medizinische Untersuchungen dienen der Sicherung einer ausreichenden körperlichen Belastbarkeit der Einsatzkräfte. Besondere Regelungen für den Bereich arbeitsmedizinischer Untersuchung sind die Verordnung zur arbeitsmedizinischen Vorsorge (ArbMedVV) sowie die Unfallverhütungsvorschrift GUVV A4 (Gemeindeunfallversicherungsverbände).

Vorsorgeuntersuchungen für die Mitglieder der Berufs- und Werksfeuerwehren richten sich nach der Verordnung zur arbeitsmedizinischen Vorsorge (ArbMedVV). Diese staatliche Arbeitsschutzverordnung hat Vorrang vor den Unfallverhütungsvorschriften. Die ArbMedVV schreibt Pflichtuntersuchungen für Tätigkeiten, die das Tragen von Atemschutzgeräten erfordern sowie für Tätigkeiten mit extremer Hitzebelastung, die zu einer besonderen Gefährdung führen können, vor.[201] Der Arbeitgeber darf hiernach eine Tätigkeit nur ausüben lassen, wenn eine solche Pflichtuntersuchung zuvor durchgeführt worden sind. Die Bescheinigung der gesundheitlichen Unbedenklichkeit ist hierfür Tätigkeitsvoraussetzung. Solche Pflichtuntersuchungen müssen gem. § 4 Abs. 1 ArbMedVV zusätzlich zur Erstuntersuchung auch als Nachuntersuchungen in regelmäßigen Abständen veranlasst werden. Für die Atemschutzgeräteträger in allen Feuerwehren sind die Grundsätze G 26 „Atemschutzgeräte" und G 30 „Hitzearbeiten" als allgemein anerkannte Regeln der Arbeitsmedizin zu beachten.

Die arbeitsmedizinischen Vorsorgeuntersuchungen für Mitglieder der Freiwilligen Feuerwehr sind durch den Anwendungsbereich der ArbMedVV nicht erfasst, da es sich bei dieser Personengruppe nicht um „Beschäftigte" im Sinne der ArbMedVV, sondern eh-

---

[200] *Reinfeld*, in: Wank 2009, § 32, Rn. 15.
[201] § 4 Abs. 1 i.V.m. dem Anhang der ArbMedVV Teil 3 und 4.

renamtlich tätige Feuerwehrangehörige handelt. Für sie ergeben sich die Vorschriften zu Vorsorgeuntersuchungen momentan noch aus der Unfallverhütungsvorschrift GUVV A4.[202] Hiernach sind Vorsorgeuntersuchungen gemäß Anlage 1 in Verbindung mit Anhang 8 GUVV A4 bei Personen unter fünfzig Jahren alle drei Jahre und bei allen über fünfzig Jahren jedes Jahr durchzuführen. Besondere Anforderungen an die körperliche Eignung werden auch hier insbesondere an Feuerwehrangehörige gestellt, die als Atemschutzgeräteträger, als Taucher oder als Ausbilder in Übungsanlagen zur Brandbekämpfung ihren Dienst tun. Die Gemeinde darf Versicherte mit dieser Tätigkeit deshalb gemäß § 3 Abs. 1 BGV A4 und GUVV A4 nur beschäftigen, wenn sie fristgerecht Vorsorgeuntersuchungen durch einen ermächtigten Arzt unterzogen worden sind.

Zwar haben arbeitsmedizinische Untersuchungen nur die allgemeine Aufgabe festzustellen, ob bei der untersuchten Person gesundheitliche Bedenken bestehen. Allerdings ist zu berücksichtigen, dass diese regelmäßig nur in bestimmten Intervallen stattfinden. Der durch die Satzungen festgelegte allgemeine Zweck der Verhütung von Arbeitsunfällen, Berufskrankheiten sowie arbeitsbedingten Gesundheitsgefahren wird somit auch nur in diesen Abständen überprüft. Durch telemedizinische Anwendungen könnten dagegen bei jedem Einsatz Gesundheitsdaten erhoben werden, die theoretisch auch zur arbeitsmedizinischen Diagnostik verwendet werden könnten. Dieses würde dazu führen, dass eine kontinuierliche Untersuchung stattfindet. Die GUVV A4 und die ArbMedVV stellen jedoch lediglich einen Mindeststandard dar,[203] so dass auch kürzere Abstände für Untersuchungen möglich wären. Allerdings ist die bloße Erhebung und Verwendung der Vitaldaten keine Untersuchung im rechtlichen Sinne.[204] Auch wenn man die GUVV A4 und die ArbMedVV nur als Mindeststandard sieht, ist eine solche regelmäßige Erhebung von Gesundheitsdaten nicht von deren eigentlicher Intention gedeckt. Der allgemeine Zweck der Gesundheitsvorsorge fordert daher nicht die Erhebung von Vitalparametern in relativ kurzfristigen Abständen.[205]

Der Unternehmer hat nach § 3 Abs. 2 GUVV A4 die Vorsorgeuntersuchungen zu veranlassen und die Kosten zu tragen, soweit dies nicht vom Unfallversicherungsträger übernommen wird. Die ArbMedVV trifft dazu keine Aussagen, legt aber fest, dass Arbeits-

---

[202] Eine neue Regelung soll auch hier alsbald gefunden werden, so u.a. die HFUK Nord auf ihrem Webauftritt, http://www.hfuknord.de/wDeutsch/aktuelle-berichte/aktuelles-praevention-details.php?navid =9&ID=115.

[203] Unfallkasse Nordrhein-Westfalen, Glossar Unfallverhütungsvorschriften, www.infektionsschutz.gesundheitsdienstportal.de/glossar/unfallverhuetung.htm#unfallverhuetung.

[204] S. Kap. 8.3.

[205] *Kohte*, in: Dieterich/Fraint/Nogler/Kezuka/Pfarr 2010, 334.

medizinische Vorsorgeuntersuchungen während der Arbeitszeit stattfinden sollen. Eine Pflicht für den Arbeitgeber leitet sich daraus für das regelmäßige Monitoring zusätzlich zu den Vorsorgeuntersuchungen aber nicht ab, denn das Monitoring ist nicht als eine solche medizinische Untersuchung anzusehen.

Grundsätzlich werden beim Einsatzmonitoring von Vitaldaten ähnliche Daten erhoben wie sie auch bei einer von den Berufsgenossenschaften vorgeschriebenen Vorsorgeuntersuchungen anfallen. Im Gegensatz zu diesen Untersuchungen werden die Daten jedoch nur erhoben, um daraus Schlüsse anhand von Grenzwerten über die Einsatztauglichkeit zu ziehen. Es findet keine Diagnose oder Untersuchung im eigentlichen Sinn statt. Dazu ist in jedem Fall ein Arzt notwendig. Die Entscheidung, ob eine Einsatzkraft aus dem Einsatz zurückgezogen wird, wird von den zuständigen Einsatzleitern getroffen. Die ständige Betreuung durch einen Arzt ist für eine bestimmungsgemäße Nutzung des Systems nicht notwendig. Vielmehr ist davon auszugehen, dass das System in einer Weise gestaltet wird, die die adäquate Nutzung auch durch medizinische Laien ermöglicht. Hierfür sprechen auch wirtschaftliche Erwägungen. Zwar könnte das Ziel der eigentlichen Vorsorgeuntersuchung, nämlich die körperliche Belastbarkeit für den Einsatz festzustellen, effektiv unterstützt werden. Eine Pflicht für die Arbeitgeber und indirekt der Dienstherrn, die neuen Schutzanzüge mit integrierten Sensoren anzuschaffen und einzusetzen, ergibt sich aus dieser funktionellen Unterstützung jedoch nicht.

8.4   Pflicht zum Einsatz neuer Schutzanzüge

Aus der Verpflichtung des Dienstherrn und Arbeitgeber (Gemeinden und Betriebe) zum Unfallschutz, zur Durchführung von Maßnahmen zur Verhütung von Arbeitsunfällen und zur Verhütung von arbeitsbedingten Gesundheitsgefahren ergibt sich die Pflicht, auch die Persönliche Schutzausrüstung mit integrierter I&K-Technik für die Einsatzkräfte bereitzustellen, sobald diese zum aktuellen Stand der Technik gehören sollte. Bis dahin trifft ihn noch keine unmittelbare Verpflichtung. Allerdings ist die Technik dazu geeignet, die Träger der Feuerwehr bei der Erfüllung der ihnen obliegenden Aufgaben zu unterstützen und dabei einen besseren Sicherheitsstandard für die Einsatzkraft zu gewährleisten. Aus diesem Grund werden sich viele Arbeitgeber oder Dienstherrn auch ohne Pflicht für diese Technik entscheiden.

Außerdem dient diese Persönliche Schutzausrüstung der gesundheitlichen Vorsorge. Sie soll eventuellen gefährlichen Situationen vorbeugen. Vorsorge ist eine Aufgabe, die keine inhärenten Grenzen kennt. Die Pflicht zur Vorsorge wird daher nur extern durch das Prinzip der Verhältnismäßigkeit begrenzt. Bezogen auf den Arbeitgeber und

Dienstherrn ist die Vorsorge jedoch in der Regel dann verhältnismäßig, wenn sie dem Stand der Technik entspricht.

Für die Pflicht zum Einsatz der neuen Persönlichen Schutzausrüstung ist somit entscheidend, ob diese dem Stand der Technik entspricht. Über diese Entsprechung entscheiden die Dienstherrn und Arbeitgeber indirekt selbst. Ein Ausrüstungsgegenstand erfüllt die Anforderung des Stands der Technik dann, wenn er fortschrittlichen Erkenntnissen entspricht und durch Praxiserfahrungen die Eignung zur Zielerreichung gesichert erscheinen lässt. Dies ist der Fall, wenn einzelne Dienstherrn oder Arbeitgeber die neue Persönliche Schutzausrüstung eingesetzt und mit ihr gute Erfahrungen gemacht haben. Dann wird sie zum Stand der Technik und damit zur Pflicht auch für alle anderen Arbeitgeber und Dienstherrn.

9   Pflicht der Einsatzkräfte zur Nutzung

Wenn die Arbeitgeber und Dienstherrn verpflichtet sein können, die neuen Schutzanzüge einzusetzen, stellt sich die korrespondierende Frage, ob die Feuerwehrleute verpflichtet werden können, diese neue Persönliche Schutzausrüstung auch zu tragen. Eine solche Pflicht könnte sich zunächst aus einer gesetzlichen Verpflichtung der Einsatzkräfte ergeben. Für die öffentlich rechtlich organisierten Feuerwehren auf Länderebene kommen die Beamtengesetze der Länder und die entsprechenden Dienstvorschriften in Betracht. Öffentlich-rechtliche Vorschriften entfalten dann Wirkung im privatrechtlichen Bereich, soweit sie nicht bloß innerorganisatorischer Natur sind.[206] Dieses ist hier nicht der Fall.

9.1   Gesetzliche Regelungen

Ausdrückliche Verpflichtungen zum Tragen der Schutzkleidung normieren die Länder Bremen gemäß § 56 Abs. 1 BremBG, Hessen gemäß § 89 HBG in Verbindung mit A.2. FWBeklRL, Mecklenburg-Vorpommern gemäß § 111 Abs. 2 LBG M-V in Verbindung mit § 1 Abs. 1 Dienstgrad- und Dienstkleidungsvorschrift für Freiwillige Feuerwehren und Werksfeuerwehren in Mecklenburg-Vorpommern, Niedersachen gemäß § 56 NBG in Verbindung mit § 14 Abs. 1 1. HS FwVO[207], Sachsen gemäß § 148 SächsBG in Verbindung mit § 7 Abs. 1 SächsFwVO und Rheinland-Pfalz gemäß § 84 LBG in Verbin-

---

[206]   *Butz*, in: Kollmer/Klindt 2001, § 17 ArbSchG, Rn. 4.
[207]   Feuerwehrverordnung (Niedersachen).

dung mit § 4 Abs. 1 in Verbindung mit Abs. 2 Satz 1 FwVO[208]. Exemplarisch kann § 7 Abs. 1 SächsFwVO angeführt werden, wonach die Angehörigen der öffentlichen Feuerwehren die in der entsprechenden Anlage beschriebene Dienstkleidung und persönliche Schutzkleidung zu verwenden haben. Das Saarland normiert in § 91 SBG in Verbindung mit I. Nr. 2, Nr. 4 Fw-DienstklVO-S, dass private Schutzausrüstung nur unter bestimmten Umständen getragen werden kann. Hier-in ist die implizite Pflicht zum Tragen der durch den Dienstherrn zur Verfügung gestellten Schutzkleidung zu sehen.

Die Bundesländer Bayern, Sachsen-Anhalt und Hamburg halten gemäß Art. 75 BayBG in Verbindung mit § 1 Nr. 2 AVBayFwG, § 90 Abs. 4 BG LSA in Verbindung mit § 1 Abs. 2 und 3 Fw-DienstklVO-LSA und § 57 Abs. 1 HmbBG lediglich Regeln bereit, die die Pflicht der Träger der Feuerwehren normieren, entsprechende Schutzbekleidung für die Einsatzkräfte zu beschaffen. Ebenfalls keine ausdrückliche Pflicht, Schutzausrüstung zu tragen, enthalten die entsprechenden Vorschriften zur Kleiderordnung der Beamtengesetze von Thüringen gemäß § 114 ThürBG, Schleswig-Holstein gemäß § 56 S. 1 LBG, Berlin gemäß § 70 S. 1 LBG, Brandenburg gemäß § 113 in Verbindung mit § 117 Satz 2 LBG, Nordrhein-Westphalen gemäß § 113 S. 1 LBG NRW und Baden-Württemberg gemäß § 55 Abs. 1 Satz 1 LBG. Diese Vorschriften beziehen sich nicht ausdrücklich auf die Schutzkleidung, sondern lediglich auf die allgemeine Dienstkleidung. Schutz- und Dienstkleidung werden in der arbeitsrechtlichen Literatur unterschieden. Während Schutzkleidung den Schutz vor gesundheitlichen Gefahren bezweckt, dient die Dienstkleidung dem einheitlichen Auftreten der Bediensteten.[209] Von der Pflicht zum Tragen der Dienstkleidung kann demnach nicht auf eine Pflicht zum Tragen von Schutzkleidung geschlossen werden.

Auch auf Bundesebene besteht mit § 74 BBG lediglich die Pflicht, Dienstkleidung zu tragen.[210] Basierend auf § 6 des Berufsbildungsgesetzes hat das Bundesministerium für Wirtschaft und Technologie in § 4 Abs. 2 Abschn. A Nr. 3 der Werkfeuerwehrmann-Ausbildung-Erprobungs-Verordnung[211] zwar das Anlegen, insbesondere von Feuerwehrschutzbekleidung, in der Ausbildung reglementiert, jedoch lässt sich hieraus allein nicht auf eine entsprechende grundsätzliche Pflicht schließen. Zu beachten ist jedoch,

---

[208] Feuerwehrverordnung (Rheinland-Pfalz).
[209] *Koch*, in: Schaub/Koch, Stichwort „Arbeitskleidung".
[210] BVerwGE 84, 287 (289).
[211] In Kraft seit 1.8.2009.

dass die Berufsfeuerwehr der Bundeswehr an den sachlichen Gehalt der jeweiligen Feuerwehrgesetze der Länder gebunden ist.[212]

Für den Bund und die Länder, in denen keine explizite Verpflichtung der Feuerwehrleute geregelt ist, die vorgesehene Schutzausrüstung zu tragen, gilt jedoch, dass die beschriebenen Vorschriften zur Unfallverhütung nicht nur an den Arbeitgeber gerichtet sind. Sie verpflichten zugleich auch die Feuerwehrangehörigen, den Vorschriften zum Unfallschutz zu folgen. Darum sind aus Sicht der Unfallvorsorge auch die Feuerwehrleute dazu angehalten, die vorgeschriebene Persönliche Schutzausrüstung zu ihrer eigenen Sicherheit im Einsatz zu tragen. Auch ergibt sich aus Nr. 2 FwDV 1 ausdrücklich die Pflicht zum Tragen der Ausrüstung.

9.2 Weisungsbefugnisse

In sieben Bundesländern ist somit die Pflicht, Schutzkleidung zu tragen, ausdrücklich geregelt ist.[213] In den anderen Ländern und dem Bund ergibt sich zumindest aus den Unfallverhütungsvorschriften und der FwDV 1 die gleiche Pflicht. Dennoch stellt sich die Frage, ob diese Verpflichtung auch das Tragen von Persönlicher Schutzausrüstung, die mit I&K Technik ausgestattet ist, umfasst. Eine entsprechende Auslegung dieser Gesetze ist jedoch nicht möglich. Weder der Wortlaut gibt hierfür Raum, noch ist diese weite Auslegung vom Zweck der Gesetze umfasst. Diese sollen gerade nicht die Pflicht der Einsatzkräfte normieren, die Erhebung von Vitaldaten zu erdulden. Vielmehr normieren die genannten Regelungen lediglich die Pflicht zum Selbstschutz und flankieren insofern die Fürsorgepflicht des Dienstherrn. Sie zielen somit auf den Schutz der Einsatzkraft vor einer Beeinträchtigung ihrer körperlichen Unversehrtheit und normieren keine Eingriffe in das Recht auf informationelle Selbstbestimmung. Fraglich ist daher, ob eine entsprechende Pflicht aus dem allgemeinen Weisungsrecht des Dienstherrn und des privatrechtlichen Arbeitgebers abgeleitet werden kann.

Im öffentlich-rechtlichen Bereich wird das Direktionsrecht des Dienstherrn als Weisungsbefugnis oder vom Dienstverpflichteten ausgehend als Folgepflicht des Beamten bezeichnet.[214] Sie ist unabdingbare Voraussetzung für die Funktionsfähigkeit der Verwaltung, aber auch zwingendes Gebot der demokratisch-rechtsstaatlichen Verfassung.

---

[212] S. bereits Kap. 2.3; BVerwG, NVwZ-RR 1996, 352.
[213] Hessen, Bremen, Mecklenburg-Vorpommern, Niedersachsen, Sachsen, Rheinland-Pfalz sowie Sachsen.
[214] *Battis*, in: Battis 2009, § 62 BBG, Rn. 3.

In diesem Zusammenhang ist auf die Besonderheiten des Weisungsrechts im öffentlichen Dienst hinzuweisen. Beamtenverhältnisse sind ihrer rechtlichen Struktur nach grundsätzlich unkündbar. Der Dienstherr ist insofern umso mehr auf die Dienstfähigkeit seiner Beamten angewiesen. Der Dienstherr muss die Beamten flexibel einsetzen können, um auf Veränderungen in tatsächlicher oder rechtlicher Hinsicht reagieren zu können.[215] Ein flexibler Einsatz aller potenziellen Einsatzkräfte im Feuerwehrdienst ist jedoch nur möglich, wenn diese faktisch einsatzfähig sind. Faktische Einsatzfähigkeit besteht jedoch im Feuerwehrdienst nicht ohne Schutz vor äußeren Umgebungsbedingungen, wie zum Beispiel unwägbaren Stoffen oder Hitze. Ohne Schutzkleidung wird das Arbeiten in solchen Einsatzgebieten regelmäßig nicht möglich sein. Nur wenn eine Pflicht zum Tragen der Schutzanzüge besteht und dieses nicht auf Freiwilligkeit basiert, ist eine hinreichende Sicherheit gegeben, dass die faktischen Voraussetzungen für die Bewältigung der Gefahrenabwehr gegeben sind. Die Schutzanzüge sind damit eine Bedingung, die nicht hinweg gedacht werden kann, ohne dass die der Feuerwehr zugedachten Aufgaben nicht mehr hinreichend erfüllt werden können. Sie stellen insofern ein konstitutives Element zur Erhaltung der Einsatzfähigkeit dar. Nur wenn sie gegeben ist, können die Einsatzkräfte auch flexibel eingesetzt werden. Hieraus leitet sich das Recht des Dienstherrn ab, seine Dienstverpflichteten zum Tragen von Schutzanzügen anzuweisen, es sei denn es stehen dem überwiegende Interessen und Rechte des Beamten entgegen.

Zu beachten sind allerdings die verschiedenen Entwicklungsstufen der Einführung neuer Schutzausrüstungen. Voraussichtlich wird zunächst eine Erprobungsphase der Schutzanzüge stattfinden. Soweit während dieser Probephase keine anderweitige konventionelle Schutzkleidung zur Verfügung steht,[216] können die Einsatzkräfte sich nicht ohne I&K-Technik einsatzfähig halten. Insofern greift das allgemeine Weisungsrecht aus Gründen der Erhaltung der Einsatzfähigkeit. Sollte sich während dieser Phase die Technik bewährt haben, ist zudem eine flächendeckende Etablierung solcher Schutzanzüge absehbar und stellt sich – weil sie dann dem Stand der Technik entsprechen[217] – lediglich als Frage der Zeit dar. Infolge dieser Etablierung ist nicht davon auszugehen, dass der Dienstherr eine doppelte Montur an Schutzkleidung vorhalten wird, die es der Einsatzkraft ermöglicht, die Schutzanzüge mit Sensoren anzulegen oder nicht. Die be-

---

[215] *Hunold*, NZA-RR 2001, 345.
[216] Dies wäre für ein Testverfahren sinnvoll, da anderenfalls die Anzahl der teilnehmenden Probanden zu gering sein könnte, um aussagekräftige Testergebnisse zu erhalten.
[217] S. Kap. 0.

schriebenen Chancen[218] lassen sich nur vollumfänglich verwirklichen, wenn ein kollektiver Einsatz der Technik stattfinden wird. Die Erhöhung der Effektivität und Effizienz einer Einsatzgruppe ist nicht in dem beschriebenen Maße realisierbar, wenn der einzelnen Einsatzkraft die Wahl zur Nutzung überlassen wird.

Ähnliches lässt sich auch für den privatrechtlichen Bereich konstatieren. Allgemein anerkannt ist, dass sich die privatrechtliche Leitungsmacht des Arbeitgebers auf die Ausführung der Arbeit selbst, auf ein den Arbeitsvollzug begleitendes Verhalten oder ein sonstiges organisationsbedingtes Verhalten bezieht.[219] Im privatrechtlichen Bereich hat der Arbeitnehmer demnach Arbeitsschutzkleidung zu tragen, soweit dies gesetzlich vorgeschrieben oder vom Arbeitgeber zum Schutz und zur Sicherung von Personen oder Sachen angeordnet ist.[220] Ist die Etablierung der Technik abgeschlossen und in der Praxis erfolgreich erprobt, so besteht im gleichen Maß wie im öffentlichen Bereich eine Pflicht und ein Recht des Arbeitgebers, die Arbeitnehmer zum Tragen der neuen Schutzkleidung anzuweisen. Soweit der Gesetz- oder Vorschriftengeber in der Zukunft eigene rechtliche Verpflichtungen für die Einsatzkräfte erlässt, wären diese primär heranzuziehen. Öffentlich-rechtliche Normen werden nach der Lehre von der Doppelwirkung auch für privatrechtlich organisierte Feuerwehren, wie zum Beispiel Betriebsfeuerwehren, anwendbar.

Zusammenfassend ist festzustellen, dass sowohl für öffentliche als auch für private Feuerwehren die Pflicht zum Tragen von Schutzanzügen mit I&K-Technik besteht. Dieses allerdings erst zu dem Zeitpunkt, in dem die neuen Schutzanzüge mit I&K-Technik zum Stand der Technik gezählt werden können. Dies gilt allerdings nur, soweit durch die Nutzung der neuen Persönlichen Schutzausrüstung nicht Rechte des Beschäftigten verletzt werden. Von diesen Rechten ist auch das Datenschutzrecht umfasst. Vom Weisungsrecht nicht umfasst sind mithin Weisungen, bei deren Befolgung die informationelle Selbstbestimmung des Dienstverpflichteten verletzt wird. Solche Verletzungen können allerdings durch technische Maßnahmen verringert oder sogar vermieden werden.[221]

---

[218] S. Kap. 3.1 und 3.2.
[219] *Richardi*, in: Wank 2009, § 7, Rn. 54; *Conze* 2008, Rn. 609.
[220] *Müller-Glöge*, in: Säcker/Rixecker 2009, § 611 BGB, Rn. 1084.
[221] S. zu konkreten technischen Gestaltungsvorschlägen das nachfolgende Kap. 14.

9.3 Beteiligungsrechte der Personalvertretungen und Betriebsräte

Einschränkungen des Weisungsrechts können aus verschiedenen Vorschriften erfolgen.[222] Solche Vorschriften sind unter anderem in den unterschiedlichen Gesetzen zur kollektiven Interessensvertretung der Arbeitnehmer oder Bediensteten, wie den Personalvertretungsgesetzen des Bundes und der Länder und dem Betriebsverfassungsgesetz, zu sehen.[223] Soweit Mitbestimmungsrechte geregelt sind, können Weisungen, die diese Bereiche betreffen, nicht ohne Mitwirkung der Interessenvertretungen ergehen.[224] Das Bestimmungsrecht des Dienstherrn und Arbeitgebers wird insofern durch ein paritätisches Beteiligungsrecht der Interessensvertretung beschränkt.[225] Die Anordnung zur Mitbestimmung wirkt für den Arbeitgeber oder Dienstherrn somit weisungsbegrenzend. Dabei dienen sowohl Mitwirkungs- als auch Mitbestimmungsrechte im weitesten Sinn auch dem Persönlichkeitsschutz der Arbeitnehmer.[226] Das Bundesverfassungsgericht geht davon aus, dass zur Beachtung der informationellen Selbstbestimmung angemessene und effektive Kontrollen beim Einsatz automatisierter Personaldatenverarbeitung notwendig sind.[227] Auch das Bundesarbeitsgericht hat bei der Beurteilung der Mitbestimmung und Mitwirkung der Mitarbeitervertretungen im Betriebsverfassungs- und Personalvertretungsrecht ausdrücklich auf das Volkszählungsurteil Bezug genommen.[228] Die Notwendigkeit entsprechender Kontrollen begründete im Anschluss hieran das Bundesverwaltungsgericht, indem es konstatierte, dass vor dem Hintergrund der Verarbeitung personenbezogener Daten im Arbeitsverhältnis auch Eingriffe in die Persönlichkeitssphäre der Betroffenen erfolgen können. Ohne Kontrollen gäbe es „keine hinreichend rechtlich gesicherten Abwehrmöglichkeiten".[229] Hierzu lässt sich ergänzend feststellen, dass die Funktion des Betriebs- und Personalrates durch die Rechtsprechung beim Einsatz neuer I&K-Technologien extensiv interpretiert wird.[230]

---

[222] *Hoffmann/Schulte*, in: Pielow 2011, § 106 GewO, Rn. 72.
[223] *Wedde*, in: Roßnagel 2003, Kap. 6.3, Rn. 4.
[224] *Borgmann/Faas*, NZA 2004, 241.
[225] *Richardi*, in: Richardi 2010, § 87 BetrVG, Rn. 1.
[226] *Annuß*, in: Richardi 2010, Vorbemerkung § 90 BetrVG, Rn. 4; *Wedde*, in: Roßnagel 2003, Kap. 6.3, Rn. 18.
[227] BVerfGE 65, 1 (46).
[228] BAG, NJW 1985, 450.
[229] BVerwG, DVBl. 1988, 355.
[230] *Gola/Wronka*, in: Gola/Wronka 2010, Kap. 1, Rn. 79.

9.3.1 Mitbestimmung im öffentlichen Sektor

Im Folgenden werden die Mitwirkungsrechte des Personalrates im öffentlichen Sektor dargestellt. Diese Ausführungen gelten für alle Feuerwehren, für die die öffentlich rechtlichen Vorschriften anwendbar sind.[231]

Gemäß § 1 Satz 1 BPersVG sind „in den Verwaltungen des Bundes und der bundesunmittelbaren Körperschaften, Anstalten und Stiftungen des öffentlichen Rechts ... Personalvertretungen" zu bilden. Je nach Träger der jeweiligen Verwaltung sind das Bundespersonalvertretungsgesetz oder die jeweiligen Landespersonalvertretungsgesetze anwendbar.[232] Zu beachten ist, dass sich der relevante Regelungsbereich der Personalvertretungsgesetze des Bundes und der Länder stark ähnelt. Bundesgesetze, insbesondere das hier behandelte Bundespersonalvertretungsgesetz, können nicht für die Auslegung von Landesgesetzen fruchtbar gemacht werden, soweit der Gesamtzusammenhang der gesetzlichen Regelung dieses nicht gebietet.[233] In weiten Teilen besteht jedoch ein identischer Wortlaut der Gesetze. So kann exemplarisch auf § 79 Abs. 3 Nr. 12 LPVG-BW hingewiesen werden, der mit identischen Wortlaut zu § 75 Abs. 3 Nr. 17 BPersVG eine Mitbestimmung für den Fall der „Einführung und Anwendung technischer Einrichtungen einräumt, die dazu bestimmt sind, das Verhalten und die Leistung der Beschäftigten zu überwachen". Es ist nicht davon auszugehen, dass sich allein aufgrund einer über den Wortlaut hinausgehenden Auslegung bedeutende Unterschiede ergeben. Hierfür spricht zum einen die Entstehungsgeschichte einzelner Landespersonalvertretungsgesetze. So übernahm beispielsweise Bayern durch die Regelung des Bayrischen Personalvertretungsrechts zum 21.11.1958 weitgehend die Vorschriften des Bundespersonalvertretungsgesetzes von 1955.[234] Weiterhin spricht für ein ähnliches Verständnis der verschiedenen Vorschriften, dass der Zweck der Gesetze, nämlich die arbeitnehmerfreundliche Gestaltung des Arbeitsplatzes in technischer und organisatorischer Hinsicht,

---

[231] S. zur Struktur der Feuerwehr Kap. 2.3.

[232] Zur Zulässigkeit von Dienstvereinbarungen im öffentlichen Sektor auf Landesebene: § 113 Abs. 2 Satz 2 HPVG (Hessen); § 73 Abs. 1 LPVG (Baden-Württemberg); Art. 73 Abs. 1 Satz 2 BayPVG (Bayern); § 74 Abs. 1 Satz 1 in Verbindung mit § 75 Satz 1 PersVG (Berlin); § 70 Abs. 1 Satz PersVG (Brandenburg); § 62 Abs. 1 Satz BremPVG (Bremen); § 83 Abs. 1 Satz 2 HmbPersVG (Hamburg); § 66 Abs. 1 PersVG (Mecklenburg-Vorpommern); § 78 Abs. 1 Satz NPersVG (Niedersachsen); § 70 Abs. 1 Satz 2 LPVG (Nordrhein-Westphalen); § 76 Abs. 1 Satz 1 LPersVG (Rheinland-Pfalz); § 76 Abs. 1 Satz 1 LPersVG (Saarland); § 84 Abs. 1 Satz 1 SächsPersVG (Sachsen); § 70 Abs. 1 PersVG LSA (Sachsen-Anhalt); § 57 Abs. 1 Satz 2 MBG Schl.-H. (Schleswig-Holstein); § 72 Abs. 1 ThürPersVG (Thüringen).

[233] BVerwG, NJW 1997, 815.

[234] *Wittmann* 2011,13.

nahezu identisch ist.[235] Die Mitbestimmungsvorschriften werden daher am Beispiel des Bundespersonalvertretungsgesetzes dargestellt. Die Landesgesetze werden nur allgemein vorgestellt, von einer Darstellung im Detail wird abgesehen.

9.3.1.1 Verhalten der Beschäftigten

In Betracht zu ziehen ist zunächst § 75 Abs. 3 Nr. 15 BPersVG. Diese Vorschrift gewährt ein Mitbestimmungsrecht des Personalrats zur *Normierung verbindlicher Verhaltensregeln* für die Arbeitnehmer einer Dienststelle zur Sicherung eines ungestörten Arbeitsablaufs und des reibungslosen Zusammenlebens und Zusammenwirkens der Beschäftigten.[236] Gemeint ist damit ausschließlich die soziale Ordnung in der Dienststelle.

Die Persönliche Schutzausrüstung mit integrierter I&K-Technik dient dem Ablauf der Arbeit durch generell effizientere und effektivere Einsatzmöglichkeiten der Einsatzkräfte. Sie gestaltet den Dienstablauf insofern, als sie die Art und Weise der Aufgabenerfüllung modifiziert. Soweit auf Grundlage der durch das System verarbeiteten Daten Entscheidungen gefällt werden, beeinflussen diese die Art des Dienstablaufes. § 75 Abs. 3 Nr. 15 BPersVG beinhaltet jedoch darüber hinaus auch soziale Aspekte des Dienstablaufes, die sich auf die Gestaltung des Zusammenlebens und Zusammenwirkens der Beschäftigten im Dienst richten.[237] Durch die Technik werden nicht nur neue Formen der Interaktionen geschaffen, sondern sie verändert auch die sozialen Grundlagen der Entscheidungsfindung. Die Einsatzleitung ist verstärkt an eine objektivierte Betrachtungsweise der Belastungsfähigkeit der Einsatzkräfte gebunden. Soziale Kompetenzen spielen folglich eine geringere Rolle, als wenn diese Daten nicht bestehen würden. § 75 Abs. 3 Nr. 15 BPersVG ist somit einschlägig.

9.3.1.2 Überwachung der Leistung und des Verhaltens

§ 75 Abs. 3 Nr. 17 BPersVG eröffnet dem Personalrat ein Mitbestimmungsrecht bei der Einführung und Anwendung technischer Einrichtungen, die dazu bestimmt sind, das Verhalten oder die Leistung der Beschäftigten zu überwachen". Die Mitbestimmung bei Kontrollen der Leistung und des Verhaltens der Beschäftigten konkretisiert den allgemeinen Grundsatz, dass die *freie Entfaltung der Persönlichkeit* der Dienstverpflichteten

---

[235] *Wittmann* 2011, 14 ff.
[236] VGH BW, PersR 2003, 78; zum BetrVG BAG, AP BetrVG 1972 zu § 87 Ordnung des Betriebes Nr. 2; bestätigt durch BAG, AP BetrVG 1972 zu § 87 Arbeitssicherheit Nr. 2.
[237] S. zum BetrVG BAG, 24. 3. 1981 AP BetrVG 1972 zu § 87 Arbeitssicherheit Nr. 2.

zu schützen und zu fördern ist.[238] Abs. 3 Nr. 17 bezieht sich ausdrücklich auf die Einführung und Anwendung von technischen Einrichtungen. Technischen Kontrolleinrich-
tungen ist immanent, dass sie zu einer für den Beschäftigten nicht erkennbaren und
nicht abwendbaren Überwachung führen können. Die hierdurch generierten Daten können prinzipiell auf Dauer gespeichert und verarbeitet werden und berühren damit in besonderem Maße den persönlichen Bereich der überwachten Beschäftigten.[239]

Unerheblich ist, ob die Überwachung durch optische, akustische, mechanische oder
elektronische Geräte erfolgt.[240] Die hierfür genutzte technische Einrichtung kann mobil
sein oder an einem festen Standort errichtet werden, die gesamte Dienststelle, einen Teil
oder einen einzelnen Arbeitsplatz überwachen. Ferner ist es für den Anwendungsbereich irrelevant, ob sie manuell gesteuert wird oder ob sie automatisch arbeitet. Die in
den Schutzanzügen implementierte Sensorik und das diese steuernde informationstechnische System sind als elektronische Geräte anzusehen. Das System ist eine technische
Einrichtung im Sinn des § 75 Abs. 3 Nr. 17 BPersVG.

Nach stetiger Rechtsprechung liegt eine Überwachung vor, wenn durch den Einsatz
einer technischen Einrichtung Informationen über das Verhalten oder die Leistung der
Beschäftigten erhoben und aufgezeichnet werden, damit diese der menschlichen Wahrnehmung zugänglich gemacht werden können.[241] Hierfür ist es erforderlich, dass Daten
regelgesteuert zu Aussagen über Verhalten oder Leistung einzelner Beschäftigten verarbeitet werden können.[242] Für das Monitoring von Umgebungs- und Vitaldaten der Einsatzkräfte ist zu beachten, dass die Technik primär dazu bestimmt ist, den aktuellen Belastungszustand der Einsatzkräfte festzustellen.[243] Hierdurch wird die Einsatzleitung
zum einen in die Lage versetzt, die Belastbarkeit für anstehende Aufgaben besser abzuschätzen. Zum anderen ist jedoch auch ein Rückschluss auf die erbrachten Leistungen
möglich. Die Datensätze lassen eine Kombination mit den erledigten Aufgaben zu. Je
nachdem als wie belastend eine Aufgabe eingeschätzt wird und sich der individuelle

---

[238] BAG, AP BetrVG 1972 zu § 87 Überwachung Nr. 1; BAG, AP BetrVG 1972 zu § 87 Überwachung
Nr. 2; BAG, AP BetrVG 1972 zu § 87 Überwachung Nr. 7; BAG, AP BetrVG 1972 zu § 87 Überwachung Nr. 9.

[239] S. BT-Drs. VI/1786, S. 49; BAG, AP BetrVG 1972 zu § 87 Überwachung Nr. 2; BAG, AP BetrVG
1972 zu § 87 Nr. 3; BAG, AP BetrVG 1972 zu § 87 Überwachung Nr. 9; BAG, AP BetrVG 1972 zu
§ 87 Überwachung Nr. 7; BAG, AP BGB zu § 611 Persönlichkeitsrecht Nr. 15.

[240] BAG, AP BetrVG 1972 zu § 87 Überwachung Nr. 27.

[241] HessVGH, PersR 1992, 251; HmbOVG, PersR 1996, 242; zum BetrVG BAG, AP BetrVG 1972 zu
§ 87 Überwachung Nr. 7.

[242] BAG, 14. 9. 1984 und 11. 3. 1986, AP BetrVG 1972 zu § 87 Überwachung Nr. 9, 13.

[243] *Richardi*, in: Richardi 2010, § 87 BetrVG, Rn. 495, der darauf hinweist, dass es ausreicht, wenn das
EDV-System in irgendeiner Weise Leistungs- oder Verhaltensdaten verarbeitet.

Belastungsgrad in der konkreten Situation darstellt, kann hieraus auch eine Aussage jedenfalls hinsichtlich der Effizienz der Leistung einzelner Einsatzkräfte erfolgen. Weiterhin ermöglicht die Erhebung der Positionsdaten eine Überwachung des Verhaltens der Einsatzkräfte, indem die Positionen während des Einsatzes durch Visualisierung auf einem Bildschirm der menschlichen Wahrnehmung zugänglich gemacht werden. Aus diesen Zusammenhängen lässt sich schließen, dass die Persönliche Schutzausrüstung eine technische Einrichtung darstellt, die geeignet ist, das Verhalten und die Leistungen der Beschäftigten zu überwachen.

Weiterhin müsste diese Technik jedoch auch dazu bestimmt sein, die Bediensteten zu überwachen. Nach stetiger Rechtsprechung des Bundesverwaltungsgerichts ist es hierfür unerheblich, ob dieses Ziel verfolgt wird und die durch die Überwachung gewonnenen Daten auch tatsächlich ausgewertet werden.[244] Entscheidend ist vielmehr die nach ihrer Konstruktion objektive Eignung der technischen Einrichtung zur Überwachung. Aufgrund der Eignung des Systems zu einem permanenten Monitoring der Einsatzkräfte können eine Vielzahl von Gesundheitsdaten erhoben werden. Diese erlauben wiederum Rückschlüsse auf die Fähigkeit zur Bewältigung der anstehenden Aufgaben. Im Ergebnis liegt daher eine technische Einrichtung vor, die dazu bestimmt ist, das Verhalten oder die Leistung der Beschäftigten zu überwachen. Der Personalrat ist sowohl bei der Einführung als auch der Anwendung der Überwachungsmaßnahmen zu beteiligen.[245]

Fraglich ist, welche Bedeutung es für die Eignung zur Überwachung hat, wenn die Schutzanzüge nicht bei jedem Einsatz getragen werden. Möglich erscheint es, dass die Persönliche Schutzausrüstung vorzugsweise beim Innenangriff Verwendung findet. Inwiefern ein ständiges Tragen der Sensorik auch beim Außenangriff der Fall sein wird, lässt sich im Rahmen dieser Untersuchung nicht abschließend beurteilen. Vielmehr wird sich dieses erst im Zuge der bestimmungsgemäßen Verwendung der Technik bei den einzelnen Feuerwehren zeigen. Selbst wenn jedoch die Schutzkleidung nur bei Innenangriffen vollständig eingesetzt werden sollte, ermöglicht sie zumindest für diesen Ausschnitt der Tätigkeit der Einsatzkraft eine entsprechende Überwachung. Der Mitbestimmungstatbestand greift bei jeder Tätigkeit, die im Rahmen der Erfüllung der Dienstpflicht gezeigt wird.[246] Die Qualität der Überwachung wird für den zeitlichen Abschnitt in dem sie erfolgt, nicht dadurch gemindert, dass sie zeitlich beschränkt wird.

---

[244] BVerwG 23. 9. 1992 und 9. 12. 1992 AP BPersVG § 75 Nr. 38 und 41; S. auch BAG 9. 9. 1975, AP BetrVG 1972 zu § 87 Überwachung Nr. 2; bestätigt durch: BAG 10. 7. 1979, 6.12.1983 AP BetrVG 1972 zu § 87 Überwachung Nr. 3, 7.
[245] *Werner*, in: Rolfs/Giesen/Kreikebohm/Udsching 2011, § 87 BetrVG, Rn. 93.
[246] *Matthes*, in: Richardi/Wlotzke/Wissmann/Oetker 2009, § 248, Rn. 15.

Insofern ist davon auszugehen, dass auch zeitlich begrenzte Maßnahmen vom Mitbestimmungsrecht umfasst sind.

Für den öffentlichen Dienst auf Landesebene stellen die meisten Länder ebenfalls Regelungen zur Mitwirkung des Personalrates hinsichtlich der Überwachung der Leistung und des Verhaltens durch technische Einrichtungen bereit.[247] Keine entsprechenden Regelungen enthalten die Personalvertretungsgesetze von Bremen und Schleswig-Holstein.

9.3.1.3   Arbeits- und Gesundheitsschutz

Für den Bereich des Arbeits- und Gesundheitsschutzes ist § 75 Abs. 3 Nr. 11 BPersVG zu beachten, der ein Mitbestimmungsrecht des Personalrats bei „Maßnahmen zur Verhütung von Dienst- und Arbeitsunfällen und sonstigen Gesundheitsschädigungen" normiert. Dieses Mitbestimmungsrecht besteht, um den Dienststellenleiter bei der vorbeugenden Bekämpfung von Unfall- und Gesundheitsgefahren zu unterstützen, erforderlichenfalls korrigierend Einfluss zu nehmen und so für einen effektiven Arbeits- und Gesundheitsschutz zu sorgen.[248] Die Erhebung von Daten löst die Mitbestimmung entsprechend § 75 Abs. 3 Nr. 17 BPersVG dann nicht aus, wenn die erhobenen Daten dem Dienststellenleiter nicht zugänglich sind.[249]

Der Arbeits- und Gesundheitsschutz umfasst sämtliche Normen des gesetzlichen Arbeitsschutzes, dessen materieller Regelungsbereich Maßnahmen zur Erhaltung der physischen und psychischen Integrität der Beschäftigten gegenüber Schädigungen durch medizinisch feststellbare arbeitsbedingte Verletzungen, Erkrankungen oder sonstige gesundheitliche Beeinträchtigungen erfasst.[250] Anders als nach § 87 Abs. 1 Nr. 7 BetrVG unterliegen der Mitbestimmung nicht nur Regelungen, sondern auch Einzelmaßnahmen.[251] Die Regelungskompe-tenz erfasst organisatorische, medizinische und technische Maßnahmen sowie Kontroll- und Prüfmechanismen.[252] Für den öffentlichen

---

[247]   Die entsprechenden Regelungen befinden sich in § 79 Abs. 3 Nr. 12 LPVG-BW, § 75 a Abs. 1 Nr. 1 BayPVG, § 85 Abs. 1 Nr. 13 b PersVG-B, § 65 Nr. 2 PersVG-Brand, § 87 Abs. 1 Nr. 32 Hmb-PersVG, § 74 Abs. 1 Nr. 17 HPVG, § 70 Abs. 1 Nr. 2 PersVG-MV, § 67 Abs. 1 Nr. 2 NPersVG, § 72 Abs. 3 Nr. 1 LPVG (Nordrhein Westfalen), § 80 Abs. 2 Nr. 3 LPersVG-RLP, § 84 Nr. 2 PersVG-Saar, § 80 Abs. 3 Nr. 16 SächsPersVG, § 69 Nr. 2 PersVG-LSA sowie § 74 Abs. 2 Nr. 11 Thür-PersVG.
[248]   BVerwG, PersR 1994, 466; *Kaiser*, in: Richardi/Dörner/Weber, § 75 BPersVG, Rn. 427.
[249]   VGH Mannheim, PersR 2001, 219.
[250]   *Kaiser*, in: Richardi/Dörner/Weber, § 75 BPersVG, Rn. 433.
[251]   *Kaiser*, in: Richardi/Dörner/Weber, § 75 BPersVG, Rn. 439; s. zu § 87 Abs. 1 Nr. 7 BetrVG BAG 10. 4. 1979, AP BetrVG 1972 zu § 87 Arbeitssicherheit Nr. 1; *Denck*, ZfA 1976, 453.
[252]   *Kaiser*, in: Richardi/Dörner/Weber, § 75 BPersVG, Rn. 429.

Dienst auf Landesebene stellen ebenfalls sämtliche Länder Regelungen zur Mitwirkung des Personalrates beim Arbeits- und Gesundheitsschutz bereit.[253]

9.3.1.4   Gestaltung der Arbeitsplätze

Weitere Modalitäten für die Pflichten des Bediensteten zur Nutzung können sich aus § 75 Abs. 3 Nr. 16 BPersVG ergeben. So hat der Personalrat eine Mitbestimmung hinsichtlich der Gestaltung der Arbeitsplätze. Dies umfasst das Recht des Personalrats zu einer umfangreichen Einflussnahme auf die Gestaltung von Arbeitsplatz und Arbeitsumgebung. Durch die Mitbestimmung des Personalrats bei der Gestaltung der Arbeitsplätze sollen die Beschäftigten vor Überbeanspruchungen und Gefährdungen ihrer körperlichen und seelischen Gesundheit durch die äußeren Bedingungen der Arbeitsleistung geschützt werden.[254] Vom Arbeitsplatz sind alle Hilfsmittel umfasst, mit denen der Beschäftigte die Arbeitsleistung erbringt.[255] Die in den Anzügen integrierte Sensorik hat zwar keinen unmittelbaren Einfluss auf die Arbeitsumgebung, stellt jedoch eine mit dem Schutzanzug untrennbare Einheit dar und ist insofern Hilfsmittel der Einsatzkräfte als auch der Einsatzleitung zur Erfüllung der Aufgaben. Diese Hilfsmittel müssten darüber hinaus gestaltet werden. Hierunter ist die Änderung der räumlichen und technischen Bedingungen zu verstehen, unter denen eine Arbeitsaufgabe geleistet werden muss.[256] Die Persönlichen Schutzausrüstungen verändern die technischen Bedingungen der Aufgabenerfüllung, indem sie neue Erkenntnisse und auch Handlungsmöglichkeiten eröffnen. Des Weiteren müssten die Persönlichen Schutzausrüstungen Einfluss auf Gefährdungen der körperlichen und seelischen Gesundheit durch die äußeren Gefährdungen der Arbeitsleistung haben. Dieses wurde bereits geprüft und bejaht.[257] Im Ergebnis ist somit festzustellen, dass dem Personalrat ein Mitbestimmungsrecht gemäß § 75 Abs. 3 Nr. 16 BPersVG für den Fall der Einführung der mit I&K-Technik ausgestatteten Persönlichen Schutzausrüstungen zusteht.

---

[253]   Die entsprechenden Regelungen befinden sich in § 79 Abs. 1, Nr. 8 LPVG-BW, Art. 75 Abs. 4 Satz 1 Nr. 8 BayPVG, § 77 Abs. 1 PersVG-B, § 66 Nr. 7 LPersVG-Brand., § 63 Abs. 1 d.) PersVG-HB, § 86 Abs. 1 Nr. 16 PersVG-HH, § 74 Abs. 6 HPVG, § 69 Nr. 7 PersVG-MV , § 66 Abs. 1 Nr. 11 NPersVG, § 64 Nr. 4 LPVG-NRW, § 80 Abs. 2 Nr. 7 LPersVG-RLP, § 78 Abs. 1 Nr. 8 PersVG-Saar, § 74 Abs. 1 SächsPersVG, § 65 Abs. 1 Nr. 13 PersVG-LSA (Landespersonalvertretungsgesetz Sachsen-Anhalt), § 54 Abs. 4 Nr. 4 MBG-SH und § 74 Abs. 2 Nr. 5 ThürPersVG. Aufgrund des identischen Wortlautes mit § 87 Abs. 1 Nr. 7 BetrVG wird ebenfalls auf die Ausführung hierzu verwiesen.
[254]   BVerwG, PersR 2003, 314; PersV 1989, 312; PersR 1986, 194; PersR 1985, 184.
[255]   *Kaiser*, in: Richardi/Dörner/Weber, § 75 BPersVG, Rn. 524.
[256]   *Kaiser*, in: Richardi/Dörner/Weber, § 75 BPersVG, Rn. 524.
[257]   Kap. 4.1.

9.3.1.5   Voraussetzung und Verfahren der Mitbestimmung

Mitbestimmung kann es nur dort geben, wo der Dienstherr etwas zu bestimmen hat, also
für ihn ein Regelungs- oder Entscheidungsspielraum besteht. Ein Mitbestimmungsrecht
gibt es nicht, wenn es lediglich um die Ausführung zwingender Anordnungen geht.[258]
Für den Einsatz der Persönlichen Schutzausrüstung folgt daraus, dass soweit das Weisungsrecht des Dienstherrn bei der Bestimmung der Einsatzleitung und der Pflicht zum
Tragen der Persönlichen Schutzausrüstung reicht, dem Personalrat auch ein Mitbestimmungsrecht zusteht.

Für den Einsatz der neuen Persönlichen Schutzausrüstung bestehen bisher bei den Feuerwehren keine spezifischen Regelungen. Werden künftig den Einsatzkräften daher feu-
erwehrintern spezifische Pflichten zur Verhütung von Arbeitsunfällen oder dem Gesundheitsschutz hinsichtlich des Tragens entsprechender Schutzanzüge auferlegt, ist das
Mitbestimmungsrecht des Personalrates zu beachten.

Rechtsfolge der Mitbestimmung ist, dass mitbestimmungspflichtige Maßnahmen gemäß
§ 69 Abs. 1 BPersVG nur mit Zustimmung des Personalrats getroffen werden können.
Wird das Mitbestimmungsrecht des Personalrats missachtet, ist die Maßnahme unzulässig. Dies kann auch Auswirkungen auf die Zulässigkeit der Verwertung der Daten haben, die aus der Überwachung generiert worden sind. Ein ausdrücklich gesetzlich ange-
ordnetes Beweisverwertungsverbot existiert nicht. Ein Beweisverwertungsverbot
kommt nach Auffassung des Bundesarbeitsgerichts jedoch dann in Betracht, wenn unverhältnismäßig in verfassungsrechtlich geschützte Grundpositionen eingegriffen worden ist.[259] Für den vorliegenden Fall steht die Verletzung des Persönlichkeitsrechts eines Bediensteten in Frage. Ob eine Verletzung vorliegt, ist jedoch regelmäßig eine
Frage des Einzelfalles und im Rahmen einer Güterabwägung zu ermitteln.[260] Wird eine
Verletzung jedoch bejaht, sind die gewonnenen Informationen gegen den Bediensteten
prozessual in keiner Weise verwertbar.[261]

Erfolgt keine Einigung zwischen Dienstherrn und Personalrat über die mitbestimmungspflichtige Maßnahme wird nach § 69 BPersVG die Angelegenheit der übergeordneten
Dienststelle vorgelegt. Kann diese sich mit der dort bestehenden Personalvertretung
nicht einigen, wird eine Einigungsstelle angerufen, die eine Empfehlung an die oberste

---

[258] OVG NW, 1999 PersR 2000, 169.
[259] BAG, NZA 2008, 1008; s. auch: BAG, NZA 2003, 1193.
[260] *Grosjean*, DB 2003, 2650; *Schlewing*, NZA 2004, 1071.
[261] *Werner*, in: Rolfs/Giesen/Kreikebohm/Udsching 2011, § 87 BetrVG, Rn. 105.

Dienstbehörde abgibt. Über diese entscheidet die oberste Dienstbehörde dann abschließend.

9.3.2 Mitbestimmung im nicht-öffentlichen Sektor

Der Betriebsrat ist die Vertretung der Arbeitnehmer in privatrechtlich organisierten Betrieben. Die Mitbestimmungsrechte des Betriebsrats ergeben sich vor allem aus § 87 BetrVG. Die folgenden Vorschriften sind für die privatrechtlich organisierten Feuerwehren relevant. Hierzu zählen insbesondere die Betriebsfeuerwehren.

9.3.2.1 Verhalten der Arbeitnehmer im Betrieb

Eine § 75 Abs. 3 Nr. 15 BPersVG entsprechende Norm für den privatrechtlichen Bereich stellt § 87 Abs. 1 Nr. 1 BetrVG dar. Beide Normen decken sich mit der Ausnahme, dass der Betriebsrat auch über Einzelmaßnahmen zu entscheiden hat.[262] Es wird insoweit auf die Ausführungen in Kap. 9.3.1.1 verwiesen.

9.3.2.2 Überwachung der Leistung und des Verhaltens

Das Mitbestimmungsrecht des Betriebsrats nach § 87 Abs. 1 Nr. 6 BetrVG konkretisiert den auch in § 75 Abs. 1 Satz 1 BetrVG festgelegten Grundsatz, dass die Betriebspartner die *freie Entfaltung der Persönlichkeit* der im Betrieb beschäftigten Arbeitnehmer zu schützen und zu fördern haben.[263] Danach Abs. 1 Nr. 6 hat der Betriebsrat ein Mitbestimmungsrecht bei der Einführung und Anwendung von technischen Einrichtungen, die dazu bestimmt sind, das Verhalten oder die Leistung der Arbeitnehmer zu überwachen. § 75 Abs. 3 Nr. 17 BPersVG und § 87 Abs. 1 Nr. 6 BetrVG stimmen im Wortlaut praktisch überein. Sachliche Gründe erzwingen keine unterschiedliche Interpretation der Vorschriften. Sie sind übereinstimmend auszulegen.[264] Auf die Ausführungen zu § 75 Abs. 3 Nr. 17 BPersVG kann somit verwiesen werden.[265] Hiernach ist ein Mitbestimmungsrecht zu bejahen.

9.3.2.3 Arbeits- und Gesundheitsschutz

§ 87 Abs. 1 Nr. 7 BetrVG gewährt ein Mitbestimmungsrecht hinsichtlich Regelungen über die Verhütung von Arbeitsunfällen und Berufskrankheiten sowie über den Gesundheitsschutz im Rahmen der gesetzlichen Vorschriften oder der Unfallverhütungs-

---

[262] BVerwG, PersV 1983, 413.
[263] BAG, AP BetrVG 1972 zu § 87 Überwachung Nr 1; BAG, AP BetrVG 1972 zu § 87 Überwachung Nr 2; BAG, AP BetrVG 1972 zu § 87 Überwachung Nr 7; BAG, AP BetrVG 1972 zu § 87 Überwachung Nr 9.
[264] BVerwG 16. 12. 1987 PersV 1989, 68; *Kaiser*, in: Richardi/Dörner/Weber, § 75 BPersVG, Rn. 536.
[265] S. Kap. 9.3.1.2.

vorschriften. Zu beachten ist, dass sich die Mitbestimmung in dieser Vorschrift als „Mitregelungsrecht" darstellt. Werden in Mitwirkung des Betriebsrats entsprechende Regelungen erlassen, bleibt für deren Umsetzung der Arbeitgeber zuständig und verantwortlich.[266] Ansonsten ist auf die entsprechenden Ausführungen zu § 75 Abs. 3 Nr. 11 BetrVG zu verweisen. Ein Mitbestimmungsrecht ist hiernach zu bejahen.

9.3.2.4   Gestaltung des Arbeitsumfelds

Eine § 75 Abs. 3 Nr. 16 BPersVG entsprechende Regelung stellt § 91 Satz 1 BetrVG dar. Danach könnte der Betriebsrat ein Mitbestimmungsrecht hinsichtlich der Gestaltung des Arbeitsumfelds haben. Ein Mitbestimmungsrecht im Sinn des § 91 Satz 1 BetrVG wäre einschlägig, wenn „die Arbeitnehmer durch Änderungen der Arbeitsplätze, des Arbeitsablaufs oder der Arbeitsumgebung, die den gesicherten arbeitswissenschaftlichen Erkenntnissen über die menschengerechte Gestaltung der Arbeit offensichtlich widersprechen, in besonderer Weise belastet" werden. Offensichtlichkeit liegt vor, wenn dieses durch einen Fachmann ohne weiteres erkennbar ist. Eine besondere Belastung liegt vor, wenn ein normales Maß der Belastung nicht nur unwesentlich überschritten wird. Es kommt dabei nicht auf die persönlichen Verhältnisse des einzelnen Arbeitnehmers an.[267] Spätestens im Zeitpunkt der Durchführung der verändernden Maßnahme muss ohne weiteres zu erkennen sein, dass die gesicherten arbeitswissenschaftlichen Erkenntnisse über die menschengerechte Gestaltung der Arbeit verletzt sind.[268] Problematisch für den Einsatz neuer Schutzanzüge mit Sensoren ist dieses insofern, als hierzu keine gesicherten arbeitswissenschaftlichen Erkenntnisse existieren. Die Gestaltung des Arbeitsumfelds müsste jedoch in einer solchen Art und Weise in die freie Entfaltung der Persönlichkeit eingreifen, dass sie die Persönlichkeitsrechte der Arbeitnehmer verletzt.[269] Hierbei kann es keine Rolle spielen, dass die Gestaltung des Arbeitsumfelds nicht unmittelbar zum Bereich des Datenschutzes gehört.[270] Es kann soweit festgehalten werden, dass die Belastung in einem nicht zu rechtfertigenden Eingriff in das Recht auf informationelle Selbstbestimmung bestehen kann. Wo die spezifischen Grenzen der Zulässigkeit verlaufen, wird im weiteren Gutachten zu klären sein.

---

[266] *Richardi*, in: Richardi 2010, § 87 BetrVG, Rn. 535.
[267] *Kania*, in: Müller-Glöge/Preis/Schmidt 2011, § 90 BetrVG, Rn. 4.
[268] *Werner*, in: Rolfs/Giesen/Kreikebohm/Udsching 2011, § 91 BetrVG, Rn. 5.
[269] *Kania*, in: Müller-Glöge/Preis/Schmidt 2011, § 90 BetrVG, Rn. 1.
[270] *Wedde*, in: Roßnagel 2003, Kap. 6.3, Rn. 29.

9.3.3 Mitwirkung im öffentlichen und nicht-öffentlichen Sektor

Im Folgenden werden die Mitwirkungsrechte des Betriebs- und Personalrats dargestellt. Die Ausführungen gelten somit sowohl für den öffentlichen als auch für den nicht-öffentlichen Sektor. Die Mitwirkung ist gegenüber der Mitbestimmung die schwächere Beteiligungsform.[271] Der Betriebsrat und der Personalrat haben in bestimmten Fällen lediglich ein Recht auf Durchführung einer Beratung oder Erteilung einer Unterrichtung durch den Arbeitgeber oder den Dienstherrn. Konsequenzen für die Nutzung der Schutzanzüge können sich hierdurch insofern ergeben, als der Arbeitgeber und Betriebsrat gemäß § 90 Abs. 2 BetrVG nicht nur verpflichtet sind, die gesicherten arbeitswissenschaftlichen Erkenntnisse über die menschengerechte Arbeitsgestaltung zu berücksichtigen, sondern auch sonstigen Gesichtspunkte personeller, wirtschaftlicher und sozialer Art Rechnung zu tragen. Es gibt in diesem Rahmen zwar kein unmittelbares Gestaltungsrecht des Betriebsrats oder des Personalrats hinsichtlich der Arbeitsbedingungen. Er kann lediglich die Einhaltung der Unterrichtungspflichten durch die Erwirkung einstweiliger Verfügungen herbeiführen,[272] allerdings besteht durch diese zumindest die Möglichkeit, dass sich die Arbeitsbedingungen positiv verändern.

Ein Mitwirkungsrecht des Betriebsrats und des Personalrats besteht in folgenden Fällen. Gemäß § 80 Abs. 1 Nr. 1 BetrVG hat der Betriebsrat „darüber zu wachen, dass die zugunsten der Arbeitnehmer geltenden Gesetze, Verordnungen, Unfallverhütungsvorschriften, Tarifverträge und Betriebsvereinbarungen durchgeführt werden". Darunter fallen auch sämtliche Bestimmungen zum Arbeitsschutz im Betrieb sowie die Unfallverhütungsvorschriften der Berufsgenossenschaften.[273] Bei der Ausübung seiner Beteiligungsrechte hat der Betriebsrat nach § 75 Abs. 2 BetrVG das Recht der Beschäftigten auf informationelle Selbstbestimmung zu schützen. Zu beachten ist demnach auch das Bundesdatenschutzgesetz.[274] Eine im Wortlaut identische Vorschrift zu § 80 Abs. 1 Nr. 1 BetrVG stellt § 68 Abs. 1 Nr. 2 BPersVG dar. Von den angesprochenen Normierungen sind alle umfasst, die sich zugunsten der Arbeitnehmer im Betrieb auswirken können.[275] § 68 Abs. 1 Nr. 1 BPersVG ergänzt dieses insofern, als dass nicht nur Regelungen vom Mitwirkungsrecht betroffen sind, sondern auch konkrete Maßnahmen.

---

[271] *Germelmann*, in: Richardi/Wlotzke/Wissmann/Oetker 2009, § 277, Rn. 6.
[272] *Kania*, in: Müller-Glöge/Preis/Schmidt 2011, § 90 BetrVG, Rn. 13.
[273] BAG 11. 7. 1972 AP BetrVG 1972 zu § 80 Nr. 1
[274] *Wedde*, in: Roßnagel 2003, Kap. 6.3, Rn. 20.
[275] *Kania*, in: Müller-Glöge/Preis/Schmidt 2011, § 80 BetrVG, Rn. 3.

Für den privatrechtlichen Bereich hat der Arbeitgeber gemäß § 90 Abs. 1 Nr. 2 BetrVG den Betriebsrat über die Planung von technischen Anlagen rechtzeitig unter Vorlage der erforderlichen Unterlagen zu informieren. Entsprechende Regelungen sind in den Personalvertretungsgesetzen des Bundes und der Länder nicht enthalten. Dieses liegt unter anderen an der im öffentlichen Sektor weitergehenden Organisations- und Personalhoheit sowie der parlamentarischen Verantwortung des Dienstherrn, die eine Beteiligung des Personalrates in solchen Angelegenheiten ausschließt.[276]

Fraglich bleibt damit, ob die Schutzanzüge mit integrierten Sensoren eine *technische Anlage* im Sinn des § 90 Abs. 1 Nr. 2 BetrVG darstellen. Technische Anlagen sind Maschinen und sonstige Geräte, die dem Betriebszweck und damit dem Arbeitsablauf dienen. Mit dem Arbeitsablauf wird wiederum die zeitliche und räumliche Anordnung der Arbeitsvorhaben im Betrieb erfasst. Bedingung ist weiterhin, dass die Arbeitnehmer mit den technischen Geräten in Berührung kommen.[277] Die Schutzanzüge selbst kommen zwar mit dem Arbeitnehmer in Berührung, dienen jedoch nicht dem Betriebsablauf. Sie sind vielmehr notwendiges Mittel zum Betrieb. Werden diese jedoch mit einer Technik ausgestattet, die die Einsatzleitung bei ihren Aufgaben unterstützen kann, haben sie auch Einflüsse auf den Ablauf des konkreten Einsatzbetriebs. Die zeitliche, räumliche, aber auch sachliche Aufteilung der einzelnen Arbeitsvorhaben wäre eine andere, würde nicht die Möglichkeit zur elektronischen Leistungsanalyse und Ortung der Einsatzkräfte in Echtzeit bestehen. Auch entstehen durch den Einsatz vollkommen neue Aufgabenfelder. So stellen die Bedienung der Technik und die Auswertung der Daten Tätigkeitsbereiche der Einsatzleitung dar, die in dieser Form zurzeit nicht bestehen. Die Schutzanzüge mit integrierten Sensoren stellen demnach eine technische Anlage im Sinn des § 90 Abs. 1 Nr. 2 BetrVG dar.

Ein weiteres Mitwirkungsrecht des Betriebsrats gewährt § 90 Abs. 1 Nr. 3 BetrVG hinsichtlich der Planung von Arbeitsverfahren und Arbeitsabläufen. Unter Arbeitsverfahren ist die Technik zu verstehen, die zur Veränderung des Arbeitsgegenstandes angewandt wird, um die Arbeitsaufgabe zu erfüllen.[278] Zweifel könnten beim Monitoring von Umgebungs- und Vitaldaten der Einsatzkräfte insofern bestehen, als es bei der Gefahrenabwehr nicht um die Veränderung eines „Gegenstandes" geht. Hierauf kann es nach dem Zweck der Vorschrift, der die arbeitnehmerfreundliche Gestaltung des Arbeitsplatzes in technischer und organisatorischer Hinsicht erfasst, jedoch auch nicht

---

[276]   *Germelmann*, in: Richardi/Wlotzke/Wissmann/Oetker 2009, § 277, Rn. 7.
[277]   *Annuß*, in: Richardi 2010, § 90 BetrVG, Rn. 10.
[278]   *Annuß*, in: Richardi 2010, § 90 BetrVG, Rn. 13.

ankommen. Vielmehr ist davon auszugehen, dass unter § 90 Abs. 1 Nr. 3 BetrVG jegliche Technik zu subsumieren ist, mit der der Arbeitnehmer umzugehen hat, um die ihm zugewiesene Aufgabe zu erfüllen. Durch die Sensorik und Möglichkeiten zur Verarbeitung von Vitaldaten wird der Einsatzleitung und den Einsatzkräften ein neues „Werkzeug" in die Hand gegeben, um die Aufgabe der Gefahrenabwehr zu erfüllen. Die eingesetzte Technik stellt demnach ein neues Verfahren zur Aufgabenerfüllung gemäß § 90 Abs. 1 Nr. 3 BetrVG dar. Zu beachten ist allerdings, dass nicht jede Anweisung des Arbeitgebers erfasst ist, auch wenn sie den Arbeitsablauf betrifft. Im Gegensatz zum Personalvertretungsgesetz ist die Einzelanweisung kein Gegenstand des Beteiligungsrechts innerhalb einer unveränderten Aufgabenstellung, sondern lediglich die generelle Gestaltung oder Änderung des Arbeitsverfahrens.[279]

10 Datenschutzrechtliche Prinzipien

Der Dienstherr und der Arbeitgeber können nach den bisherigen Feststellungen verpflichtet sein, die neuen Möglichkeiten von Schutzanzügen mit integrierten Sensoren zu nutzen und auch ihre Einsatzkräfte dazu verpflichten. Dies gilt allerdings nur, wenn sie den Personalrat oder den Betriebsrat an diesen Festlegungen beteiligen und mit ihm gemeinsam eine rechtliche Ordnung für die Nutzung dieser neuen Schutzanzüge erstellen. Hierbei müssen sie einen Ausgleich zwischen den beteiligten und teilweise widerstreitenden grundrechtlichen Interessen herstellen.[280] Dies bedeutet vor allem, dass sie das Grundrecht der Einsatzkräfte auf informationelle Selbstbestimmung beachten müssen. Dies kann Einschränkungen oder Modifikationen in der Erhebung, Verarbeitung und Nutzung der Sensordaten erfordern. Um den notwendigen Ausgleich feststellen zu können, werden im Folgenden die Prinzipien dargestellt, die das Schutzprogramm für die informationelle Selbstbestimmung umschreiben und in der Suche nach einer praktischen Konkordanz der beteiligten Grundrechte berücksichtigt werden müssen.

Das Bundesverfassungsgericht hat in seinem Volkszählungsurteil aus dem Grundrecht auf informationelle Selbstbestimmung eine Reihe datenschutzrechtlicher Prinzipien abgeleitet.[281] Diese lassen sich auch im Bundesdatenschutzgesetz auf einfachgesetzlicher Ebene wiederfinden. Im Folgenden werden die Prinzipien der Zweckfestlegung, Zweckbindung, Erforderlichkeit, Transparenz und die Notwendigkeit unabhängiger

---

[279] *Kania*, in: Müller-Glöge/Preis/Schmidt 2011, § 90 BetrVG, Rn. 4.
[280] S. näher Kap. 4.5.
[281] BVerfGE 65, 1.

Kontrollen dargestellt und deren grundsätzliche Bedeutung für den Einsatz von Schutzanzügen mit integrierter I&K-Technik ermittelt. Diese Prinzipien sind für alle Phasen
des Datenumgangs zu beachten.[282] Da mit dem neuen System der Persönlichen Schutzausrüstung mit I&K-Technik personenbezogene Daten erhoben und verarbeitet werden,
muss jede Entscheidung über die Anschaffung und Nutzung dieses Systems auch die
Prinzipien des Datenschutzrechts berücksichtigen.

10.1 Zweckfestlegung und Zweckbindung

Zentral für den Schutz der informationellen Selbstbestimmung sind die Kriterien der
Zweckfestlegung und Zweckbindung. Grundsätzlich besitzt jeder Grundrechtsträger
selbst das Recht zu entscheiden, wann und innerhalb welcher Grenzen persönliche Lebenssachverhalte offenbart werden und ob somit eine Preisgabe und Verwendung seiner
persönlichen Daten stattfindet.[283] Unabdingbare Voraussetzung für die Einwilligung
oder aber für gesetzliche Rechtsgrundlagen zum Umgang mit personenbezogenen Daten
ist jedoch, dass die entsprechende Erlaubnisregel den „Verwendungszweck bereichsspezifisch und präzise bestimmt".[284] Hierdurch wird die erforderliche Transparenz und
Begrenzung der Datenerhebung und -verarbeitung für alle Beteiligte erreicht.[285] Ist eine
Zweckbindung eindeutig festgelegt, darf ein Umgang mit den personenbezogenen Daten
grundsätzlich nur im Rahmen dieses Zwecks stattfinden.[286] Die datenverarbeitende Stelle ist an die festgelegten Zwecke gebunden. Finden datenverarbeitende Vorgänge für
Zwecke statt, die nicht durch die Rechtsgrundlage oder Einwilligung erlaubt sind, so
stellt dieses einen erneuten Eingriff in das Recht auf informationelle Selbstbestimmung
dar.[287]

Der Zweck des Datenumgangs ist im öffentlichen Bereich meist anhand der jeweiligen
materiellen Aufgabe zu bestimmen.[288] Übergeordnete Aufgabe der Feuerwehren ist die
Gefahrenabwehr. Konkreter dient die Erhebung der Umgebungs- und Vitaldaten dem
Schutz der Einsatzkraft und der Unterstützung der Einsatzleitung bei Einsätzen. Dieser
Zweck lässt sich je nach Verarbeitungsebene weiter spezifizieren. An dieser Stelle wird
nur ein Überblick über die tatsächlich möglichen Zwecke zum Datenumgang gegeben,

---

[282] S. *Roßnagel/Pfitzmann/Garstka* 2001, 36f., 82f., 170f.
[283] BVerfGE 65, 1 (42f.); 78, 77 (84); 84, 192 (194); 96, 171 (181).
[284] BVerfGE 65, 1 (46).
[285] *Trute*, in: Roßnagel 2003, Kap. 2.5, Rn. 36.
[286] BVerfGE 65, 1 (46); *Roßnagel/Laue*, DÖV 2007, 547.
[287] *Roßnagel/Pfitzmann/Garstka* 2001, 115.
[288] *Dammann*, in: Simitis 2011, § 14 BDSG, Rn. 15.

ohne eine Aussage hinsichtlich der rechtlichen Zulässigkeit zu diesen Zwecken zu treffen.[289]

Die Erhebung der Gesundheitsdaten und Umgebungsparameter dient unmittelbar der Ermittlung der aktuellen – äußeren und inneren – Belastung der Einsatzkräfte. Die Erhebung der Ortsdaten erfolgt zum Zweck der Koordination der taktischen Gliederungen der Einsatzkräfte. Es erscheint jedoch auch prinzipiell möglich, aus den Daten ein Leistungsprofil zu erstellen. Die Daten können daher faktisch auch zum Zweck der Feststellung einer grundsätzlichen Einsatzfähigkeit erhoben und verarbeitet werden. Die nachträgliche Speicherung der Daten kann weiterhin dem Zweck der Beweissicherung dienen. Hierbei kommen Beweise sowohl für strafrechtliche Zwecke als auch für zivil- oder arbeitsrechtliche Ansprüche in Betracht. Auch ist eine Übermittlung der Daten an einen Arzt denkbar, der hieraus medizinische Schlussfolgerungen ableiten kann. Die Daten können auch dem Zweck einer nachträglichen Einsatzbesprechung dienen oder zu Ausbildungszwecken genutzt werden. Zu prüfen wird sein, ob ein Umgang mit den Daten zu diesen zusätzlichen Zwecken zulässig ist.[290]

10.2 Erforderlichkeit

Aus der Anforderung der informationellen Selbstbestimmung lässt sich der Grundsatz der Erforderlichkeit ableiten.[291] Der Grundsatz der Erforderlichkeit beinhaltet, dass die Speicherung, Veränderung und Nutzung von personenbezogenen Daten zur Erreichung des Zwecks unabdingbar sein muss. Demnach müssen auch die erhobenen Umgebungs- und Vitaldaten für die Erfüllung der Arbeitsaufgabe erforderlich sein.[292] Erforderlich sind sie, wenn von mehreren gleich wirksamen Maßnahmen, die die Einsatzkraft am wenigsten belastende gewählt wurde.[293] Die Maßnahme muss für das Beschäftigungsverhältnis als geboten angesehen werden und darf nicht nur als nützlich zu bewerten sein.[294] Eine für das Persönlichkeitsrecht weniger belastende Maßnahme wäre die Beibehaltung konventioneller Schutzkleidung ohne elektronische Sensorik. Diese Maßnahme wäre jedoch nicht in gleicher Weise wirksam, sowohl hinsichtlich der Effektivität und Effizienz der Gefahrenabwehr, also die Erfüllung der Hauptaufgabe, als auch

---

[289] S. hierzu Kap. 11 bis 13.
[290] S. hierzu Kap. 11 bis 13.
[291] BVerfGE 65, 1 (43, 46).
[292] *Zöll*, in: Taeger/Gabel 2010, § 32 BDSG, Rn. 22.
[293] *Gola/Schomerus* 2010, § 32 BDSG, Rn. 12.
[294] *Däubler*, NZA 2001, 874; ebenso *Gola/Schomerus* 2010, § 32 BDSG, Rn. 12.

hinsichtlich des Schutzes der Einsatzkräfte.[295] Die Erforderlichkeit der Maßnahme ergibt sich aus den Aspekten des Gesundheitsschutzes der Beschäftigten und auch dem der Gefahrenabwehr. Weiterhin lassen sich auch Anforderungen an die Umsetzung der Technik und der Organisation aus dem Grundsatz der Erforderlichkeit ableiten. Hierzu werden noch Gestaltungsvorschläge entwickelt.[296]

Die Daten dürfen grundsätzlich zur Beurteilung des Verhaltens und der Leistung im Beschäftigungsverhältnis herangezogen werden.[297] Die Erforderlichkeitsprüfung ist jedoch an einem subjektiven Prüfungsmaßstab auszurichten. Die Prüfung muss sich demnach am Einzelfall orientieren und unter Beachtung der konkreten Gegebenheiten erfolgen.[298] Für das Monitoring von Umgebungs- und Vitaldaten der Einsatzkräfte bedeutet dies, dass sich jede Erhebung von Sensordaten an der aktuellen individuellen Belastung einzelner Einsatzkräfte auszurichten hat. Kann mit an Sicherheit grenzender Wahrscheinlichkeit davon ausgegangen werden, dass eine Einsatzkraft bei einem bestimmten Einsatz nicht an seine körperliche Belastbarkeit herangeführt wird, wäre die Erforderlichkeit der Erhebung von Umgebungs- und Vitaldaten nicht gegeben. Praktische Relevanz kann dieses unter anderem beim Außenangriff haben. Hier bestehen naturgemäß keine so hohen körperlich belastenden Umgebungsbedingungen wie beim Innenangriff.

Ausgehend von den Vorgaben der Rechtsprechung zu den allgemeinen Grundsätzen zum Datenschutz im Beschäftigungsverhältnis ist zu beachten, dass die Erhebung von Daten in Beschäftigungsverhältnissen zur Erfüllung der konkreten Beschäftigungszwecke erforderlich sein muss.[299] Dies bezieht sich sowohl auf die Art der Daten als auch auf deren Umfang. Bei der Bestimmung der Erforderlichkeit wird dem Arbeitgeber eine gewisse Einschätzungsprärogative zugestanden.[300] Dieses resultiert nicht zuletzt aus dem Umstand, dass die Erhebung mehrerer Umgebungs- und Vitalparameter eine zuverlässige Basis für die Beurteilung der Belastung darstellt. Welche Daten hierzu konkret erforderlich sind, ist letztlich eine mit medizinischem und feuerwehrtechnischem Sachverstand zu beantwortende Frage. Konstatiert werden kann in diesem Zusammenhang jedoch, dass die Erhebung von Umgebungs- und Vitaldaten, die lediglich Rückschlüsse

---

[295] S. dazu Kap. 3.
[296] S. dazu Kap. 14.
[297] S. Kap. 9.3.2.2; s. auch *Gola/Wronka*, Rn. 602f.
[298] *Zöll*, in: Taeger/Gabel 2010, § 32 BDSG, Rn. 24; *Gola/Schomerus* 2010, § 32 BDSG, Rn. 18.
[299] BAGE 46, 98; BAG, NZA 1985, 57; BAGE 81, 15; BAGE 53, 226; s. auch *Zöll*, in: Taeger/Gabel 2010, § 32 BDSG, Rn. 16; s. auch die Gesetzesbegründung BT.Drs. 16/13657, 35 und 36.
[300] *Erfurth*, NJOZ 2009, 2914; BAG, NJW 2005, 313.

auf einen allgemeinen Gesundheitszustand des Betroffenen erlauben, nicht erforderlich sind. Auch dürfen von den Datenarten, die dienlich sind, nicht mehr erhoben werden, als für den konkreten Einsatz erforderlich wären. In zeitlicher Hinsicht darf keine Erhebung vor oder nach dem Einsatz stattfinden. Das Monitoring darf demnach nicht zu einer permanenten Überwachung der Einsatzkraft führen, die anlasslos und dauerhaft vollzogen wird. Die Anfertigung eingriffsintensiver Leistungsprofile wird vor diesem Hintergrund als unzulässig angesehen.[301]

10.3 Datenvermeidung und Datensparsamkeit

Unabhängig von der Erforderlichkeit des Datenumgangs ist das Prinzip der Datenvermeidung oder Datensparsamkeit zu beachten.[302]

Das Erforderlichkeitsprinzip bezieht sich auf einen gegebenen Zweck, ein gegebenes technisches System und einen gegebenen Datenverarbeitungsprozess. Für diese vorgegebenen Umstände veranlasst es die Frage, ob ein konkreter Umgang mit personenbezogenen Daten erforderlich ist. Nur wenn auf diesen Datenumgang hinsichtlich Datenumfang, Verarbeitungsform und Verarbeitungszeit nicht verzichtet werden kann, um den von der verantwortlichen Stelle gewählten Zweck zu erreichen, ist die Datenverarbeitung erforderlich und darf – die anderen Voraussetzungen als gegeben unterstellt – als Eingriff in das Recht auf informationelle Selbstbestimmung erfolgen.[303] Das Erforderlichkeitsprinzip verpflichtet jedoch nicht, vorsorglich das unter bestimmten Umständen Erforderliche selbst noch einmal durch Überprüfung der Umstände am Erforderlichkeitsprinzip zu messen und nach diesem die Umstände zu ändern.

Dagegen fordert das Prinzip der Datenvermeidung und Datensparsamkeit von der verantwortlichen Stelle, ihre technisch-organisatorischen Verfahren vorsorgend so zu gestalten, dass sie möglichst keine oder so wenig personenbezogene Daten wie möglich verarbeitet.[304] Es verlangt von ihr sogar, ihre Zwecke im Sinn einer „datensparsamen" Konkretisierung zu überdenken. Sofern die medizinische Kontrolle der gesundheitlichen Leistungsfähigkeit im Rahmen einer ohnehin stattfindenden Routineuntersuchung erfolgen kann, müssen die Sensordaten nicht für diesen Zweck genutzt, sondern können nach dem Einsatz gelöscht werden. Wenn der Zweck der medizinischen Kontrolle als Zweck

---

[301] Für den Bereich der Videoüberwachung und Screenings BAGE 111, 173; *Gola/Wronka* 2010, Rn. 749; *Zöll*, in: Taeger/Gabel 2010, § 32 BDSG, Rn. 24; *Gola/Schomerus* 2010, § 32 BDSG, Rn. 20; *Wank*, in: Müller-Glöge/Preis/Schmidt 2011, § 32 BDSG, Rn. 17.

[302] S. hierzu näher *Roßnagel* 2011, 44 ff.

[303] S. *BVerfGE* 65, 1 (43, 46).

[304] S. z.B. auch *Steidle* 2005, 323; *Laue* 2007, 351.

der Erforderlichkeitsprüfung zugrunde gelegt wird, kann die Verarbeitung der Sensordaten erforderlich sein. Das Prinzip der Datenvermeidung erfordert jedoch von der verantwortlichen Stelle die vorsorgende Prüfung, ob eine Gestaltung der medizinischen Überwachung möglich ist, ohne die Sensordaten zu erfordern. Abstrakt betrachtet, fordert es von der verantwortlichen Stelle zu prüfen, ob die gegebenen oder geplanten Umstände der Datenverarbeitung so verändert werden können, dass keine personenbezogenen Daten erforderlich sind. Kann im Prinzip auf den Personenbezug verzichtet werden, entsteht daraus eine Rechtspflicht, die Verfahren und Systeme „datenvermeidend" oder „datensparsam" zu gestalten, wenn dies technisch möglich und verhältnismäßig ist. Einer von vornherein datenvermeidenden Gestaltung muss der Vorrang vor einem Techniksystem, das ein großes Datenvolumen benötigt, eingeräumt werden. Das vorsorgende Gestaltungsprinzip der Datenvermeidung und Datensparsamkeit geht daher weit über das Erforderlichkeitsprinzip des Datenschutzrechts hinaus.

Die Anforderung einer „datenvermeidenden" oder „datensparsamen" Systemgestaltung ist – ebenfalls im Unterschied zum Erforderlichkeitsprinzip – als Optimierungsanforderung und nicht als Verarbeitungsvoraussetzung zu verstehen.[305] Dabei geht es darum, die Gestaltung und Auswahl von Datenverarbeitungssystemen an dem Ziel zu orientieren, keine oder so wenig personenbezogene Daten wie möglich zu erheben, zu verarbeiten oder zu nutzen. entgegen dem Wortlaut „Datenvermeidung" geht es nicht darum, allgemein auf die Verarbeitung von Daten zu verzichten. Vielmehr ist letztlich entscheidend, dass der Personenbezug von Daten vermieden wird. Ausreichend ist, wenn von den Daten nicht auf eine bestimmte Person geschlossen werden kann. Dieses Ziel kann erreicht werden, wenn anonyme oder pseudonyme Daten verarbeitet werden.[306]

Das Prinzip der Datenvermeidung und Datensparsamkeit ist dreistufig angelegt. Zunächst enthält es die Vorgabe, auf personenbezogene Daten vollständig zu verzichten, wenn die Funktion auch anderweitig erbracht werden kann. Wenn dieses Ziel mangels alternativer Möglichkeiten nicht erreicht werden kann, ist die Verarbeitungsstelle gehalten, den Verarbeitungsprozess so zu gestalten, dass die Verwendung personenbezogener Daten minimal ist. Die zweite Stufe beinhaltet somit den Grundsatz der Datensparsamkeit, der die Verarbeitung von Daten auf den nicht vermeidbaren Umfang begrenzt. Die

---

[305] S. *Roßnagel* 2011, 45.
[306] S. *Roßnagel/Pfitzmann/Garstka* 2001, 37, 40, 103 ff.; s. hierzu auch *Roßnagel*, in: ders. 2003, Kap. 3.4, Rn. 56 ff.

dritte Stufe beinhaltet die zeitliche Beschränkung, die personenbezogenen Daten so früh wie möglich zu löschen, zu anonymisieren oder zu pseudonymisieren.[307]

10.4 Transparenz

Transparenz als Offenlegung der gesetzlichen Bestimmungen zur Datenverarbeitung und als Verpflichtung zur Unterrichtung der Betroffenen über die vorgenommenen Datenverarbeitungen durch die Nutzer der Daten ist eines der wirksamsten Instrumente zum Schutz der informationellen Selbstbestimmung.[308] Der Betroffene muss erfahren können, „wer was wann und bei welcher Gelegenheit über ihn weiß".[309] Eine transparente Datenverarbeitung hat jedoch noch weitere positive Effekte. Der Betroffene wird in die Lage versetzt, den rechtmäßigen Umgang mit seinen Daten zu kontrollieren. Auch erleichtert es die Möglichkeit, im Nachhinein nicht nur selbst zu überprüfen, sondern notfalls auch durch Vorgesetzte oder fachgerichtlich kontrollieren zu lassen, ob der Umgang mit den Daten zulässig war. Die Transparenz ist für alle Phasen der Datenverarbeitung relevant.[310]

Transparenz hinsichtlich des Umgangs mit personenbezogenen Daten kann durch verschiedene institutionelle Vorkehrungen und Unterrichtungen gegenüber dem Betroffenen erreicht werden. Zunächst ist der Grundsatz der Direkterhebung zu beachten. Dieser besagt, dass personenbezogene Daten grundsätzlich direkt beim Betroffenen zu erheben sind[311] und impliziert somit die Kenntniserlangung des Betroffenen hinsichtlich der wesentlichen Vorgänge.[312] Für das Monitoring von Vitaldaten der Einsatzkräfte bedeutet dieses jedoch nicht zwangsweise, dass der Betroffene ständig und aktuell über jeden einzelnen Erhebungsvorgang informiert werden muss. Eine schriftliche Unterrichtung vor der erstmaligen Nutzung über die Identität der erhebenden Stelle, die Zweckbestimmung der Erhebung, Verarbeitung oder Nutzung sowie über die Kategorien der Empfänger ist als ausreichend anzusehen.[313]

Transparenz könnte nicht als solche bezeichnet werden, wenn die Inhalte der Vorgänge nicht zumutbar nachvollzogen werden könnten.[314] Eine diesen Anforderungen entspre-

---

[307] *Roßnagel*, in: ders. 2003, Kap. 1, Rn. 40.
[308] *Trute*, in: Roßnagel 2003, Kap. 2.5, Rn. 33.
[309] BVerfGE 65, 1 (43).
[310] *Roßnagel/Pfitzmann/Garstka* 2001, 36f., 82f., 170f.
[311] *Gola/Schomerus* 2010, § 4 BDSG, Rn. 21.
[312] *Roßnagel/Pfitzmann/Garstka* 2001, 82; *Sokol*, in: Simitis 2011, § 4 BDSG, Rn. 20.
[313] S. *Taeger*, in: Taeger/Gabel 2010, § 4 BDSG, Rn. 69.
[314] *Hansen*, in: Roßnagel 2003, Kap. 3.3, Rn. 81.

chende Aufbereitung der Inhalte ist somit zu gewährleisten. Die Erfüllung von Benachrichtigungspflichten ist allerdings nur dann erforderlich, wenn sie auch erwünscht werden.[315] Es muss demnach auch der Verzicht auf aufgezwungene Transparenz möglich
sein.[316] Problematisch bei der Datenverarbeitung durch die neuen Persönlichen Schutzausrüstungen mit integrierten Sensoren ist, dass eine Vielzahl personenbezogener Daten
innerhalb kürzester Zeit erhoben werden können. Würde in diesem Zusammenhang
trotz der Vielzahl der datenverarbeitenden Vorgänge eine vollumfängliche Aufklärung
hinsichtlich jedes Verarbeitungsvorgangs gefordert werden, wäre dieses dem Schutz-
zweck der Transparenz nicht zuträglich, unter Umständen sogar kontraproduktiv. Die
eigentlich bezweckte selbstbestimmte Wahrnehmung seiner Rechte durch den Betroffenen würde nicht erreicht, sondern es würde im Gegenteil eine geringere Sensibilität erzeugt werden.[317]

10.5 Unabhängige Kontrollen

Werden Tätigkeiten ausgeübt, durch die nach Ansicht des Gesetzgebers Gefahren für
die Allgemeinheit ausgehen können, so wird regelmäßig eine staatliche Kontrolle angeordnet.[318] So postuliert das Bundesverfassungsgericht im Volkszählungsurteil neben
datenschutzrechtlichen Vorgaben auch die Erforderlichkeit unabhängiger Kontrollen zur
Einhaltung eben dieser Vorschriften.[319] Das Datenschutzrecht ist dabei als ein System
sich wechselseitig beeinflussender Variablen zu begreifen. Je geringer die Transparenz
der Datenverarbeitung und die Rechtswahrnehmungsmöglichkeiten im Verwaltungs-
oder verwaltungsgerichtlichem Verfahren ausgestaltet sind, desto eher ist eine prozedurale und strukturelle Kompensation durch die Einrichtung unabhängiger Kontrollstellen erforderlich.[320]

10.6 Technischer Schutz

Angesichts der Gefährdungen für die informationelle Selbstbestimmung durch die automatisierte Datenverarbeitung genügen rein rechtliche Schutzmaßnahmen nicht. Sie

---

[315] S. *Roßnagel/Müller*, CR 2004, 629; *Roßnagel/Pfitzmann/Garstka* 2001, 171f.
[316] *Laue* 2010, 373.
[317] *Roßnagel* 2007, 134.
[318] *Hillebrand-Beck*, in: Roßnagel 2003, Kap. 5.4, Rn. 1.
[319] BVerfGE 65, 1 (46).
[320] BVerfGE 100, 313 (361f.); 65, 1 (46f.).

müssen vielmehr durch technische und organisatorische Maßnahmen flankiert werden, um die angestrebten Schutzziele zu erreichen.[321]

Unter Daten- und Systemsicherheit wird gemäß § 9 BDSG die Gesamtheit aller organisatorischen und technischen Regelungen und Maßnahmen verstanden, durch die Risiken für die informationelle Selbstbestimmung vermieden werden.[322] Datensicherheit soll somit im Wesentlichen durch Technik- und Systemgestaltung organisatorisch gewährleistet werden, da die Rechtsvorschriften über die Zulässigkeit der Datenverarbeitung und insbesondere der Zweckbindung keinen Nutzen haben, wenn sie sich nicht auf der Ebene der sicheren Durchführung der Datenverarbeitung widerspiegeln.

Datensicherheit zielt somit primär darauf ab, den ordnungsgemäßen Ablauf der Datenverarbeitung durch Sicherung von Hard- und Software sowie der Daten an sich zu schützen. Im Einzelnen lassen sich die folgenden grundlegenden Schutzziele feststellen. Vertraulichkeit von personenbezogenen Daten soll gewährleisten, dass nur befugte Personen in einem bestimmten Kontext Zugriff auf die Daten haben. Unberechtigte Dritte dürfen weder von dem Inhalt der personenbezogenen Daten noch von dem Verarbeitungsvorgang an sich Kenntnis erlangen.[323] Integrität soll die Richtigkeit, Vollständigkeit und Widerspruchsfreiheit von personenbezogenen Daten innerhalb des jeweiligen Sachzusammenhangs gewährleisten. Erforderlich sind daher zum einem Maßnahmen zum Schutz vor unerlaubter Veränderung der personenbezogenen Daten und zum anderen Maßnahmen zur Ermittlung und Verifizierung des Ursprungs der Daten.[324] Aufgrund dieser letzten Anforderung scheint das Ziel der Integrität teilidentisch mit dem weiteren Ziel der Zurechenbarkeit der personenbezogenen Daten zu sein, das ebenfalls eine Zuordnung zum Ursprung der Daten erfordert. Im Gegensatz zur Integrität ist hier aber nicht der Inhalt der Daten entscheidend, vielmehr kommt es entscheidend auf die für den konkreten Inhalt der Daten verantwortliche Person an. Letztes konkretes Schutzziel der Datensicherheit ist die Verfügbarkeit von Daten. Diese ist dann gegeben, wenn der Zugriff auf die personenbezogenen Daten und auf Systemressourcen in akzeptabler Zeitdauer und auch Zeiträumen möglich ist. Durch technische Maßnahmen muss verhindert werden, dass der beabsichtigte oder zufällige vollständige, teilweise oder zeitweise Verlust von Daten eintritt und die Funktionsfähigkeit des Datenverarbeitungssystems nicht gewährleistet ist. Außerdem zielt der technische Datenschutz darauf ab,

---

[321] BVerfGE 65, 1 (44).
[322] *Roßnagel/Pfitzmann/Garstka* 2001, 129.
[323] *Scholz* 2003, 303.
[324] *Scholz* 2003, 303.

die anderen Datenschutzprinzipien technisch abzusichern. Dies führt zu Zugangs- und Zugriffsschutzmaßnahmen, um die Zweckbindung zu sichern, zu Sperr- und Löschmöglichkeiten, um die Erforderlichkeit zu unterstützen, zu Darstellungstechniken, um Transparenz zu gewährleisten, und zu Protokollierungen, um Kontrollen zu ermöglichen.

Die Datensicherheit wird durch eine Kombination von Instrumenten des Selbst- und des Systemdatenschutzes gewährleistet. Dem Selbstdatenschutz werden alle technischen Hilfsmittel und Infrastrukturleistungen zugerechnet, die den Betroffenen in die Lage versetzen, seine personenbezogenen Daten vor einem unberechtigten Zugriff zu schützen.[325] Demgegenüber setzt der Systemdatenschutz bei der technisch-organisatorischen Gestaltung der Datenverarbeitungssysteme an.[326] Der Datenschutz soll durch die Technik unterstützt werden, indem das technisch-organisatorische System nur zu der Datenverarbeitung in der Lage ist, zu der es rechtlich auch ermächtigt ist, und die verantwortliche Stelle nur die Daten verarbeitet, die sie rechtlich verarbeiten darf.[327] Konkrete technische Maßnahmen des Systemdatenschutzes zur Gewährleistung der Datensicherheit insbesondere hinsichtlich Zugriffs- und Verfälschungsmöglichkeiten sind zum Beispiel Verschlüsselungstechniken, elektronische Signaturen, andere Authentifizierungsmaßnahmen oder Steganographie.[328]

10.7   Rechte der Betroffenen

Informationelle Selbstbestimmung erfordert als Voraussetzung und als Bestandteil, dass dem Betroffenen Kontroll- und Mitwirkungsrechte zustehen. Ein Teil dieser Betroffenenrechte – Aufklärungs- und Auskunftsansprüche – wurden bereits als konkrete Voraussetzung für die Gewährleistung der Transparenz genannt. Über den reinen Informationsanspruch hinaus, muss der Betroffene aber auch spezifische Mitwirkungsrechte haben, um die Datenverarbeitung gezielt beeinflussen zu können. Denn der Grundrechtseingriff wird selbstverständlich nicht bereits dadurch zulässig und ausgeglichen, dass der Betroffene darüber Kenntnis erlangen kann, sondern er muss etwa eine Berichtigung inhaltlich falscher oder eine Löschung unzulässiger Weise erhobener personenbezogener Daten erreichen können. Normiert sind daher zugunsten der Betroffenen Auskunftsrechte, Korrekturrechte hinsichtlich Berichtigung, Sperrung und Löschung

---

[325] *Roßnagel/Pfitzmann/Garstka* 2001, 40.
[326] *Bäumler*, DuD 2000, 258.
[327] *Roßnagel/Pfitzmann/Garstka* 2001, 39, 40.
[328] *Roßnagel*, in: ders. 2003, Kap. 3.4, Rn. 78.

sowie das Recht zum Widerspruch.[329] Außerdem besteht die Möglichkeit Schadensersatz einzufordern, wenn durch die unzulässige oder unrichtige Verarbeitung personenbezogener Daten ein Schaden eingetreten ist.

11 Zulässigkeit der Erhebung von Umgebungs- und Gesundheitsdaten

Ein Ausgleich der konfligierenden Grundrechtsinteressen[330] kann dann gefunden werden, wenn die technik-, arbeits- und beamtenrechtlich zulässigen Entscheidungen für den Einsatz und die Nutzung der neuen Schutzanzüge mit integrierten Sensoren auch mit datenschutzrechtlichen Vorgaben übereinstimmen. Für diese Prüfung sind zwei Ebenen zu unterscheiden. Zum einen muss der jeweilige Umgang mit den personenbezogenen Daten zulässig sein. Diese Frage des „Ob" ist von einer einmaligen Entscheidung des Gesetzgebers oder des Betroffenen vor dem Datenumgang abhängig. Zum anderen müssen die Anforderungen an die Datenverarbeitung und -nutzung erfüllt sein. Diese betreffen das „Wie" der Datenverwendung und bestehen für den gesamten Zeitraum, in dem die Daten vorhanden sind. Beide Ebenen sind insoweit mit einander verbunden, als ein Umgang mit den personenbezogenen Daten davon abhängig sein kann, dass für den gesamten Zeitraum der Datenverwendung ausreichende Schutzvorkehrungen für die informationelle Selbstbestimmung getroffen sind. In den Kapiteln 11 bis 13 wird die Zulässigkeit der jeweiligen Phasen des Datenumgangs geprüft. In Kapitel 14 werden dann Vorschläge entwickelt, wie die Datenschutzprinzipien während des Umgangs mit den personenbezogenen Daten erfüllt werden können.

Die Entscheidung, das System der neuen Persönlichen Schutzausrüstung mit I&K-Technik zu nutzen, darf nur ergehen, wenn der Umgang mit personenbezogenen Daten zulässig ist. Diese Frage ist vor allem für die Phasen der Erhebung und der Speicherung zu klären.

11.1 Erlaubnis durch Rechtsvorschrift

Der Umgang mit personenbezogenen Daten ist nur erlaubt, wenn eine Rechtsvorschrift dies regelt oder der Betroffene seine Einwilligung hierzu gegeben hat. Für die erste Phase der Datenverarbeitung ist zu prüfen, inwiefern eine Erhebung der Umgebungs- und

---

[329] Z.B. §§ 19, 19a, 33, 34, 35 BDSG; s. auch *Wedde*, in: Roßnagel 2003, Kap. 4.4, Rn. 12 ff.
[330] S. Kap. 4.5.

Vitalparameter durch die in den Schutzanzügen integrierte Sensorik nach geltender Rechtslage zulässig wäre. Die Erhebung wird gemeinhin als das erstmalige Beschaffen von Daten bezeichnet. Auf eine Speicherung kommt es zu diesem Zeitpunkt des Datenumgangs nicht an.[331] Werden im Rahmen eines Einsatzes entsprechende Umgebungs- und Vitaldaten durch die Sensorik erfasst, ist hierin ein erstmaliges Beschaffen zu sehen. Rechtlich kommt es auf den Willen des Betroffenen nicht an, wenn ein gesetzlicher Erlaubnistatbestand die Datenverarbeitung legitimiert. Es werden demnach zunächst die einschlägigen Gesetze auf Länder- und Bundesebene nach Tatbeständen untersucht, die den Umgang mit personenbezogenen Umgebungs- und Gesundheitsdaten im Beschäftigungsverhältnis regeln. Im Anschluss daran wird die Möglichkeit der Einwilligung näher betrachtet.

11.1.1 Feuerwehrgesetze der Länder

Eine Erlaubnis zur Erhebung personenbezogener Daten könnte sich aus den speziellen Feuerwehrgesetzen der Länder ergeben. Personenbezogene Daten sind nach der Legaldefinition des Bundesdatenschutzgesetzes in § 3 Abs. 1 „Einzelangaben über persönliche oder sachliche Verhältnisse einer bestimmten oder bestimmbaren natürlichen Person". Das Grundverständnis hiervon ist in den übrigen Datenschutzgesetzen prinzipiell gleich.[332] Besonderheiten beim Monitoring von Vitaldaten der Einsatzkräfte ergeben sich insofern, als dass es sich hierbei um Sensordaten handelt, anhand derer die körperliche Belastung gemessen wird. Es könnte sich aufgrund des Bezuges zur Gesundheit des Betroffenen um besonders schutzwürdige Daten handeln. Unter diese Datenkategorie fallen insbesondere Gesundheitsdaten.[333] Die erhobenen Vitaldaten unterfallen dieser Datenkategorie; demnach sind auch sie als besonders schutzwürdig zu betrachten. Nur wenige Gesetze, wie § 37 Abs. 1 Satz 2 BrSchG-SH und § 55 Abs. 2 Satz 1 HBKG nehmen auf die besondere Schutzwürdigkeit entsprechender Daten Bezug. So regelt § 37 Abs. 1 Satz 2 BrSchG-SH den Umgang mit „Angaben über die körperliche Tauglichkeit und die Strahlenbelastung". Auch § 55 Abs. 2 Nr. 6 spricht von „Angaben über die körperliche Tauglichkeit und Eigenschaften".

Nur einige Gefahrenabwehrgesetze der Länder enthalten Regelungen zur Erhebung personenbezogener Daten. Spezifische datenschutzrechtliche Regelungen für die Feuerwehr enthalten das BrSchG-SH, HBKG, BbgBKG-Brandenburg, LBKG-RLP, FSHG-

---

[331] S. für den Bereich der Bundesdatenschutzgesetzes *Buchner*, in: Taeger/Gabel 2010, § 3 BDSG, Rn. 25.

[332] S. *Roßnagel*, in: Roßnagel 2003, Kap. 1, Rn. 68 ff.

[333] S. zur besonderen Schutzwürdigkeit von Gesundheitsdaten Kap. Teil I4.4.1.2.

NRW, FwG-BW sowie das BremHilfeG. Die Erhebung der Daten ist jedoch in den meisten genannten Gesetzen nur im Verhältnis des Trägers der Feuerwehr zu Dritten erfasst und nicht im Verhältnis von Dienstherr oder Arbeitgeber zum Beschäftigten. Letzteres wäre jedoch notwendig, um sie als Rechtsgrundlage für die Erhebung von personenbezogenen Daten im Beschäftigungsverhältnis fruchtbar machen zu können. Beispielhaft können hierzu § 39 Abs. 1 LBKG, § 61 Abs. 1 BremHilfeG oder § 37 Abs. 2 BrSchG-SH angeführt werden. So normiert § 37 Abs. 2 BrSchG-SH nur das datenschutzrechtliche Verhältnis der Gemeinden, Kreise und Ämter zu „Personen, deren besondere Kenntnisse und Fähigkeiten zur Gefahrenabwehr benötigt werden", nicht jedoch zu den Angehörigen der jeweiligen Feuerwehren. Selten wird demnach die innere Organisation, also das interne Verhältnis der Beschäftigten zum Dienstherrn erfasst. So erlaubt zum Beispiel § 55 Abs. 2 Satz 1 HBKG, dass die „Feuerwehren, die Katastrophenschutzbehörden und die Aufsichtsbehörden sowie die Landesfeuerwehrschule für Einsätze sowie für die Ausbildung und Fortbildung notwendige personenbezogene Daten von Feuerwehrangehörigen und Helferinnen oder Helfern im Katastrophenschutz im erforderlichen Umfang verarbeiten" dürfen. Diese Vorschrift knüpft die Verarbeitung personenbezogener Daten demnach an den Zweck der „Einsätze", ohne weitere Differenzierungen zu enthalten.

Hinsichtlich der Zweckbindung verweisen die Regelungen regelmäßig an die jeweils zugewiesenen Aufgaben der Gefahrenabwehr und des Katastrophenschutzes. So normiert beispielsweise § 17 Abs. 2 BbgBKG, dass die „Aufgabenträger nach § 2 Abs. 1,[334] die Aufsichtsbehörden und die Ausbildungsstätte nach § 5 Nr. 3 ... für Einsätze, Übungen sowie für die Aus- und Fortbildung notwendige personenbezogene Daten von Feuerwehrangehörigen und Mitgliedern von Hilfsorganisationen im erforderlichen Umfang verarbeiten" dürfen. Entsprechendes gilt auch für § 55 HBKG. Gemäß § 37 Abs. 1 BrSchG-SH dürfen personenbezogene Daten zum Zweck der Einsatzplanung und Mitgliederverwaltung sowie die Lehrgangsdurchführung erhoben werden. § 37 Abs. 2 BrSchG-SH erfasst im beschränkten Umfang auch die Einsatzdurchführung für Gefahrenabwehrmaßnahmen. Gemäß § 39 Abs. 1 LBKG-RLP dürfen zur Vorbereitung und Durchführung vorbeugender und abwehrender Gefahrenabwehrmaßnahmen personenbezogene Daten erhoben werden. § 37 Abs. 1 FSHG-NRW normiert die zur „Erfül-

---

[334] Aufgabenträger nach § 2 Abs. 1 sind erstens die amtsfreien Gemeinden, die Ämter und die kreisfreien Städte für den örtlichen Brandschutz und die örtliche Hilfeleistung, zweitens die Landkreise für den überörtlichen Brandschutz und die überörtliche Hilfeleistung, drittens die Landkreise und die kreisfreien Städte für den Katastrophenschutz und viertens das Land für die zentralen Aufgaben des Brandschutzes, der Hilfeleistung und des Katastrophenschutzes.

lung ihrer Aufgaben" erforderlichen Daten. Eine inhaltsgleiche Regelung befindet sich in § 35 Abs. 2 FwG-BW. § 61 Abs. 2 BremHilfeG ergänzt diesen Zweck um „die Planung und Durchführung von Aus- und Fortbildungsmaßnahmen einschließlich Übungen und für die Ausführung, zur Dokumentation und für die Abrechnung des Einsatzes". Die Erhebung von Umgebungs- und Vitaldaten erfolgt im weitesten Sinn zum Zweck der Einsatzdurchführung.

Einschränkend zu den Feuerwehrgesetzen ist allerdings festzustellen, dass nur einige der Gesetze überhaupt Aussagen zum Datenschutz treffen. Innerhalb dieser Regelungen sind nur bruchstückhaft die Erhebung personenbezogener Daten reglementiert, vielmehr gehen die meisten Gesetze davon aus, dass entsprechende Daten bereits vorliegen und durch andere Tatbestände gedeckt sind. Auch die Zwecksetzung ist nur sehr allgemein gehalten und wird nicht der Schutzwürdigkeit besonderer Arten personenbezogener Daten gerecht. Ein spezifischer Beschäftigtendatenschutz fehlt gänzlich. Insgesamt ist das Regelungswerk als unzureichend für die Bewältigung der Risiken von Sensordaten und insbesondere den Umgang mit Gesundheitsdaten im beschäftigungsspezifischen Kontext anzusehen.

11.1.2   Datenschutzgesetze der Länder

Soweit keine bereichsspezifischen Regelungen, wie in Baden-Württemberg, Brandenburg, Bremen, Hessen, Nordrhein-Westfalen und Rheinland-Pfalz, vorhanden sind, ist auf die allgemeinen Datenschutzgesetze der Länder zurückzugreifen. Da keines der genannten Feuerwehrgesetze jedoch spezifische Regeln zum Beschäftigtendatenschutz enthält und erst recht nicht den Umgang mit besonders schutzwürdigen personenbezogenen Daten, wie Vitaldaten, bei der Durchführung des Beschäftigungsverhältnisses regelt, müssen für diese Fragen in allen Bundesländern die allgemeinen Regelungen zum Beschäftigtendatenschutz und zum Umgang mit besonders schutzwürdigen Daten ergänzend zu den Feuerwehrgesetzen hinzugezogen werden. In diesem Sinn sollen die Landesdatenschutzgesetze Datenschutz dort gewährleisten, wo er noch nicht bereichsspezifisch geregelt ist.[335] Die Regelungen der allgemeinen Datenschutzgesetze der Länder haben demnach eine Auffangfunktion und werden hinsichtlich des Beschäftigtendatenschutzes nicht durch eine Spezialität der Feuerwehrgesetze verdrängt.

Alle Länder bis auf Bayern, Berlin, Niedersachen und Thüringen halten in ihren Datenschutzgesetzen besondere Regelungen zum Beschäftigtendatenschutz bereit, der auch

---

[335] *Gola/Wronka* 2010, Kap. 3, Rn. 223.

für die Berufs- und Werksfeuerwehren Anwendung findet. Gar keine Vorschriften zum Beschäftigtendatenschutz enthalten die Regelwerke von Niedersachen und Berlin. Bayern und Thüringen regeln in diesem Kontext lediglich den Umgang mit solchen Daten, die einem besonderen Amtsgeheimnis unterliegen.

Die in den Landesdatenschutzgesetzen allgemein normierten Zwecke sind sehr weit gefasst. So erlaubt § 34 Abs. 1 Satz 1 HDSG dem Dienstherr oder Arbeitgeber die Verarbeitung von Daten seiner Beschäftigten, wenn dies zur Eingehung, Durchführung, Beendigung oder Abwicklung des Dienst- oder Arbeitsverhältnisses oder zur Durchführung innerdienstlicher planerischer, organisatorischer, sozialer und personeller Maßnahmen erforderlich ist oder eine Rechtsvorschrift, ein Tarifvertrag oder eine Dienstvereinbarung es vorsieht. § 36 Abs. 1 LDSG BW enthält eine nahezu inhaltsgleiche Regelungen, mit der Ausnahme, dass dort eine Verarbeitung auch zulässig ist, soweit dies zu Zwecken von Haushalts- und kostenrechnerischen Maßnahmen, insbesondere der Personalplanung und des Personaleinsatzes, erforderlich ist. § 23 LDSG SH enthält selbst keine gesetzlichen Erhebungs- oder Verwendungtatbestände, sondern verweist in Abs. 1 auf das Landesbeamtengesetz.

Die Länder, die den Beschäftigtendatenschutz regeln, reglementieren innerhalb ihrer Vorschriften teilweise auch die Erhebung mit Gesundheitsdaten. Nicht die Erhebung von Gesundheitsdaten regeln die Datenschutzgesetze von, Baden-Württemberg, Hessen und Schleswig-Holstein. Alle Länder bis auf Baden-Württemberg, Bayern, Berlin, Niedersachsen, Hessen, Schleswig-Holstein und Thüringen regeln mithin die Erhebung besonders schutzwürdiger Daten im Beschäftigtenverhältnis, wie sie auch beim Monitoring von Vitaldaten anfallen. § 35 Abs. 4 DSG M-V spricht von „medizinischen Daten". § 31 Abs. 2 SDSG und § 31 Abs. 7 LDSG RP reglementieren die „bei medizinischen Untersuchungen erhobenen Daten". § 28 Abs. 2 DSG–LSA, § 37 Abs. 7 SächsDSG und § 29 Abs. 5 DSG NRW normieren hingegen die Ergebnisse einer Eignungsuntersuchung. § 28 Abs. 5 HmbDSG konkretisiert die Datenart nicht, regelt jedoch den Tatbestand, dass eine verantwortliche Stelle eine medizinische Untersuchung verlangt. § 37 Abs. 7 SächsDSG, § 29 Abs. 5 DSG NRW und § 31 Abs. 4 SDSG knüpfen die Zulässigkeit der Datenerhebung von Gesundheitsdaten an den Zweck, dass diese dem „Schutz der Beschäftigten" dient. Eine weitere Zweckbindung sehen die Vorschriften hierzu jedoch nicht vor.

Bei den anderen Regelungen wird deutlich, dass sie davon ausgehen, dass Gesundheitsdaten vornehmlich aus ärztlichen Untersuchungen generiert werden. Die Erfassung von Vitalparametern durch das System der Persönlichen Schutzausrüstung mit I&K-Technik

stellt jedoch, wie gezeigt,[336] keine Untersuchung durch einen Arzt dar. Eine Gemein-
samkeit besteht aber insofern, als dass in beiden Situationen vergleichbare Daten erhoben werden. Beim Tragen eines Schutzanzuges geschieht dieses jedoch nicht durch das
aktive Anlegen entsprechender Geräte, wie beispielsweise einem Blutdruckmesser,
durch einen Arzt. Vielmehr erfolgt die Erfassung automatisiert und passiv durch integrierte Sensorik und stetig über den jeweiligen Einsatzzeitraum.

Zu beachten ist auch, dass die meisten Gesetze[337] die Zulässigkeit der Erhebung von
Gesundheitsdaten nicht durch eine Rechtsgrundlage regeln, sondern ausdrücklich an das
Vorliegen einer Einwilligung anknüpfen. Diese Gesetze gehen davon aus, dass Gesundheitsdaten nur im Rahmen von medizinischen Untersuchungen zum Zweck der Einstellung erhoben werden, um einmalig die Eignung des Bewerbers – hier für den Feuerwehrdienst – festzustellen. Sie stehen demnach im Kontext zur Anbahnung des Dienst-
oder Arbeitsverhältnisses, indem sie den Regelungsbereich ausschließlich auf die „Eingehung" des jeweiligen Beschäftigungsverhältnisses beziehen. Exemplarisch kann hierfür § 35 Abs. 4 DSG MV angeführt werden, der normiert, dass das „Erheben medizinischer Daten aufgrund ärztlicher Untersuchungen zum Zwecke der Eingehung eines
Dienst- oder Arbeitsverhältnisses ... nur zulässig (ist), soweit dadurch die Eignung des
Bewerbers hierfür festgestellt wird und er seine Einwilligung erteilt hat". Dieses entspricht nicht dem Monitoring von Vitaldaten. Das Monitoring findet vielmehr allgemein
zum Zweck des Gesundheitsschutzes und zur Unterstützung der Einsatzleitung bei der
Gefahrenabwehr statt. Dieser Umstand setzt eine bestehende Beschäftigung der Be-
troffenen voraus. Es besteht insofern ein sachlich vom Nutzungskontext abweichender
Anwendungsbereich der Normen.

Negative Zwecksetzungen enthalten die Vorschriften der § 34 Abs. 6 HDSG, § 23
Abs. 2 LDSG SH, § 31 Abs. 5 SDSG, § 37 Abs. 6 SächsDSG, § 29 Abs. 4 BbgDSG,
§ 28 Abs. 4 DSG–LSA, § 31 Abs. 5 LDSG RP, § 28 Abs. 7 HmbDSG und § 20 Abs. 6.
1. Hauptsatz BremDSG, § 29 Abs. 6 DSG NRW. Diese Gesetze enthalten Regelungen,
die sich zwar nicht speziell auf Gesundheitsdaten, jedoch auf allgemeine Verhaltens-
und Leistungskontrollen mit personenbezogenen Daten beziehen. Mit Ausnahme von
§ 37 Abs. 6 SächsDSG verbieten alle oben genannten Normen die Erhebung personenbezogener Daten zum Zweck der Verhaltens- und Leistungskontrolle, soweit diese im
Rahmen der Durchführung von technischen und organisatorischen Maßnahmen nach

---

[336] S. Kap. 8.3.
[337] § 35 Abs. 4 DSG MV, § 31 Abs. 3 LDSG-RLP, § 28 Abs. 3 DSG–LSA, § 29 Abs. 2 BbgDSG,
§ 20 Abs. 3 BremDSG, § 29 Abs. 3 DSG-NRW sowie § 31 Abs. 2 SDSG.

den jeweiligen Spezialregelungen gespeichert worden sind. § 28 Abs. 5 HmbDSG setzt keine Zwecke fest. Es ist der betroffenen Person lediglich der Anlass und Zweck der Untersuchung mitzuteilen. Ähnliches gilt für das Land Sachsen.

Die meisten der für den öffentlichen Dienst maßgebenden Landesdatenschutzgesetze haben somit eigenständige Regelungen zum Datenschutz in Dienst- und Arbeitsverhältnissen. Teilweise wird hier die Erhebung mit Gesundheitsdaten geregelt. Nicht von diesen Regelungen ist die Problematik telemedizinischer Anwendungen erfasst. Die neun Landesdatenschutzgesetze, die den Umgang mit personenbezogenen Daten im Rahmen medizinischer Untersuchungen regeln, gehen vielmehr alle davon aus, dass diese im Rahmen ärztlicher Untersuchungen erhoben werden. Die Datenschutzgesetze, die die weitere Verarbeitung von Gesundheitsdaten regeln, gehen ebenfalls von diesem typischen Erhebungstatbestand aus. Hieran orientiert sich demnach auch das Schutzniveau bei der weiteren Verarbeitung. Jedenfalls reicht es für das Monitoring der Einsatzkräfte nicht aus, dass die Erhebung lediglich dem „Schutz der Beschäftigten" dient. Zum Verbot von Verhaltens- und Leistungskontrollen ist zu sagen, dass dieses lediglich greift, soweit die Kontrolle im Rahmen der Durchführung von technischen und organisatorischen Maßnahmen durchgeführt wird. Jedenfalls werden die Regelungen zu diesem Tatbestand nicht den spezifischen Eigenarten eines Monitorings gerecht. Es ist im Ergebnis daher davon auszugehen, dass die bestehenden Erlaubnistatbestände für die Erhebung von Gesundheitsdaten für die Risiken der neuen Persönliche Schutzausrüstungen mit Sensoren hinsichtlich ihrer Zwecksetzung unzureichend differenziert sind und die Erlaubnis an keine spezifischen Schutzvorkehrungen knüpfen, die diese Risiken für die informationelle Selbstbestimmung ausreichend reduzieren.

11.1.3   Bundesebene

Im Folgenden wird der bereichsspezifische Datenschutz auf Bundesebene untersucht. Die hierzu bestehende Vorschriften in § 32 BDSG gilt nach § 12 Abs. 4 BDSG zum einen für öffentliche Stellen des Bundes, mithin der Berufsfeuerwehr der Bundeswehr, und zum anderen für den nicht-öffentlichen Sektor, also für die Betriebsfeuerwehren.

11.1.3.1   Gegenwärtige Rechtslage

Gemäß § 32 Abs. 1 BDSG ist es dem Arbeitgeber und Dienstherrn erlaubt, personenbezogene Daten seiner Beschäftigten zu erheben, wenn dies zur Begründung, Durchführung und Beendigung des Beschäftigungsverhältnisses erforderlich ist. Für das Monitoring von Vital- und Umgebungsparametern kommt insbesondere die Durchführung des Beschäftigungsverhältnisses gemäß Abs. 1 Satz 1 Alt. 2 in Betracht. Der Gesetzesbegründung nach ist dieser Wortlaut weit zu verstehen und umfasst alle Datenverarbeitun-gen, die der Zweckbestimmung des Beschäftigtenverhältnisses entsprichen. Wie die Zwecke im Beschäftigungsverhältnis von anderen Zwecken abzugrenzen sind, ist im Einzelnen strittig.[338] Unstrittig dürfte jedoch sein, dass der effektive und gesundheits-schützende Einsatz eines Feuerweheinsatzkraft diverse Arbeitspflichten betrifft und daher von der Zweckbestimmung seines Beschäftigungsverhältnisses erfasst ist.

Zu beachten ist § 12 Abs. 4 BDSG. Hiernach gilt für die Verarbeitung und Nutzung besonderer Arten personenbezogener Daten in bestehenden Beschäftigungsverhältnissen § 28 Abs. 6 BDSG. Dieser enthält eine enumerative Aufzählung von Zwecken. Die in § 32 BDSG enthaltenen Zwecke sind demnach im Lichte dieser Restriktionen zu be-trachten. Es reicht demnach für die Erhebung von Gesundheitsdaten nicht allein aus, dass es der Durchführung des Arbeitsverhältnisses dient, vielmehr muss darüber hinaus die Datenerhebung die in § 28 Abs. 6 BDSG enumerativ aufgezählten Zwecke erfüllen.

Gemäß § 28 Abs. 6 Nr. 1 BDSG ist eine Erhebung personenbezogener Daten zulässig, die zum Schutz lebenswichtiger Interessen notwendig ist. Die nichtpolizeiliche Gefah-renabwehr dient einer Vielzahl von Rechtsgütern.[339] Umfasst ist insbesondere der Schutz vor Gefahren für die öffentliche Sicherheit, die durch Brände und andere Scha-densereignisse entstehen. Bedroht ist hierbei regelmäßig auch das Rechtsgut der körper-lichen Unversehrtheit, welches von den lebenswichtigen Interessen als umfasst anzuse-hen ist.[340] Eingriffsvoraussetzung ist weiterhin, dass die Betroffenen aus physischen oder rechtlichen Gründen außerstande sind, sich mit dem Umgang ihrer Daten einver-standen zu erklären. Gemeint sind mit physischen Gründen etwa Bewusstlosigkeit oder schwere Erkrankungen.[341] Hinsichtlich der Einsatzkräfte wird man jedoch die Fähigkeit zur Erteilung einer Einwilligung annehmen können. Dies kann vor dem erstmaligen Tragen der mit I&K-Technik ausgestatteten Persönlichen Schutzausrüstung geschehen. Außerstande ihre Einwilligung zu erteilen, sind höchstens die durch die Gefahr unmit-telbar Bedrohten. Die Art der durch die Feuerwehr zu bekämpfenden Gefahren sowie die Effektivität und Effizienz der Gefahrenabwehr lassen regelmäßig die Einholung einer Einwilligung bei diesen Personen nicht zu. Von diesen Personen werden jedoch keine personenbezogenen Daten durch die Schutzanzüge erhoben. § 28 Abs. 6 Nr. 1 BDSG ist bei dem Einsatz der Persönlichen Schutzausrüstung somit nicht einschlägig.

---

[338] Zum Meinungsstand s. *Franzen*, RdA 2010, 260.
[339] S. Kap. 4.1.
[340] *Simitis*, in: Simitis 2011 § 28 BDSG, Rn. 300.
[341] *Simitis*, in: Simitis 2011 § 28 BDSG, Rn. 301.

Weiterhin kommt § 28 Abs. 6 Nr. 3 BDSG in Betracht. Hiernach ist eine Erhebung, Verarbeitung und Nutzung zulässig, wenn „dies zur Geltendmachung, Ausübung oder Verteidigung rechtlicher Ansprüche erforderlich ist und kein Grund zu der Annahme besteht, dass das schutzwürdige Interesse des Betroffenen an dem Ausschluss der Erhebung, Verarbeitung oder Nutzung überwiegt". Diskutiert wird die Geltendmachung, Ausübung und Verteidigung rechtlicher Ansprüche im Beschäftigungsverhältnis vordergründig im Zusammenhang mit dem Fragerecht des Arbeitgebers bei der Einstellung etwaiger Bewerber.[342] Dieses schließt jedoch die Speicherung der erhobenen Daten zu Beweiszwecken für spätere gerichtliche Verfahren nicht prinzipiell aus. Vielmehr wird die Geltendmachung etwaiger Ansprüche vor Gericht ausdrücklich anerkannt.[343] Zu beachten ist jedoch, dass schutzwürdige Interessen des Betroffenen an dem Datenumgang nicht überwiegen dürfen. Es darf demnach kein Grund zu der Annahme bestehen, dass Belange der Einsatzkräfte gegenüber potenziellen Anspruchsinhabern vorgehen. Regelmäßig wird hierbei eine Abwägung des Rechts auf informationelle Selbstbestimmung der Einsatzkräfte mit den Beweisinteressen des Arbeitgebers oder Dienstherrn erfolgen müssen. Hierbei kommt es auf den konkreten Einzelfall an. In diese Abwägung müssen die vom Dienstherrn und Arbeitgeber getroffenen Schutzvorkehrungen zur Verringerung der Risiken für die informationelle Selbstbestimmung der Einsatzkraft mit eingehen. Je weiter diese Risiken reduziert sind, desto geringer wiegt das Schutzinteresse der Einsatzkraft.[344]

Von § 32 BDSG unberührt bleiben jedoch ausdrücklich die Beteiligungsrechte der Interessensvertretungen der Beschäftigten.[345] Zu nennen sind hier vor allem die Mitbestimmungsrechte des Personalrats aus § 75 Abs. 3 Nr. 11 und 17 BPersVG sowie den dazugehörigen Landesgesetzen und die des Betriebsrats gemäß § 87 Abs. 1 Nr. 6 und 7 BetrVG. Der Arbeitgeber hat demnach – je nach Abwägung – zwar das Recht zur Erhebung personenbezogener Daten im dargestellten Rahmen, allerdings nur unter Beachtung der erörterten Beteiligungsrechte.[346]

11.1.3.2 Zu erwartende Rechtslage

Die Bundesregierung hat am 3.9.2010 den „Entwurf eines Gesetzes zur Regelung des Beschäftigtendatenschutzes" vorgelegt und in das Gesetzgebungsverfahren einge-

---

[342] *Simitis*, in: Simitis 2011 § 28 BDSG, Rn. 306.
[343] *Simitis*, in: Simitis 2011 § 28 BDSG, Rn. 305.
[344] S. hierzu Kap. 14.
[345] BT-Drs. 16/13657, 37.
[346] S. Kap. Teil I9.39.3.

bracht.[347] Nach der Gesetzesbegründung sollen die Neureglungen unter anderem zum einen vor Bespitzelung durch den Arbeitgeber schützen und zum anderen verlässliche Grundlagen für die Durchsetzung von Compliance-Anforderungen und für den Kampf gegen Korruption an die Hand geben.[348] Im folgenden Abschnitt wird das geplante Regelwerk auf die Frage hin untersucht, ob es geeignete Regelungen für den Beschäftigtendatenschutz im Kontext der durch Schutzanzüge automatisierten Erhebung von Umgebungs- und Gesundheitsdaten enthält.

§§ 32, 32a und 32b BDSG-E regeln die Datenverarbeitung im Rahmen der Begründung des Beschäftigungsverhältnisses. §§ 32c, 32d und 32e BDSG-E regeln die Datenverarbeitung im Beschäftigungsverhältnisses. §§ 32 f, 32g, 32h und 32i BDSG-E enthalten Spezialregelungen, wobei in Bezug auf die Erhebung von Gesundheits- und Umgebungsdaten im Einsatz insbesondere die Spezialregelung für Ortungssysteme in §32g BDSG-E und für biometrische Verfahren in § 32h BDSG-E von Interesse sind.

Die Erhebung von *Positionsdaten* durch die Schutzanzüge könnte durch § 32g BDSG-E gerechtfertigt sein. Nach dieser Vorschrift darf der Arbeitgeber personenbezogene Daten durch elektronische Einrichtungen zur Bestimmung des geografischen Standorts erheben. Abs. 1 legt abschließend die Zwecke fest. Eine Datenerhebung darf demnach nur aus betrieblichen Gründen „1. zur Sicherheit des Beschäftigten" oder „2. zur Koordinierung des Einsatzes der Beschäftigten" erfolgen. Bei dem Einsatz der neuen Schutzanzüge dienen die Positionsdaten der Koordinierung der taktischen Gliederungen der Feuerwehr. Auch ist eine Erhöhung der Sicherheit im Gefahrenabwehrbereich zu bejahen. Es sind somit beide Alternativen erfüllt. Des Weiteren dürfen gemäß Abs. 1 Satz 1 keine Anhaltspunkte bestehen, dass schutzwürdigen Interessen des Beschäftigten am Ausschluss des Datenumgangs überwiegen. Im konkreten Fall sind keine solchen schutzwürdigen Interessen zu erkennen, die der Ortung widersprechen könnten. Auch darf die Erhebung gemäß Abs. 1 Satz 2 nur während der Arbeitszeit erfolgen. Hiermit sollte vor allem die Erhebung der Ortsdaten von Beschäftigten nur während der Arbeits- oder Bereitschaftszeiten, das heißt nicht während der Freizeit oder im Urlaub, erlaubt werden.[349] Die Nutzung der Sensordaten aus den Schutzanzügen während des Einsatzes wäre daher gemäß § 32g BDSG-E zulässig.

---

[347] BT-Drs. 17/4230.
[348] BT-Drs. 17/4230, 12.
[349] BT-Drs. 17/4230, 20.

Die Erhebung von *Gesundheitsdaten* könnte zunächst durch die Spezialnorm des § 32h BDSG-E gedeckt sein. Hiernach darf der Dienstherr oder Arbeitgeber biometrische Merkmale eines Beschäftigten erheben und verwenden, soweit dieses aus Gründen der Autorisierung und Authentifikation erforderlich ist und keine schutzwürdigen Interessen des Beschäftigten am Ausschluss des Datenumgangs überwiegen. Fraglich erscheint bereits, ob die in den Schutzanzügen integrierte Sensorik in der Lage ist, biometrische Merkmale zu erfassen. Hierzu gibt die Gesetzesbegründung wenig her, wenn sie beispielhaft Fingerabdruck (Fingerlinienbild), Handgeometrie, Iris (Regenbogenhaut des Auges), Retina (Netzhaut), Gesichtsgeometrie und Stimmmerkmale nennt. Allgemein analysieren biometrische Verfahren anatomische Charakteristika, geprägt durch Strukturen des Körpers, und physiologische Charakteristika, geprägt durch Funktionen des Körpers.[350] Am ehesten könnte die Messung der Vitaldaten unter die Analyse der Körperfunktionen subsumiert werden. Zu bedenken ist allerdings, dass diese gemäß § 32h BDSG-E nur zu Zwecken der Autorisierung oder Authentifikation geschehen darf. Als Autorisierung bezeichnet die Gesetzesbegründung die Zuweisung und Überprüfung von Zugriffsrechten auf Daten und Dienste an den Nutzer des Systems.[351] Unter Authentifikation kann die Feststellung der Identität einer Person verstanden werden. Keiner der beiden Zwecke ist jedoch beim Monitoring der Vitaldaten relevant. Die Erhebung von Gesundheitsdaten kann demnach nicht durch §32h BDSG-E gerechtfertigt werden.

In Betracht kommt jedoch eine Rechtfertigung durch § 32c BDSG-E. Dessen Abs. 1 ist die Grundnorm für die Erhebung von Beschäftigtendaten im Beschäftigungsverhältnis. Die Datenerhebung ist zulässig, soweit sie für die Durchführung, Beendigung, Abwicklung und die Folgen des Beschäftigungsverhältnisses erforderlich ist. Die Erhebung der Sensordaten führt zu einer Verbesserung des Gesundheitsschutzes und der Einsatzkoordination. Sie dient daher der Durchführung des Beschäftigungsverhältnisses als Feuerwehreinsatzkraft. Allgemein wäre danach die Erhebung der Sensordaten notwendig, soweit sie für diese beiden Zwecke erforderlich sind. Nach § 32c Abs. 1 Satz 2 Nr. 3 BDSG-E wäre die Erhebung der Sensordaten allgemein sogar auch zulässig, wenn die Kenntnis der Daten erforderlich ist, um „die gegenüber dem Beschäftigten bestehenden Rechte des Arbeitgebers einschließlich der Leistungs- und Verhaltenskontrolle wahrzunehmen". Ob die Kenntnis der Sensordaten für diesen Zweck notwendig ist, wäre im

---

[350] *Busch*, in: Schaar 2006, 29.
[351] BT-Drs. 17/4230, 20.

Einzelfall zu entscheiden. Jedenfalls unterläge der Einsatz der Persönlichen Schutzausrüstung für diesen Zweck der Mitbestimmung der Personalvertretung.[352]

§ 32c Abs. 2 in Verbindung mit § 32 Abs. 2 Satz 1 BDSG-E konkretisiert weitere Anforderungen für die Erhebung von Gesundheitsdaten. Gemäß § 32c Abs. 2 in Verbindung mit § 32 Abs. 2 Satz 1 BDSG-E sind die Vorschriften zu den Daten über die Gesundheit bei der Erhebung entsprechend anzuwenden. Gemäß § 32 Abs. 2 Satz 1 BDSG-E in Verbindung mit § 8 Abs. 1 AGG ist die Datenerhebung demnach nur zulässig, wenn sie unter den Voraussetzungen erfolgt, unter denen eine unterschiedliche Behandlung von Beschäftigten zulässig ist. Eine unterschiedliche Behandlung ist zulässig, wenn sie infolge „einer wesentliche(n) und entscheidende(n) berufliche(n) Anforderung" erfolgt. Für eine Erhebung von Gesundheitsdaten ist es daher nicht ausreichend, dass sie allgemein zur Durchführung des Beschäftigungsverhältnisses erfolgt, sondern sie muss sich zusätzlich auf wesentliche, entscheidende berufliche Anforderungen beziehen. Dies wäre für die Erhebung von Sensordaten zur Erfassung der aktuellen Belastungssituation gegeben, wenn diese zum Zweck des Gesundheitsschutzes und der Einsatzkoordinierung erforderlich ist. Die Erhebung zum Zweck der Leistungs- und Verhaltenskontrolle ist damit nicht zu rechtfertigen.

Zusammenfassend lässt sich für §32c BDSG-E konstatieren, dass die Erhebung von Gesundheitsdaten im Beschäftigungsverhältnis hiernach zulässig ist, wenn sie zur Sicherstellung wesentlicher und entscheidender beruflicher Anforderungen erforderlich ist. Entscheidend ist eine berufliche Anforderung, wenn sie für die vertragsgemäße Erfüllung der Arbeitsleistung notwendig ist; wesentlich ist sie, wenn ein hinreichend großer Teil der Gesamtanforderungen des Arbeitsplatzes betroffen ist.[353] Beim Monitoring von Vitaldaten der Einsatzkräfte bezieht sich die Erhebung auf einen entschiedenen Teil der vertraglich geschuldeten Arbeitsleistung, nämlich der eigentlichen Tätigkeit der Gefahrenabwehr. Sie werden während des Einsatzes erhoben. Dies betrifft einen hinreichend großen Teil der Gesamtanforderungen. Die aktuelle Belastbarkeit der Einsatzkraft ist demnach auch eine wesentliche Anforderung. Eine Erhebung der Vitaldaten während des Einsatzes zum Zweck des Gesundheitsschutzes und der Einsatzkoordinierung wäre demnach grundsätzlich zulässig.

---

[352] S. Kap. 9.3.
[353] *Schlachter*, in: Müller-Glöge/Preis/Schmidt 2011, § 8 AGG, Rn. 4; ArbG Berlin, NZA-RR 2005, 608.

Sollte der Entwurf zur Regelung des Beschäftigtendatenschutzes so umgesetzt werden, wie er zurzeit geplant ist, würde er im Vergleich zu den bestehenden Regelungen auf Bundes- und Landesebene das geeignetere Regelwerk für das Monitoring der Vital- und Umgebungsparameter darstellen. Die Erhebung der Positionsdaten wäre ebenso wie die der Gesundheitsdaten gedeckt. Problematisch ist allerdings, dass keinerlei Gestaltungs- und Verarbeitungsregeln, die den Anwendern bestimmte Rechte und Pflichten zum weiteren Umgang der Daten mitgeben, vorhanden sind. So bestehen keine spezifischen Regelungen zur Missbrauchsvermeidung oder Löschungsregeln. Auch ist die weitere Zweckbindung nur unzureichend geregelt.

11.2 Erlaubnis durch eine andere Rechtsvorschrift

Neben gesetzlichen Regelungen können gemäß § 4 Abs. 1 BDSG auch „andere Rechtsvorschriften" die Zulässigkeit des Umgangs mit personenbezogenen Daten regeln. Die Datenschutzgesetze der Länder enthalten ebenfalls entsprechende Regelungen. Grundsätzlich anerkannt ist, dass unter den Begriff der „anderen Rechtvorschriften" auch Tarifverträge sowie Betriebs- und Dienstvereinbarungen fallen.[354]

Die gegenwärtige Gesetzeslage stellt keine hinreichenden Rechtsgrundlagen für die Erhebung von Gesundheitsdaten durch die automatisierte Erfassung des Arbeitskontextes durch Erhebung von Umgebungs- und Vitaldaten bereit. Sollen solche Erhebungen bei Feuerwehren bei allen Einsätzen und allen Einsatzkräften erfolgen, müssten abstrakt generelle Regeln für die Datenverarbeitung geschaffen werden. Nur diese sind in der Lage, den Beschäftigten und Bediensteten ein hinreichendes Maß an Schutzvorkehrungen und Rechtssicherheit zu gewährleisten. Zugleich müssen bei der Verarbeitung personenbezogener Daten im Beschäftigungsverhältnis auch die besonderen Gegebenheiten der Dienststelle oder des Betriebs und der Arbeitsweise berücksichtigt werden.[355] Eine betriebsbezogene datenschutzrechtliche Legitimierung kann durch Betriebs- und Dienstvereinbarungen erreicht werden. Dieses sind Verträge zwischen dem Dienstherrn oder Arbeitgeber und dem Personal- oder Betriebsrat, die generelle Fragen der betrieblichen Ordnung sowie individueller Rechtsbeziehungen zwischen Beschäftigten und Dienstherrn oder Arbeitgeber regeln. Die hierin normierten Regelungen gelten unmittelbar und zwingend und können nicht durch Individualvereinbarungen mit Arbeitneh-

---

[354] BAGE 52, 88; 82, 36; BAG, AP Nr. 29 zu § 87 BetrVG 1972 – Überwachung; *Taeger*, in: Taeger/Gabel 2010, § 4 BDSG, Rn. 34.
[355] BAGE 52, 88 ff.

mern umgangen werden.[356] In solchen Vereinbarungen kann unter anderem auch der innerbehördliche oder innerbetriebliche Umgang mit personenbezogenen Daten geregelt werden.

Diese Vereinbarungen haben den Vorteil, dass hierdurch einheitliche Datenverarbeitungsgrundsätze normiert werden können, in denen Abwägungen der Interessen der Betroffenen in ihrer Gesamtheit vorgenommen werden können. Gegenüber dem Bundesdatenschutzgesetz haben sie den Vorteil, dass nicht nur eine Abwägung zwischen den Interessen des Arbeitgebers und des jeweils betroffenen Arbeitnehmers vorgenommen werden kann. Vielmehr ist es möglich, passgenaue auf das Unternehmen oder die Dienststelle und die verschiedenen Beschäftigten und ihre spezifischen Aufgaben und Risiken zugeschnittene Regelungen zu vereinbaren sowie geeignete Schutzvorkehrungen für den Umgang mit den personenbezogenen Daten vorzusehen.[357] Eine Betriebs- oder Dienstvereinbarung kann jedoch nur über die Fragen geschlossen werden, die nach dem Gesetz der Zuständigkeit des Betriebs- oder Personalrats unterliegen.[358] Diese Zuständigkeiten ergeben sich unter anderem aus den in den §§ 75 ff. BPersVG und den entsprechenden Landespersonalvertretungsgesetzen niedergelegten mitbestimmungspflichtigen Angelegenheiten für den öffentlichen Bereich. Für den privatrechtlichen Bereich sind die Zuständigkeiten in den §§ 87 ff. BetrVG geregelt. Der Umfang und die Grenzen der Beteiligungsrechte des Personal- und Betriebsrats für das Datenverarbeitungssystem der neuen Schutzanzüge wurden bereits dargestellt.[359] Damit besteht die grundsätzliche Möglichkeit, für dieses System spezifische Vereinbarungen auszuarbeiten.

Festzuhalten bleibt somit, dass entsprechende Vereinbarungen prinzipiell als Rechtsgrundlage für die automatisierte Kontexterfassung von Umgebungs- und Gesundheitsdaten in Frage kommen. Eine solche Legitimierung wird vor allem für die Erprobung der Technik sinnvoll sein. Sie ermöglichen, die Zulassung der Erprobung mit konkreten Schutzvorkehrungen zu vereinbaren, solange keine passenden spezifischen Gesetzesreglungen bestehen. Nur diese Schutzvereinbarungen sichern die konkrete Einhaltung der Datenschutzprinzipien und minimieren die Risiken für das Grundrecht auf informationelle Selbstbestimmung der Einsatzkräfte. Dabei ist allerdings die fehlende Erfahrung der Räte in den anstehenden Fragen zu beachten. Diese können nur dann wirklich mit-

---

[356] *Kilian*, in: Kilian/Heussen 2008, 1. Abschn., II., Rn. 33; *Werner*, in: Rolfs/Giesen/Kreikebohm/ Udsching 2011, § 77 BetrVG, Rn. 11

[357] BAGE 52, 88; *Franzen*, RdA 2010, 260.

[358] *Richardi*, in: Richardi 2010, § 77 BetrVG, Rn. 66; *Beuthien*, ZfA 1984, 8.

[359] S. Kap. 9.3.

bestimmen, wenn für sie die Auswirkungen einer Änderung abschätzbar sind. Dem Personalrat wie auch dem Betriebsrat muss demnach immer eine hinreichende Entscheidungsgrundlage zur Verfügung stehen, um die ihm zustehenden Rechte wirkungsvoll zur Geltung bringen zu können.[360] Damit eine Abschätzung der Auswirkungen stattfinden kann, wird regelmäßig ein technisches Grundverständnis vonnöten sein. Dieses könnte dem Betriebs- oder Personalrat durch Sachverständige vermittelt werden.

11.3 Einwilligung

Soweit keine gesetzlichen oder sonstigen Regelungen zum Umgang mit personenbezogenen Daten bestehen, benötigt der Dienstherr oder Arbeitgeber vom Beschäftigten eine Einwilligung. Auf Landesebene ist die Möglichkeit einer Einwilligung in die Datenverarbeitung in allen Datenschutzgesetzen geregelt und gilt für sämtliche Feuerwehren im öffentlichen Bereich, mit Ausnahme der Berufsfeuerwehr der Bundeswehr.[361] Für diese und für die Betriebsfeuerwehren gilt jedoch die entsprechende Regelung gemäß § 4 Abs. 1 BDSG.

Die rechtliche Analyse der datenschutzrechtlichen Vorschriften hat deutliche Regelungslücken aufgezeigt. Die Feuerwehrgesetze der Länder regeln den Datenschutz nur partiell. Die Datenschutzgesetze der Länder weisen zwar eine höhere Regelungsdichte auf. Problematisch ist jedoch, dass sie, wie auch das Bundesdatenschutzgesetz, keine adäquaten Regelungsansätze für eine regelmäßige und automatisierte Datenverarbeitung durch Sensoren zur Verfügung stellen. Sie regeln zwar durchgängig den Umgang mit besonderen Arten personenbezogener Daten, werden jedoch nicht der Frage nach spezifischen Verwendungsregeln im Beschäftigungsverhältnis gerecht. Darüber hinaus fehlen konkrete Speicher- und Löschfristen, die sich auf die innere Organisation der verantwortlichen Stelle beziehen. Auch ist nicht geregelt, unter welchen Voraussetzungen Dritte Zugang zu den Daten haben dürfen.

Vorzuziehen ist, dass im Zuge der Etablierung der neuen Persönlichen Schutzausrüstungen spezielle gesetzliche Erhebungs- und Verwendungstatbestände erlassen werden.

---

[360] BVerwG, DÖV 2011, 204.

[361] S. die Landesregelungen: Art. 15 BayDSG (Bayern); § 4 Abs. 2-4 LDSG (Baden-Württemberg); § 6 Abs. 5 BlnDSG (Berlin); § 4 Abs. 2 und 3 BbgDSG (Brandenburg); § 3 Abs. 3 BremDSG (Bremen); § 5 Abs. 2 HmbgDSG (Hamburg); § 4 Abs. 3 NDSG (Niedersachsen); § 4 Abs. 1 DSG NRW (Nordrhein-Westfalen); § 7 Abs. 2 HDSG (Hessen), § 8 DSG M-V (Mecklenburg-Vorpommern), § 4 Abs. 2 Satz 2 NDSG (Niedersachen), § 5 Abs. 2 LDSG (Rheinland-Pfalz); § 4 Abs. 1 SDSG (Saarland), § 4 Abs. 3-5 SächsDSG (Sachsen), § 4 Abs. 2 DSG-LSA (Sachsen-Anhalt), § 12 LDSG (Schleswig-Holstein), § 4 Abs. 2 ThürDSG (Thüringen).

Diese könnten durch Betriebs- und Dienstvereinbarungen ergänzt werden, die auf die Besonderheiten des jeweiligen Betriebs und der öffentlich organisierten Feuerwehr Rücksicht nehmen. Solche Regelungen ermöglichen eine systematische Lösung für eine Vielzahl von Einzelfällen. Dies kann durch die Einwilligung, die das Verbot des Datenumgangs immer nur für den Individualfall aufhebt, nicht geleistet werden. Sie stellt immer nur eine Maßnahme zur Regelung eines Einzelfalles dar, ohne eine einheitliche Behandlung für eine Vielzahl gleichgelagerter Fälle zu garantieren. Zum momentanen Zeitpunkt ist daher die Vereinbarung betriebs- oder dienststellenbezogener Vereinbarungen die einzige Alternative, um ein hinreichendes Maß an Rechtssicherheit für die Betroffenen und Anwender zu gewährleisten. Wenigstens für die Erprobungsphase der Technik wird daher der Abschluss solcher Vereinbarungen vonnöten sein. Dennoch soll im Folgenden am Beispiel des Arbeitsverhältnisses auf einzelne besondere Probleme hingewiesen werden, die die Erteilung von datenschutzrechtlichen Einwilligungen im Beschäftigungsverhältnis aufwirft.

Im Beziehungsgeflecht zwischen Arbeitnehmer und Arbeitgeber bestehen datenschutzrechtliche Probleme, die sich unter anderem an der notwendigen Freiwilligkeit datenschutzrechtlicher Einwilligungen manifestieren. Freiwilligkeit liegt vor, wenn der Betroffene allein aufgrund seines autonomen Willens und nicht aufgrund, auch nur mittelbaren, Zwanges gehandelt hat. Zu beachten ist, dass der Arbeitnehmer aus seinem subjektiven Standpunkt heraus häufig alternativlos handelt, wenn er in die Erhebung und Verwendung personenbezogener Daten durch den Arbeitgeber einwilligt. Die wenigsten Arbeitnehmer werden die Aussicht auf eine Beschäftigung ablehnen, nur weil sie die Gefahr von illegalen Datenerhebungen fürchten, geschweige denn eine bestehende Beschäftigung lösen. Die individuelle Abwägung lässt die materielle Absicherung in aller Regel höherwertiger erscheinen als den Schutz der eigenen informationellen Selbstbestimmung.

Der dargestellte Problembereich könnte noch in die Sphäre persönlicher Wertentscheidung verortet werden, auch wenn man bereits hier ein gewisses strukturelles Defizit individueller Selbstbestimmung im Arbeitsverhältnis erkennen kann. Die Problematik verdichtet sich jedoch, wenn man Folgendes bedenkt. Gehört in noch nicht absehbarer Zukunft die Ausstattung der Schutzanzüge mit I&K-Technologie zur Standardausrüstung entsprechender Dienststellen, werden Einsatzkräfte, vorbehaltlich gesetzlicher Erlaubnistatbestände, in die Erhebung und Verwendung ihrer Daten einwilligen müssen. Der Beginn oder die Fortführung eines Beschäftigungsverhältnisses wird nicht erfolgen, wenn nicht die Voraussetzungen für die Nutzung der Arbeitsmittel gegeben sind. Unmittelbar dient die Einwilligung in diesem Kontext demnach dem Einsatz effektiverer und effizienterer Technik. Mittelbar führt die Ablehnung der Einwilligung zur Nicht-Beschäftigung. Die Konfrontation des Arbeitnehmers durch den Arbeitgeber mit dem Erfordernis einer Einwilligung stellt für diesen daher eine unausweichliche Situation dar.[362] Es kann somit zumindest nicht ausgeschlossen werden, dass die Betroffenen nur die Einwilligung in eine Datenverarbeitung erteilen, weil sie existenziell auf eine hiermit untrennbar gekoppelte Leistung angewiesen sind.

Im öffentlich-rechtlichen Bereich besteht die darüber hinausgehende Problematik, dass ein besonderes Rechtsverhältnis zwischen Beschäftigten und Dienstherrn besteht. Dieses Sonderrechts- oder Sonderstatusverhältnis beschreibt die besondere Pflichtenbeziehung zwischen dem Dienstherrn und dem Beamten. Aus ihm erwachsen besondere Rechte und Pflichten. Diese gesetzlich festgelegten Beziehungen können nicht einfach durch individuelle Einwilligungen verändert werden.

Es muss konstatiert werden, dass sich die Freiwilligkeit datenschutzrechtlicher Einwilligungen im Beschäftigtenverhältnis im Kontext der Erhebung von Umgebungs- und Vitaldaten durch die Persönliche Schutzausrüstung nicht abschließend beurteilen lässt. Nach derzeitiger Rechtslage ist die Erteilung einer Einwilligung grundsätzlich möglich. Die Erörterungen hierzu haben jedoch aufgezeigt, dass gerade in Beziehungen, in denen zwischen Betroffenen und verarbeitender Stelle ein erhebliches Machtgefälle besteht, die Wahrung der individuellen Selbstbestimmung in Gefahr ist.[363] Besonders die zu Lasten des Arbeitnehmers aufgebauten Drucksituationen berühren die Aspekte der Freiwilligkeit im Rahmen der Einwilligung in besonderem Maße.[364] Zur Behebung bestehender Regelungsdefizite in diesem Bereich sollte eine Neuregelung im Beschäftigtendatenschutz vorgesehen werden.

Hinsichtlich der zu erwartenden Rechtslage ist zu beachten, dass abweichend von § 4 Abs. 1 BDSG gemäß § 32l BDSG-E die Erteilung der Einwilligung für die Erhebung von Beschäftigtendaten durch den Arbeitgeber nur zulässig wäre, soweit dies in den Vorschriften des Unterabschnitts ausdrücklich vorgesehen ist. Für die Erhebung von Positionsdaten sieht § 32h BDSG-E dieses ausdrücklich vor. Für die Erhebung von Vitaldaten könnte § 32c Abs. 1 Satz 3 BDSG-E in Verbindung mit § 32 Abs. 6 BDSG-E fruchtbar gemacht werden. Hiernach darf der Arbeitgeber mit Einwilligung des Be-

---

[362] V. *Zezschwitz*, in: Roßnagel 2003, Kap. 3.1, Rn. 59; *Franzen*, RdA 2010, 259.
[363] *Roßnagel*, in: Roßnagel 2003, Kap. 1, Rn. 34.
[364] *Wedde*, in: Roßnagel 2003, Kap. 6.3, Rn. 23.

schäftigten auch bei sonstigen Dritten personenbezogene Daten des Beschäftigten erheben. Dieser Erlaubnistatbestand greift für die Erhebung von Vitaldaten durch Persönliche Schutzausrüstung jedoch nicht ein, da im letzteren Fall eine Direkterhebung beim Betroffenen stattfindet und keine Erhebung bei einem Dritten. Hier spricht jedoch viel dafür, in einem Erst-Recht-Schluss auch die Einwilligung in die Direkterhebung zu erlauben.

12 Zulässigkeit der Speicherung

Eine Speicherung der Belastungsdaten der Einsatzkräfte auf dem Endgerät des Einsatzleiters ist zur Nutzung der Daten für das Einsatzmonitoring und die Einsatzkoordination unvermeidlich. Fraglich ist jedoch, ob eine weitergehende Speicherung auf anderen Geräten oder über den Zeitraum des Einsatzes hinaus zulässig ist. Es gibt verschiedene Szenarien, in denen eine sofortige Löschung der erhobenen Vital- und Umgebungsdaten nicht gewünscht ist. Diese Daten sollen beispielsweise für Einsatznachbesprechungen vorliegen und der Beweissicherung dienen. Von Seiten des Arbeitgebers wird möglicherweise auch eine Speicherung der Daten und ihre Auswertung in der Personalakte gewünscht. Die Speicherung von Daten ist gemäß § 3 Abs. 4 Nr. 1 BDSG das Erfassen, Aufnehmen oder Aufbewahren personenbezogener Daten auf einem Datenträger zum Zwecke ihrer weiteren Verarbeitung oder Nutzung.

12.1 Speicherung zur Unterstützung des Einsatzes

Gemäß § 32 BDSG und den landesrechtlichen Regelungen zum Beschäftigtendatenschutz dürfen personenbezogene Daten eines Beschäftigten nur für Zwecke des Beschäftigungsverhältnisses erhoben, verarbeitet oder genutzt werden, wenn dies für die Entscheidung über die Begründung eines Beschäftigungsverhältnisses oder nach Begründung des Beschäftigungsverhältnisses für dessen Durchführung oder Beendigung erforderlich ist. Fraglich ist, wann die Datenverarbeitung für das Beschäftigungsverhältnis erforderlich ist. Erforderlich ist der Datenumgang nur dann, wenn die Aufgabenerfüllung ohne ihn nicht, nicht vollständig oder in nicht rechtmäßiger Weise stattfinden kann.[365]

Bei der Prüfung der Erforderlichkeit darf nicht pauschal auf das abgestellt werden, was für die Mehrzahl der Fälle üblich ist. Vielmehr ist die Bestimmung der Erforderlichkeit

---

[365] *Dammann*, in: Simitis 2011, § 14 BDSG, Rn. 15.

an der jeweiligen materiellen Aufgabe zu orientieren.[366] Für den Bereich der Gefahren-abwehr heißt dies, dass beim Monitoring der Vital- und Umgebungsparameter der Ein-satzkräfte die Speicherung zumindest solange notwendig ist, wie eine Gefahr für die Einsatzkraft und für die zu schützenden Rechtsgüter besteht. In zeitlicher Hinsicht ist die Datenspeicherung demnach so lange zulässig, wie die Aufgabe der Gefahrenabwehr ausgeführt wird.[367]

Damit ergibt sich hier sowohl für öffentliche Stellen als auch für nicht-öffentliche Stel-len die gleiche Anforderung. Ist beispielsweise festgelegt, dass die Daten nur zum Zweck der Einsatzdurchführung genutzt werden dürfen, so sind die Daten nach Beendi-gung des Einsatzes zu löschen oder zu anonymisieren, zumindest jedoch nicht länger personenbezogen zu speichern. Die Speicherung der Daten zu weiteren Zwecken ist durchaus möglich, bedarf aber gesonderter Rechtfertigungen. Sollen die Daten zum Bei-spiel dem Zweck der Nachbesprechung dienen, kann dies mit der Qualitätssicherung gerechtfertigt werden, die auch der Durchführung des Beschäftigungsverhältnisses dient. Dieser Zweck muss allerdings schon vor der Erhebung klar zum Ausdruck ge-bracht werden, damit die Betroffenen sich darauf einstellen können. Der betroffenen Einsatzkraft muss zu jedem Zeitpunkt klar sein, was mit den erhobenen Daten geschieht und wozu sie gespeichert werden. Hier ist es auch wichtig, nur die Daten zu speichern, die auch tatsächlich für die Nachbesprechung erforderlich sind. Die Erforderlichkeit erstreckt sich somit auf die Art und Umfang der Daten, ihren Personenbezug und den Zeitraum der Speicherung. Entfällt der Zweck, für den die Daten gespeichert wurden, sind sie unverzüglich zu löschen.

Weitere naheliegende Nutzungsmöglichkeit der beim Monitoring erhobenen Umge-bungs- und Vitaldaten sind die Speicherung in der Personalakte der Beschäftigen und die Aufbewahrung der Daten für den Zweck der Beweissicherung. Dieser Zweck ist je nachdem, ob dies für einen straf- oder zivilrechtlichen Prozess erfolgen soll und wel-chen Tatsachen es im Detail zu beweisen gilt, unterschiedlich zu bewerten.

12.2 Speicherung in der Personalakte

Die gesetzliche Definition der Personalakte findet sich im Beamtenrecht in § 106 Bun-desbeamtengesetz (BBG). Danach gehören zur Personalakte alle Unterlagen, die die Beamtin oder den Beamten betreffen, soweit sie mit ihrem oder seinem Dienstverhältnis

---

[366] *Dammann*, in: Simitis 2011, § 14 BDSG, Rn. 15.
[367] *Dammann*, in: Simitis 2011, § 14 BDSG, Rn. 19.

in einem unmittelbaren inneren Zusammenhang stehen (Personalaktendaten). Eine Personalakte ist für jeden Beamten zu führen und sie dient in erster Linie der Personalplanung und -wirtschaft, indem sie einen möglichst vollständigen Überblick über die Entwicklung des Dienstverhältnisses ermöglicht.

Die Daten innerhalb der Personalakte sind vertraulich zu behandeln und durch technische und organisatorische Maßnahmen vor unbefugter Einsichtnahme zu schützen. Es muss bei der Führung der Akte der Persönlichkeitsschutz eines jeden Beamten geachtet und das Recht auf informationelle Selbstbestimmung gewährleistet werden.[368]

Auf Landesebene regeln die einzelnen Landesbeamtengesetze das Personalaktenrecht in besonderen Vorschriften.[369] Hierbei gibt es keine Unterschiede zwischen den Landesvorschriften, die für das Monitoring von Vitaldaten der Einsatzkräfte von Bedeutung wären. Exemplarisch verpflichtet in ähnlichem Wortlaut wie § 106 BBG beispielsweise das Landesbeamten-gesetz Hessen in § 107, über jeden Beamten eine Personalakte zu führen, diese auch vertraulich zu behandeln und vor unbefugter Einsicht zu schützen. Weiterhin beziehen sich alle Landesbeamtengesetze bezüglich des Inhalts der Personalakte auch auf alle Unterlagen, die mit dem Dienstverhältnis in einem unmittelbaren inneren Zusammenhang stehen.

Gemäß § 106 Abs. 3 Satz 1 BBG dürfen Personalaktendaten ohne Einwilligung des Beamten nur für Zwecke der Personalverwaltung oder Personalwirtschaft verwendet werden. Dies verwirklicht den *Grundsatz der Zweckbindung* der Personalaktendaten. Der Grundsatz der Erforderlichkeit wird für die Erhebung von personenbezogenen Daten durch § 106 Abs. 4 BBG konkretisiert. Danach darf der Dienstherr „personenbezogene Daten über Bewerberinnen, Bewerber, Beamtinnen und Beamte ... nur erheben, soweit dies zur Begründung, Durchführung, Beendigung oder Abwicklung des Dienstverhältnisses oder zur Durchführung organisatorischer, personeller oder sozialer Maßnahmen, insbesondere zu Zwecken der Personalplanung oder des Personaleinsatzes, erforderlich ist oder eine Rechtsvorschrift dies erlaubt".

---

[368] S. *Battis* 2009, § 106 BBG, Rn. 3.
[369] § 107 Abs. 4 HBG (Hessen); § 84 Abs. 1 LBG M-V (Mecklenburg-Vorpommern); § 90 Abs. 4 BG LSA (Sachsenanhalt); § 94 Abs. 1 LBG (Brandenburg); § 85 Abs. 1 HmbBG (Hamburg); § 85 Abs. 1 LBG (Schleswig-Holstein); § 102 Abs. 4 LBG (Rheinland-Pfalz); § 108 Abs. 4 SBG (Saarland); § 117 Abs. 4 SächsBG (Sachsen); § 84 Abs. 1 LBG (Berlin); § 84 Abs. 4 LBG NRW (Nordrhein-Westfalen); § 88 Abs. 1, S. 1 NBG (Niedersachsen); § 89 Abs. 4, S. 1 ThürBG (Thüringen); § 85 Abs. 1 BremBG (Bremen); § 83 LBG (Baden-Württemberg); Art. 102 S. 1 BayBG (Bayern).

Personalakten werden gleichermaßen auch für nicht verbeamtete Feuerwehrleute geführt. Im privatrechtlichen Arbeitsverhältnis findet sich jedoch keine Definition oder Vorschrift, die das Führen einer Personalakte vorschreibt. Jedoch hat ein Arbeitnehmer gemäß § 83 Abs. 1 BetrVG das Recht auf Einsicht in seine Personalakte. Hieraus kann geschlossen werden, dass das Führen einer Personalakte auch im Arbeitsverhältnis zur gängigen Praxis gehört. Da es dem Arbeitgeber freisteht, eine Personalakte zu führen, kann er auch frei entscheiden, ob ein Vermerk gemacht oder eine Unterlage angelegt und verwahrt wird.[370] Auch der Arbeitgeber darf dabei nicht die Persönlichkeitsrechte des Arbeitnehmers verletzen.

Grundsätzlich enthält eine Personalakte sowohl für Beamte als auch Arbeitnehmer alle den Beschäftigten betreffenden tatsächlichen Angaben und Schriftstücke. Das sind unter anderem die Bewerbungsunterlagen, Arbeitsbescheinigungen, Personalfragebogen, Arbeitsvertrag mit Anstellungsschreiben sowie sämtliche Aufzeichnungen, die im Laufe des Arbeitsverhältnisses angefertigt wurden, wie zum Beispiel Krankheitszeiten, Atteste, Lohn- und Gehaltsbescheide.[371] Zu den Personalakten gehören ferner sämtliche während des Arbeitsverhältnisses angefallenen Beurteilungen, Bewertungen und Zeugnisse des Arbeitnehmers. Sie beruhen auf dem Recht des Arbeitgebers, Eignung, Befähigung und fachliche Leistung seiner Arbeitnehmer zu beurteilen und die Beurteilung in den Personalakten festzuhalten.[372]

Inhalt der Personalakte können auch ärztliche Unterlagen zu Erkrankungen und zur Krankenhausgeschichte sein, soweit sie für die Ausführung der geforderten Tätigkeit relevant sind.[373] Nicht Gegenstand der Personalakten sind diejenigen Teile ärztlicher Gutachten und der Unterlagen der Betriebsärzte, die gemäß § 8 Abs. 1 Satz 2 ASiG der ärztlichen Schweigepflicht unterliegen und sich nicht in der Hand des Arbeitgebers befinden.[374] Soweit sGesundheitsdaten in die Personalakte aufgenommen werden dürfen, hat der Beschäftigte Anspruch darauf, dass dies nur unter Berücksichtigung seiner Interessen geschieht.[375]

In Fall der Daten aus Sensoren der neuen Persönlichen Schutzausrüstungen können sich die Interessen des Beschäftigten und des Dienstherrn oder Arbeitgebers diametral ge-

[370] *Reichold*, in: Richardi/Wlotzke/Wissmann/Oetker 2009, § 87, Rn. 3.
[371] *Reichold*, in: Richardi/Wlotzke/Wissmann/Oetker 2009, § 87, Rn. 3.
[372] BAG, DB 1979, 1703; Reichold, in: Richardi/Wlotzke/Wissmann/Oetker 2009, § 87, Rn. 3.
[373] BVerwG, ZBR 1962, 186.
[374] LAG Bremen, DB 1977, 1007; *Stück*, MDR 2008, 430; *Reichold*, in: Richardi/Wlotzke/Wissmann/Oetker 2009, § 87, Rn. 5.
[375] BAG, NJW 2007, 794

genüber stehen. Für die tägliche Arbeit ist es wichtig, dass eine Einsatzkraft den Belastungen des Einsatzes körperlich und geistig gewachsen ist, wie es auch die Feuerwehrgesetze, Unfallverhütungsvorschriften und Feuerwehr-Dienstvorschriften für die Feuerwehreinsatzkraft vorschrei-ben. Für den Dienstherrn oder Arbeitgeber hängt hiervon, neben der Gesundheit des Arbeitnehmers, zusätzlich eine gute Erfüllung seiner Aufgaben der Gefahrenabwehr ab. Demnach haben diese in vielen Fällen ein gesteigertes Interesse an der ausreichenden Belastbarkeit ihrer Beschäftigten. Der Speicherung dieser Daten steht allerdings das Recht auf informationelle Selbstbestimmung entgegen.

In den meisten Fällen ist eine Weitergabe von Sensordaten an die Personalabteilung zur Speicherung in der Personalakte nicht im Interesse der Einsatzkraft, da ihm bei Kenntnis des Dienststellenleiters oder des Arbeitgebers möglicherweise Nachteile entstehen könnten. Die Daten, die bei dem Monitoring erhoben wurden, können zumindest in Maßen Schlussfolgerungen auf den Gesundheitszustand zulassen. Ist eine Einsatzkraft wiederholt aufgrund schlechter Blutdruckwerte im Einsatz aufgefallen, lässt sich daraus zum Beispiel ableiten, dass sie möglicherweise gesundheitliche Probleme hat, die sie von weiteren Einsatztätigkeiten abhalten und möglicherweise eine Versetzung aus dem Einsatzdienst zu Folge haben könnte. Dies könnte aber auch eine zeitlich begrenzte Schwächephase sein, die noch keine Versetzung in den Innendienst rechtfertigt. Bei einer nicht regelmäßigen Überwachung wäre dies wahrscheinlich nicht bekannt geworden.

Die Erkenntnisse des Dienstellenleiters oder des Arbeitgebers aus den in der Personalakte gespeicherten Daten können für die Einsatzkraft sehr folgenreich sein. Bei einer Versetzung in den Innendienst ändert sich zwar nicht das Grundgehalt der Feuerwehrkraft, jedoch entfallen die Gefahrenzulage für Feuerwehreinsatzkräfte sowie die Zulage für den Schichtdienst. Damit kann sich nach einer Versetzung ein niedrigeres Gesamtgehalt ergeben. Außerdem gilt für Beamte und damit auch für Feuerwehrleute, die einen besonders schweren Dienst verrichten müssen, ein früheres Renteneintrittsalter mit nur 60 Jahren. Auch dieser Vorteil würde für die betroffene Einsatzkraft entfallen, wenn sie nicht mindestens schon 22 Dienstjahre im aktiven Dienst der Feuerwehr verbracht hat.

Des Weiteren können solche Daten zu Missverständnissen oder Fehlschlüssen verleiten. Gelegentlich auftretende schlechte Vitalwerte müssen noch nicht bedeuten, dass die Einsatzkraft ihre dauerhafte Eignungsfähigkeit für zukünftige Einsätze verloren hat. Diese Schlussfolgerung könnte jedoch der Arbeitgeber oder Dienstherr aufgrund der gewonnenen Einzelvitalparameter ziehen, wenn sie in der Personalakte für ihn einsehbar gespeichert würden. Der Aussagegehalt einer solchen Interpretation der durch das

Monitoring erfassten Einzeldaten erscheint allerdings ohne ein medizinisches Gutachten als äußerst fragwürdig.

Das entscheidende Kriterium für eine dienstrechtliche Beurteilung des Dienstherrn oder Arbeitgebers ist die Information, ob die Einsatzkraft tauglich ist. Diese kann in Bezug auf die körperliche Belastungsfähigkeit zuverlässig nur von einem Arzt festgestellt werden. Damit Fehl- oder Überinterpretationen nicht zulasten des Beschäftigten ausfallen, darf auch nur das Ergebnis einer Belastbarkeitsuntersuchung in der Personalakte erfasst werden. Es dürfen aber keine einzelnen Gesundheitsdaten gespeichert werden. Wer als Einsatzkraft bei einer der vorgeschriebenen arbeitsmedizinischen Kontrollen untersucht wird, erklärt in aller Regel sein Einverständnis mit der Weitergabe des Gesamtergebnisses durch den Betriebsarzt an seinen Dienstherrn oder Arbeitgeber. Das Einverständnis gilt jedoch nicht für den bei der Untersuchung erkannten Befund oder gar für die einzelnen Untersuchungswerte. Der Personalabteilung darf allein mitgeteilt werden, ob aufgrund einer medizinischen Untersuchung hinsichtlich der Weiterbeschäftigung des Arbeitnehmers gesundheitliche Bedenken bestehen oder nicht.[376] Eine diesbezügliche Regelung wird auch durch die Novelle des Beschäftigtendatenschutzes Einzug in die Datenschutzgesetze finden.[377]

Diese Aussage unterstützt auch ein Beschluss des OVG Hamburg, das zwar bestätigt, dass ein Gutachten des Personalärztlichen Dienstes, das zur Frage der Dienst- und Verwendungsfähigkeit eines Beamten erstellt worden ist, in einem unmittelbaren Zusammenhang mit dem Dienstverhältnis steht und der Beamte keinen Anspruch auf Entfernung aus der Personalakte hat. Ein normales medizinisches Gutachten helfe dem Arbeitgeber, die Dienstfähigkeit der Einsatzkraft einzuschätzen.[378] Gleichzeitig wurde aber angemerkt, dass ein Gutachten auch einer Darstellung der Begründung für das medizinische Urteil bedarf, wozu auch die medizinische Diagnose und gegebenenfalls knappe Herleitungen gehören. Nicht hierzu zählen allerdings die zur Vorbereitung der medizinischen Diagnose erfolgten Erhebungen und Untersuchungen.[379]

Die im Rahmen des Monitoring von Einsatzkräften erhobenen Vitaldaten sind mit den zur Vorbereitung einer Diagnose erfolgten Erhebungen und Untersuchungen gleichzu-

---

[376] *Schlund*, in: Laufs/Kern 2010, § 70, Rn. 6.
[377] § 32a Abs. 1 BDSG-E, s. dazu auch Kap. 11.1.3.2.
[378] S. OVG Hamburg, IÖD 2007, 110 mit der Begründung, dass ein Gutachten unerlässlich ist, da nur bei Kenntnis von der Art der Erkrankung, ihrer Schwere, Dauer und Heilungsfähigkeit über die Dienstfähigkeit des Beamten eine fundierte und nachvollziehbare Entscheidung getroffen werden kann. So auch Urteil des BVerwG, ZBR 1962, 168.
[379] OVG Hamburg, IÖD 2007, 110, Rn. 6.

setzen. Sie sind eine Ansammlung von Daten, aus denen erst ein erfahrener Arzt im Rahmen einer medizinischen Untersuchung einen Befund ableiten kann. Demnach ist eine Speicherung der Vitaldaten in der Personalakte nicht zulässig. Problematisch ist hier, dass der Einsatzleiter nicht nur in einem Vertrauensverhältnis zu der Einsatzkraft steht, sondern auch, im Gegensatz beispielsweise zu einem unabhängigen Arzt, seinem Arbeitgeber oder Dienstherrn verpflichtet ist. Dieser Konfliktsituation muss eine Dienst- oder Betriebsvereinbarung gerecht werden und Regelungen enthalten, wann der Einsatzleiter eine ärztliche Untersuchung der Einsatzkraft veranlassen kann und muss.

12.3 Speicherung zur Beweissicherung

Fraglich ist, wie weit die Speicherung der erhobenen Sensordaten zu Beweiszwecken für spätere Verwaltungs- oder Gerichtsverfahren zulässig wäre. Das Bundesverfassungsgericht urteilte zu Art. 19 Abs. 4 GG, dass die Möglichkeit zu „eine(r) grundsätzlich umfassende(n) tatsächliche(n) und rechtliche(n) Prüfung des Streitgegenstandes" gegeben sein müsse.[380] Grundsätzlich dient die Beweissicherung damit dem effektiven Rechtsschutz und ist verfassungsrechtlich in Art. 19 Abs. 4 GG verankert.

Aus Feuerwehreinsätzen können sich viele potenzielle Streitgegenstände ergeben, für die Daten aus dem Monitoring der Einsatzkräfte als Beweismittel dienen können. Aufgrund der gefahrgeneigten Tätigkeit der Einsatzkräfte stehen in zivilrechtlicher Hinsicht Schadensersatzansprüche für Schäden an Personen und Sachen in Frage. Es wäre zum Beispiel denkbar, dass Dritte Amtshaftungsansprüche gemäß § 839 BGB in Verbindung mit Art. 34 GG gegenüber der Anstellungskörperschaft geltend machen. Diese Ansprüche entstehen infolge eines rechtswidrigen und schuldhaften Verhaltens eines Beamten oder eines sonstigen Bediensteten. Ist beispielsweise im Rahmen eines Einsatzes ein Schaden durch eine schuldhafte Handlung einer Einsatzkraft an einer Sache entstanden, so kann sich hieraus ein Schadensersatzanspruch des Geschädigten ergeben. Auch in den Feuerwehrgesetzen der Länder sind spezielle Entschädigungsansprüche normiert. Beispielhaft kann Art. 27 Abs. 1 BayFWG angeführt werden. Hiernach ist Entschädigung in Geld zu gewähren, wenn jemand „aufgrund von Maßnahmen einer gemeindlichen Feuerwehr oder einer Werkfeuerwehr ... einen nicht zumutbaren Schaden" erleidet.

---

[380] BVerfGE 85, 337 (345); s. auch BVerfGE 54, 277 (291); 80, 103 (107); 85, 337 (345); 88 118 (123f.); *Schulze-Fielitz*, in: Dreier 2006, Art. 20 GG, Rn. 211.

Auch die Feststellung der Begründetheit von Regressansprüchen des Arbeitgebers gegenüber seinen Beschäftigten wäre möglich. Im Wege des innerbetrieblichen Schadensausgleichs hat grundsätzlich der Arbeitgeber die Schäden zu tragen, die durch seine Arbeitnehmer durch die Ausführung betrieblicher Verrichtungen entstehen.[381] Insbesondere bei grob fahrlässigem oder vorsätzlichem Verhalten bestehen jedoch Regressansprüche des Arbeitgebers gegenüber dem Arbeitnehmer. Kann beispielsweise durch die beim Monitoring gewonnenen Daten nachgewiesen werden, dass der Arbeitnehmer die im Verkehr übliche Sorgfalt in besonderem Maße verletzt hat, so würden die Daten beweisrechtliche Relevanz erlangen. Auch der Beweis von Straftatbeständen durch die Daten ist prinzipiell denkbar. In Betracht kommen vor allem Straftatbestände nach §§ 223, 229 und 323c StGB.

Somit kann festgehalten werden, dass die Sensordaten geeignete Beweismittel sein können. Mit den Daten Beweis in einem gerichtlichen Prozess zu führen, müsste jedoch auch datenschutzrechtlich zulässig sein. Die Datenschutzgesetze der Länder normieren Erlaubnistatbestände zum Speichern personenbezogener Daten, welche für die öffentlich-rechtlich organisierten Berufsfeuerwehren, freiwilligen Feuerwehren und Pflichtfeuerwehren von Bedeutung sind. So findet sich in den meisten Datenschutzgesetzen, wie § 20 Abs. 2 Nr. 8 ThürDSG, § 13 Abs. 2 g) BbgDSG oder § 15 Abs. 2 Nr. 5 LDSG BW, der Tatbestand der Speicherung zur „Abwehr einer schwer wiegenden Beeinträchtigung der Rechte einer anderen Person". Diese Regelungen gelten aber nur gegenüber Dritten. Sie gelten weder im Beschäftigungsverhältnis noch bieten sie eine Grundlage für den Dienstherrn oder Arbeitgeber, sich durch die Datensammlung gegenüber Ansprüchen Dritter zu schützen. Das gleiche gilt für den Erlaubnistatbestand des § 28 Abs. 6 Nr. 3 BDSG.

Im Beschäftigungsverhältnis gilt § 32 BDSG. Aus Abs. 1 Satz 2 ergibt sich, dass zur „Aufdeckung von Straftaten personenbezogene Daten eines Beschäftigten nur dann erhoben, verarbeitet oder genutzt werden (dürfen), wenn zu dokumentierende tatsächliche Anhaltspunkte den Verdacht begründen, dass der Betroffene im Beschäftigungsverhältnis eine Straftat begangen hat, die Erhebung, Verarbeitung oder Nutzung zur Aufdeckung erforderlich ist und das schutzwürdige Interesse des Beschäftigten an dem Ausschluss der Erhebung, Verarbeitung oder Nutzung nicht überwiegt, insbesondere Art und Ausmaß im Hinblick auf den Anlass nicht unverhältnismäßig sind."

---

[381] BGHZE 108, 305 (311).

Dieser strenge Maßstab für die Datenspeicherung für die Strafverfolgung muss erst recht bei zivilrechtlichen Ansprüchen gelten. Das bedeutet, dass zunächst der Verdacht eines Verhaltens festgestellt werden muss, das einen Schadensersatztatbestand erfüllen könnte, bevor die Speicherung der Daten für Beweiszwecke zulässig ist. Dieses impliziert die Bejahung eines hinreichenden Tatverdachts.[382] Anschließend hat eine am Verhältnismäßigkeitsprinzip ausgerichtete Interessensabwägung stattzufinden. Zu beachten ist, dass schutzwürdige Interessen des Betroffenen nicht überwiegen dürfen. Es darf demnach kein Grund zu der Annahme bestehen, dass Belange der Einsatzkräfte gegenüber dem Beweisinteresse potenzieller Anspruchsinhaber vorgehen. Es erscheint möglich, dass im Einzelfall so viele Informationen aus den Umgebungs- und Vitaldaten gezogen werden können, dass sie die Offenlegung wegen geringer Sachwerte nicht zu rechtfertigen vermögen. Auf der anderen Seite können auch für den Einzelnen oder der Gemeinschaft so wichtige materielle Interessen betroffen sein, dass die informationelle Selbstbestimmung zurückstehen muss – zumal es nicht um die Persönlichkeitsentfaltung in sozialen Raum, sondern nur um das dienstliche Verhalten einer Einsatzkraft geht. Für eine endgültige Bewertung der Interessen kommt es auf den konkreten Einzelfall an. Es ist zu beachten, dass die Feststellung der Voraussetzungen für die Speicherung zu Beweiszwecken erst nach der Erhebung der Daten stattfinden kann. Der Zweck der Speicherung zu Beweiszwecken ist durch geeignete Schutzvorkehrungen abzusichern. Diese Daten dürfen nicht für andere Zwecke genutzt werden können.

12.4 Zu erwartende Rechtslage

Gemäß § 32g Abs. 1 BDSG-E wäre die Speicherung der Sensordaten unter den dargestellten Voraussetzungen ebenfalls zulässig. Die Speicherung von Vitaldaten gemäß § 32h BDSG-E ist aus denselben Gründen unzulässig wie die Erhebung. Zu beachten ist jedoch, dass gemäß 32d BDSG-E die Verarbeitung und Nutzung von Vitaldaten soweit zulässig wäre, wie sie nach § 32c BDSG-E zulässiger Weise erhoben worden sind. Die bei § 32c BDSG-E dargestellten Voraussetzungen wären demnach auch für die Speicherung zu beachten.[383] Hinsichtlich der Möglichkeit zur Erteilung der Einwilligung ist zu beachten, dass § 32d BDSG-E die Erteilung einer Einwilligung zum Zweck der Verarbeitung oder Nutzung nicht vorsieht. Eine Einwilligung zum Zweck der Speicherung wäre insofern gemäß § 32l Abs. 1 BDSG-E unzulässig.

---

[382] *Gola/Schomerus* 2010, § 32 BDSG, Rn. 27.
[383]   S. zu den Voraussetzungen Kap. 11.1.3.2.

Hinsichtlich der Speicherung zu Beweiszwecken wäre künftig § 32d Abs. 3 BDSG-E zu beachten. Hiernach darf der Arbeitgeber zur Aufdeckung von Straftaten oder anderen schwerwiegenden Pflichtverletzungen durch Beschäftigte im Beschäftigungsverhältnis, insbesondere zur Aufdeckung von Straftaten nach den §§ 266, 299, 331 bis 334 des Strafgesetzbuchs, einen automatisierten Abgleich von Beschäftigtendaten in anonymisierter oder pseudonymisierter Form mit von ihm geführten Dateien durchführen. Ergibt sich ein Verdachtsfall, dürfen die Daten personalisiert werden. Der Arbeitgeber hat die näheren Umstände, die ihn zu einem Abgleich nach Satz 1 veranlassen, zu dokumentieren. Die Beschäftigten sind über Inhalt, Umfang und Zweck des automatisierten Abgleichs zu unterrichten, sobald der Zweck durch die Unterrichtung nicht mehr gefährdet wird."

Für den Einsatz der Persönlichen Schutzausrüstung mit integrierten Sensoren bedeutet dies, dass die Verarbeitung und Nutzung der Sensordaten sowohl zum Zweck der Beweisführung im Strafverfahren als auch im zivilrechtlichen Verfahren möglich wären. Nicht jede Straftat ist jedoch von § 32d Abs. 3 BDSG-E erfasst, sondern nur solche von besonderem Gewicht. In Bezug auf die zivilrechtlichen Ansprüche ist zu beachten, dass nur der Nachweis schwerwiegender Pflichtverletzungen ein legitimer Zweck ist. Laut der Gesetzesbegründung sind hiervon auch Ordnungswidrigkeiten erfasst, soweit diese von einer Erheblichkeit sind, die den genannten Regelbeispielen nahekommen.[384]

13   Zulässigkeit der Übermittlung an Dritte

Die Übermittlung von Daten ist gemäß § 3 Abs. 4 Nr. 3 BDSG das Bekanntgeben gespeicherter oder durch Datenverarbeitung gewonnener personenbezogener Daten an einen Dritten in der Weise, dass die Daten an den Dritten weitergegeben werden oder der Dritte zur Einsicht oder zum Abruf bereitgehaltene Daten einsieht oder abruft.

Werden Gesundheitsdaten übermittelt, hängt es für die Beurteilung der Zulässigkeit dieser Übermittlung immer auch davon ab, an wen die Informationen übermittelt werden sollen. Im Folgenden wird geprüft, welche Grundsätze einer Übermittlung entgegenstehen könnten und unter welchen Voraussetzungen und an welche Personengruppen eine Übermittlung zulässig ist.

---

[384] BT-Drs. 17/4230, 21.

Bezüglich des Monitorings von Einsatzkräften und den dabei erhobenen Vitaldaten kommen eine Übermittlung an einen Arzt unter anderem zur weiteren Auswertung der Daten oder eine Übermittlung an die Polizei oder Staatsanwaltschaft in Betracht. Einer Übermittlung könnte allerdings grundsätzlich der Schutz von Geheimnissen, zum Beispiel im Rahmen einer Schweigepflicht, entgegenstehen.

Für die Einsatzleiter ist zu prüfen, ob sie einer besonderen Pflicht zur Geheimhaltung unterliegen. Da er vergleichbare Daten erhebt und zur Kenntnis nimmt wie ein Arzt bei einer Kontrolluntersuchung, stellt sich die Frage, ob auf ihn die Schweigepflicht nach § 203 StGB zur Anwendung kommen könnte. Nach dieser Vorschrift wird bestraft, wer „unbefugt ein fremdes Geheimnis, namentlich ein zum persönlichen Lebensbereich gehörendes Geheimnis oder ein Betriebs- oder Geschäftsgeheimnis, offenbart, das ihm als Arzt, … anvertraut worden oder sonst bekannt geworden ist".[385] Die Schweigepflicht umfasst somit Tatsachen, die dem Arzt im Rahmen seiner beruflichen Tätigkeit bekannt geworden sind.[386]

Die ärztliche Schweigepflicht soll die Vertrauensbeziehung zwischen dem Arzt und seinem Patienten schützen, ohne die sich der Patient nicht in eine ärztliche Behandlung begeben könnte. Ihrem Umfang nach gilt die Schweigepflicht gegenüber jedermann außerhalb des Arzt-Patienten-Verhältnisses. Dazu zählt auch der Arbeitgeber der Einsatzkraft, ein anderer Arzt und abhängig von gesetzlichen Regelungen auch die Polizei, Staatsanwaltschaft und das Gericht.[387]

Grundsätzlich werden beim Vitaldatenmonitoring ähnliche Daten erhoben, wie sie auch in einer der von den Berufsgenossenschaften vorgeschriebenen Vorsorgeuntersuchungen erhoben werden könnten. Im Gegensatz zu diesen Untersuchungen werden die Daten jedoch nur erhoben, um daraus Schlüsse anhand von Grenzwerten über die Belastung und aktuelle Einsatzfähigkeit zu ziehen. Es findet keine Diagnose oder Untersuchung im eigentlichen Sinne statt. Die Entscheidung, ob eine Einsatzkraft aus dem Einsatz zurückgezogen werden muss, wird von den zuständigen Einsatzleitern getroffen. Ein Arzt ist weder notwendig noch beteiligt. Die Einsatzleitung kann aber nicht zum Personenkreis, der die Schweigepflicht einhalten muss, gezählt werden.[388] Zwar

---

[385] Neben den Strafrechtlichen Vorschriften sieht § 53 Abs. 1 Satz 1 StPO und § 383 ZPO für den Arzt außerdem ein Zeugnisverweigerungsrecht vor. § 97 StPO enthält zudem ein Beschlagnameverbot bezüglich der Krankenunterlagen; s. dazu auch *Quaas/Zuck* 2008, § 12, Rn. 62.

[386] *Wollersheim*, in: Terbille 2009, Rn. 120-142 (121).

[387] *Quaas/Zuck*, in: Quaas/Zuck 2008, § 12, Rn. 65.

[388] *Ulsenheimer*, in: Laufs/Kern 2010, § 69, Rn. 1.

besteht auch zwischen der Einsatzkraft und der Einsatzleitung ein zu schützendes Vertrauensverhältnis. Eine Analogie ist aber bei Straftatbeständen nicht möglich.

Die einzigen Mitglieder der Einsatzleitung, die einer Schweigepflicht unterliegen könnten, sind solche, die zusätzlich zum Feuerwehrdienst eine Ausbildung zum Rettungssanitäter oder Rettungsassistenten absolviert haben. Der Rettungssanitäter fällt in seiner Berufsausübung unter den § 203 Abs. 1 Nr. 1 StGB und muss damit die Schweigepflicht einhalten. Problemtisch könnte allerdings sein, dass sie in dem Moment, in dem sie die Vitaldaten überwachen, nicht als Rettungssanitäter arbeiten, sondern im Rahmen ihrer Feuerwehrtätigkeit. Wenn schweigepflichtigen Personen außerhalb ihrer die Schweigepflicht begründenden Tätigkeit Geheimnisse anvertraut werden, sind sie nicht an diese Pflicht gebunden. Die Schweigepflicht wäre somit nur betroffen, wenn sich eine Situation ergäbe, in der der Einsatzleiter als Rettungssanitäter tätig werden müsste.

Die ärztliche Schweigepflicht gilt grundsätzlich daher nicht für das Monitoring von Vitaldaten. Allerdings erfährt die Einsatzleitung im Rahmen des Monitorings von Gesundheitsdaten, aus denen sich unterschiedlichste Rückschlüsse auf gesundheitliche Eigenschaften der Einsatzkraft ziehen lassen. Die Einsatzkraft hat jedoch ein berechtigtes Interesse, dass keine Detailinformationen ihrer Vitaldaten nach außen weitergegeben werden. Die erhobenen Daten, die dem Einsatzleiter im Rahmen seiner Tätigkeit bekannt geworden sind, könnten daher im öffentlich-rechtlichen Beschäftigungsverhältnis dem Amtsgeheimnis nach § 30 VwVfG unterliegen. Das Amtsgeheimnis gilt jedoch nur zugunsten der Beteiligten in einem Verwaltungsverfahren, nicht aber für die Beschäftigten im öffentlichen Dienst.

Zum Schutz gegenüber der Weitergabe an Dritte wirkt somit auch bei den Einsatzleitern nur das allgemeine Datengeheimnis nach § 5 BDSG und vergleichbaren Vorschriften der Landesdatenschutzgesetze. Danach ist allen, die mit personenbezogenen Daten arbeiten, untersagt, die personenbezogenen Daten unbefugt zu erheben, zu verarbeiten oder zu nutzen. Auf dieses Datengeheimnis sind die Einsatzleiter, die bei nicht-öffentlichen Stellen beschäftigt sind, ausdrücklich zu verpflichten. Dieses verbietet ihnen, Daten ohne ausdrückliche datenschutzrechtliche Erlaubnis zu übermitteln. Eine Befugnis zur Übermittlung der Daten kann sich entweder aus einer Rechtsvorschrift oder aber aus der Einwilligung des Betroffenen ergeben.

13.1 Übermittlung an einen Arzt

Die Erhebung von Vitaldaten ist keine Untersuchung, sondern erhebt lediglich Werte, die einer Untersuchung zugrunde gelegt werden können. Beim Einsatz der neuen Persönlichen Schutzausrüstung erfolgt diese Erhebung während eines Einsatzes. Wenn während mehrerer Einsätze bei einer Einsatzkraft gehäuft schlechte Vitalwerte festgestellt werden, kann möglicherweise eine ärztliche Untersuchung notwendig werden. Zur Auswertung der im Einsatz festgestellten Vitalwerte kann darum eine Übermittlung an einen Arzt notwendig werden. Dies wäre der Fall, wenn er gerade die Daten benötigt, die in einer extremen Belastungssituation wie dem Einsatz aufgetreten sind. Solche Situationen ergeben sich eventuell nur im Einsatz und können in einer Praxis nur schwer nachgestellt werden. In diesem Fall erfolgt die Übermittlung nicht nur, um die Einsatztauglichkeit zu überprüfen, sondern auch zur Sicherstellung der Gesundheit der Einsatzkraft. Eine solche Übermittlung muss den Ansprüchen aus dem Bundesdatenschutzgesetz genügen. Da keine Rechtsvorschrift besteht, die eine Übermittlung an den Arzt legitimiert, ist eine Übermittlung von der Einwilligung der Einsatzkraft abhängig. Die Daten dürfen jedoch zu keinen anderen Zweck als der medizinischen Untersuchung verwendet werden. Da es in diesem Fall um die eigene Gesundheit geht, wird eine Einwilligung der Einsatzkraft oftmals wahrscheinlich sein.

13.2 Übermittlung an öffentliche Stellen

Gesetzlich geregelt sind Auskunftspflichten, die die Übermittlung von Daten an öffentliche Stellen notwendig machen. Gemäß § 28 Abs. 8 Satz 2 BDSG ist eine Übermittlung von besonders schützenswerten Daten an die zuständige Stelle zulässig, wenn dies zur Abwehr von erheblichen Gefahren für die staatliche und öffentliche Sicherheit sowie zur Verfolgung von Straftaten von erheblicher Bedeutung erforderlich ist. Im Rahmen der Gefahrenabwehr könnte es sein, dass Einsatzkräfte der Polizei Interesse an den Daten über die Position von Feuerwehrleuten oder über Umgebungsbedingungen haben. Sollte eine schwere Straftat mit Hilfe dieser Daten aufgeklärt werden können, so ist die Übermittlung an die zuständige Polizeistelle oder Staatsanwaltschaft zulässig.

13.3 Zu erwartende Rechtslage

Gemäß § 32g Abs. 1 BDSG-E wäre auch die Übermittlung personenbezogener Daten unter den dargestellten Voraussetzungen zulässig. Die Übermittlung von Vitaldaten gemäß § 32h BDSG-E ist aus denselben Gründen unzulässig wie die Erhebung. Zu beachten ist jedoch, dass gemäß § 32d BDSG-E die Verarbeitung und Nutzung von Vitaldaten soweit zulässig wäre, wie sie nach §32c BDSG-E erhoben worden sind. Die bei § 32c BDSG-E dargestellten Voraussetzungen wären demnach auch für die Übermittlung zu beachten.[389] Hinsichtlich der Möglichkeit zur Erteilung der Einwilligung ist zu beachten, dass § 32d BDSG-E die Erteilung einer Einwilligung zum Zweck der Verarbeitung oder Nutzung nicht vorsieht. Eine Einwilligung zum Zweck der Übermittlung wäre insofern gemäß § 32l Abs. 1 BDSG-E unzulässig.

---

[389] S. zu den Voraussetzungen Kap. 11.1.3.2.

Teil IV   Gestaltungsvorschläge

Die Untersuchungen haben das Potenzial der neuen Persönlichen Schutzausrüstung mit integrierten Sensoren aufgezeigt, in ambivalenter Weise auf die Verwirklichungsbedingungen von Grundrechten einzuwirken. Durch das Monitoring sind tiefgehende Beeinträchtigungen des Rechts auf informationelle Selbstbestimmung möglich. Die Technologie bietet jedoch auch die Möglichkeit, die Erfolgschancen von Einsätzen im Bereich der Gefahrenabwehr in erheblicher Weise zu fördern und dabei gleichzeitig das Schadensrisiko für Rechtsgüter Dritter und der Einsatzkräfte zu senken. Betroffen sind vor allem die Rechtsgüter des Lebens und der körperlichen Unversehrtheit sowie das private und öffentliche Eigentum. Es wurden Umfang und Grenzen der Zulässigkeit des Umgangs personenbezogener Umgebungs- und Gesundheitsdaten durch automatisierte Datenverarbeitung in Feuerwehr-Schutzanzügen dargestellt. Hierbei wurde festgestellt, dass erhebliche datenschutzrechtliche Regelungslücken für den Einsatz der Anzüge bestehen.[390] Im dargestellten Rahmen hätte der Arbeitgeber dennoch das Recht, die Einsatzkräfte zum Tragen der mit I&K-Technik ausgestatteten Schutzanzüge anzuweisen.[391] Es ist davon auszugehen, dass die Etablierung der Technik aufgrund des immensen Nutzens nur noch eine Frage der Zeit ist. Der faktische Zwang, die Eingriffe als Bedingung zur Weiterbeschäftigung oder Neueinstellung erdulden zu müssen, begründet einen weitgehenden Schutzbedarf bei den Einsatzkräften.

Die untersuchten allgemeinen Regelungen zur Zulässigkeit der Datenverarbeitung betreffen die normalen Konflikte zwischen dem Interesse an der Erhebung, Verarbeitung und Nutzung personenbezogener Daten und dem Schutzinteresse des Betroffenen. Sie entsprechen jedoch nicht den komplexen Abwägungserfordernissen, die zur Erfüllen der grundrechtlichen Schutzaufträge und deren Abstimmung im Fall der neuen Schutzanzüge mit integrierter Sensorik vorgenommen werden müssen. In solchen Fällen hat das Bundesverfassungsgericht in vielen Entscheidungen zur Umsetzung des normativen Schutzprogramms für die informationelle Selbstbestimmung ergänzende Schutzvorkehrungen gefordert. Diese Schutzvorkehrungen sollen in der Umsetzung der grundsätzlich erlaubten Datenverarbeitung Risiken für die informationelle Selbstbestimmung reduzieren und die Grundlagen für ihre Ausübung herstellen, die in den allgemeinen Zulassungsregeln des Datenschutzrechts nicht enthalten sind.

Der Dienstherr und der Arbeitgeber haben für den Einsatz der neuen Schutzanzüge daher ausgewogene Reglungen zu treffen, die den Rechten der Betroffenen gerecht wer-

---

[390] S. z.B. zu den Feuerwehrgesetzen Kap. 11.1.1, zu den Landesdatenschutzgesetzen Kap. 11.1.2 und zum Entwurf einer BDSG-Novelle Kap. 11.1.3.2.
[391] Kap. 9.

den.[392] Diesem Zweck entsprechend werden nachfolgend Gestaltungsvorschläge hinsichtlich der technischen Gestaltung des Datenverarbeitungs-Systems der Persönlichen Schutzausrüstungen und der organisatorischen Gestaltung des Umgangs mit den personenbezogenen Daten formuliert. Auch werden Regulierungshinweise gegeben, die besondere Probleme des Umgangs mit besonders schutzwürdigen Daten berücksichtigen. Es ist ein verhältnismäßiger Ausgleich der betroffenen Grundrechte in der Weise zu finden, dass sie in der praktischen Nutzung der Schutzanzüge so einander zugeordnet sind, dass jedes Grundrecht in dem jeweils weitestgehenden Umfang verwirklicht wird. Auch müssen die Datenschutzprinzipien Berücksichtigung finden.[393] Dieses setzt konzeptionelle Gestaltungen der Technik und ihrer Nutzung voraus, die die Erfüllung des Schutzauftrags der Feuerwehr, Gesundheitsschutz der Einsatzkräfte und Gewährleistung ihrer informationellen Selbstbestimmung zusammen möglichst weitgehend ermöglichen. Hinweise, welches Elemente solcher Lösungen sein könnten, werden im Folgenden vorgestellt.

14   Technische und Organisatorische Gestaltungsvorschläge

Im Folgenden werden technische Gestaltungsvorschläge vorgestellt, um die schutzwürdigen Interessen der Betroffenen zu wahren. Die Schutzvorkehrungen orientieren sich an den dargestellten datenschutzrechtlichen Prinzipien, die das grundsätzliche Schutzprogramm im Datenschutzrecht darstellen.[394]

14.1 Vorschläge zur Datenerhebung

14.1.1   Zweckfestlegung und Zweckbindung

Für den Schutz der informationellen Selbstbestimmung zentral ist die Festlegung der zulässigen Zwecke und die Bindung der Erhebung, Verarbeitung und Nutzung der personenbezogenen Daten an diese Zwecke.[395] Für den Einsatz der Persönlichen Schutzausrüstung mit integrierten Sensoren hat diese Vorgaben die folgende Bedeutung.

Zulässiger Zweck für die Datenerhebung ist die Feststellung der aktuellen Belastung der Einsatzkräfte im konkreten Einsatz. Die Gesundheitsdaten dienen auf individueller Ebene der Beurteilung der weiteren Einsatzfähigkeit der jeweiligen Einsatzkraft. Die Um-

---

[392] S. hierzu Kap. 4.5.
[393] Kap. 10.
[394] S. zu den Prinzipien Kap. 10.
[395] Zur grundsätzliche Bedeutung s. Kap. 10.1.

gebungsdaten ermöglichen die Erfassung der aktuellen Belastung und der potenziellen Risiken. Auf kollektiver Ebene vermitteln die Positionsdaten Möglichkeiten zur Koordination zwischen den einzelnen taktischen Gliederungen der Kräfte. Diese Daten sind nur für den Einsatzzweck erforderlich und nach dem Einsatz zu löschen.

Die Zweckbindung kann technisch dadurch sichergestellt werden, dass die Sensordaten nur auf den Rechner der Einsatzleitung übertragen und dort nur für Einsatzzwecke ausgewertet werden. Sie werden automatisch nach Abschluss des Einsatzes, eventuell mit dem Ausschalten des Rechners der Einsatzleitung automatisch gelöscht. Eine Weitergabe der Daten an andere Rechner ist grundsätzlich technisch auszuschließen.

Es sind jedoch Situationen denkbar, in denen trotz der Beendigung des Einsatzes ein berechtigtes Interesse an der Verwendung der Daten bestehen kann. Dies ist jedoch grundsätzlich nur Rahmen der erlaubten Erhebungszwecke zulässig. Der Grundsatz der Zweckbindung gebietet die Bindung der verantwortlichen Stelle an den Zweck der Erhebung. Dieses schließt zwar einen Datenumgang zu anderen Zwecken nicht aus,[396] bedeutet jedoch im Umkehrschluss, dass jede zweckfreie Erhebung, Verarbeitung oder Nutzung von personenbezogenen Daten rechtswidrig ist.[397] Es wurde festgestellt, dass auch weitere Zwecke in Betracht kommen. Zu nennen sind die Zwecke der Beweissicherung, der nachträglichen Einsatzbesprechung sowie die Unterstützung anderer öffentlicher Stellen. Die nachträgliche Einsatzbesprechung kann zum einen individualisiert für Einzelkritik oder aber auch zu Lehrzwecken erfolgen. Werden die Daten für die Beurteilung der Belastung der Einsatzkraft erhoben und sollen sie für diese weiteren Zwecke verwendet werden, so ist dieses „bereichsspezifisch und präzise" zu bestimmen.[398]

Das technische System der neuen Persönlichen Schutzausrüstungen muss den Anforderungen der Zweckfestlegung und Zweckbindung gerecht werden. Die Gestaltung des Systems ist so auszurichten, dass es eine Verarbeitung oder Nutzung von personenbezogenen Daten zu anderen als den zuvor definierten Zwecken nicht zulässt. Hierfür könnten abschließend Zwecke in der Anwendungssoftware implementiert werden. Bei jedem Umgang mit personenbezogenen Daten müsste der jeweilige Zweck angegeben werden, beispielsweise durch das Setzen eines Häkchens in einem Kästchen. Nur wenn

---

[396] BVerfGE 65, 1 (61f.).
[397] *Simitis*, NJW 1984, 402; *Kutscha*, ZRP 1999, 157; *Bull*, RDV 1999, 151; *Roßnagel/Laue*, DÖV 2007, 546f.
[398] BVerfGE 65, 1 (46).

ein entsprechendes Häkchen gesetzt und protokolliert ist, kann der Nutzer weitere Bedienschritte einleiten. Entsprechendes gilt für eine spätere Zweckänderung.

Unzulässig ist es, von den Gesundheitsdaten auf eine allgemeine Einsatzfähigkeit der Einsatzkräfte zu schließen. Denn nach einigen Datenschutzgesetzen der Länder ist die Verarbeitung personenbezogener Daten zum Zweck der allgemeinen Verhaltens- und Leistungskontrolle unzulässig.[399] Während des Einsatzes sind die Daten nur zum Zweck der Feststellung der aktuellen Belastung der jeweiligen Einsatzkraft zu erheben. Hiermit kann beurteilt werden, inwiefern weitere körperliche Leistungen abverlangt werden können. Die Grenze zur unzulässigen Leistungskontrolle wäre überschritten, wenn darüber hinausgehend die Daten für die Beurteilung der Ergebnisse der bereits erbrachten Leistungen erhoben und verwendet werden würden.

Nach Auffassung des Bundesarbeitsgerichts ist der Arbeitgeber jedoch berechtigt, „die Arbeitsleistung des Arbeitnehmers zu überwachen und davon Kenntnis zu nehmen, in welcher Weise der Arbeitnehmer seine Arbeitsleistung erbringt. Dass die Überwachung der Arbeitsleistung durch technische Einrichtungen zusätzlich der Mitbestimmung des Betriebsrats bedarf, ist insoweit ohne Bedeutung".[400] Dem Arbeitgeber und dem Dienstherrn ist demnach grundsätzlich zuzugestehen, die allgemeine Einsatzfähigkeit besonders untersuchen zu lassen. Die Daten können jedoch immer nur einen Anlass bilden, dass dieses geschieht. Es sind weitere Schritte notwendig, die die Selbstbestimmung des Berechtigten in diesem Zusammenhang wahren. So ist in diesem Zusammenhang auf § 32c BDSG-E hinzuweisen. Für öffentliche Stellen des Bundes und nichtöffentliche Stellen ist in § 32c Abs. 3 Nr. 1 BDSG-E vorgesehen, dass der Arbeitgeber vom Beschäftigten die Teilnahme an einer ärztlichen Untersuchung verlangen kann, wenn „tatsächliche Anhaltspunkte vorliegen, die Zweifel an der fortlaufenden Eignung des Beschäftigten begründen".

Soweit überhaupt Leistungs- und Verhaltenskontrollen zulässig sind, wäre ein ähnliches Regelungskonzept auch für die Erfassung der Sensordaten denkbar. Danach dürften die erhobenen Sensordaten lediglich einen tatsächlichen Anhaltspunkt für die Zweifel an der grundsätzlichen Eignung begründen. Weitergehende Konsequenzen dürften an die Daten jedoch nicht geknüpft werden. Vielmehr legitimieren sie lediglich den Arbeitgeber, den Arbeitnehmer zur Teilnahme an einer Eignungsuntersuchung zu verpflichten.

---

[399] Kap. 11.1.2.
[400] BAG AP § 87 BetrVG Nr. 14 und 15; NZA 1986, 526 und 643.

Ist die Untersuchung erfolgt, hat der Arbeitgeber nur ein Recht auf Mitteilung des Ergebnisses, ob eine künftige gesundheitliche Eignung gegeben ist oder nicht.[401]

Diese rechtliche Möglichkeit einer Zweckänderung der erhobenen Daten wäre organisatorisch der Einsatzleitung zu übertragen. Stellt sie fest, dass eine Einsatzkraft mit ihren Sensordaten mehrfach bestimmte Grenzwerte überschreitet, könnte sie berechtigt sein, diese zu einer anlassbezogenen Kontrolluntersuchung aufzufordern. Der Personalabteilung würde nur diese Aufforderung übermittelt.

Weiterhin müsste gewährleistet werden, dass die sich an die Erhebung anschließenden Zwecke auch tatsächlich verwirklicht werden können. Das schließt die Einbeziehung des Betroffenen in einer der Selbstbestimmung wahrenden Art und Weise ein. Sind Grenzwerte mehrfach überschritten, so ist die Einsatzkraft hierauf hinzuweisen. Dies könnte durch die Technik unterstützt werden, indem die Einsatzkraft automatisiert erstellte Berichte erhält. Die Berichte könnten bestimmte Auffälligkeiten im Laufe des Einsatzes zusammenfassen, die auf die Notwendigkeit einer späteren medizinischen Untersuchung oder Behandlung hinweisen.

14.1.2 Wahrung der Transparenz

Transparenz im Datenschutzrecht wird im Wesentlichen durch Unterrichtungs- und Benachrichtigungspflichten hergestellt.[402] Nur wenn ein Bewusstsein hinsichtlich des Bestehens einer belastenden Maßnahme vorhanden ist, kann der Betroffene auch seine Interessen wahrnehmen.[403] Die Transparenz hinsichtlich der Inhalte der Vorgänge muss sich jedoch immer an ein zumutbares Nachvollziehen im konkreten Einzelfall orientieren.[404] Zeitlich ist regelmäßig eine vorherige allgemeine Unterrichtung oder im Ausnahmefall eine nachträgliche Kenntnisnahme durch Benachrichtigung ausreichend.[405] Eine vollumfängliche Aufklärung des Betroffenen während jeder Erhebung und Verarbeitung, etwa durch die Anzeige in einem mobilen Endgerät, ist demnach nicht erforderlich. Darüber hinaus ist von einer ständig wiederkehrenden Anzeige der Daten noch aus anderen Gründen abzusehen. Während des Einsatzes besteht die Besonderheit, dass die Einsatzkräfte sich in einem Zustand befinden, der höchste Konzentration für die Aufgabenerfüllung abverlangt. Es würde den Erfolg der konkreten Maßnahme gefährden,

---

[401] *Iraschko-Luscher/Klekenbeck*, NZA 2009, 1240.
[402] Kap. 11.3
[403] BVerfGE 120, 274 (325).
[404] *Hansen*, in: Roßnagel 2003, Kap. 3.3, Rn. 81.
[405] *Trute*, in: Roßnagel 2003, Kap. 2.5, Rn. 3.

würde eine Flut an Transparenzdaten die Aufmerksamkeit des Betroffenen beanspru-
chen. Würde in diesem Zusammenhang trotz der Vielzahl der Sensordaten eine vollumfängliche Aufklärung hinsichtlich jedes Datenerhebungsvorgangs gefordert werden,
wäre dies der Transparenz nicht zuträglich. Die eigentlich bezweckte selbstbestimmte
Wahrnehmung der Rechte des Betroffenen würde nicht erreicht. Es würde das Gegenteil
von Sensibilität, nämlich eine Minderung der Aufmerksamkeit erzeugt werden.[406]

Für die aktuelle Information könnte jedoch daran gedacht werden, zumindest bestimmte
Grenzwerte für die jeweiligen Parameter festzulegen, bei deren Überschreitung ein entsprechendes Warnsignal für die Einsatzkraft ausgelöst wird. Hierdurch wäre zum einen
gewährleistet, dass die Einsatzkraft nicht ständig auf singuläre Werte achten muss und
zum anderen wäre die Aufmerksamkeit im Ernstfall gesichert.

Darüber hinaus könnte eine geeignete Darstellung der gemessenen Ergebnisse eingesetzt werden, um die Ausübungsbedingungen des Ermessens der Einsatzkräfte zu verbessern. So stellen die Daten eine breitere und verlässlichere Informationsbasis dar, um
die Entscheidungen der Beteiligten besser am tatsächlichen Geschehen auszurichten.[407]
Diese Chancen der Technik würden jedoch nicht optimal ausgenutzt werden, wenn der
Einsatzkraft oder der Einsatzleitung lediglich ab einem fixen Grenzwert ein entsprechendes Signal gegeben wird. Vielmehr sind weitere Abstufungen notwendig, um den
Entscheidungsträgern nicht potenzielle Entscheidungsvarianten hinsichtlich der Durchführung einer Maßnahme zu nehmen. In diesem Zusammenhang ist darauf hinzuweisen,
dass auch der begrenzte Verzicht auf Benachrichtigungen möglich sein muss.[408] Dieses
wird aufgrund der Sicherheitsrelevanz der Technik im Einsatz und des Weisungsrechts
des Dienstherrn und Arbeitgebers aber nur so weit zu gewähren sein, wie es die Aufgabenerfüllung nicht beeinträchtigt. Solche Einschränkungen hinsichtlich der Aufmerksamkeit bestehen bei der Einsatzleitung nicht. Dieser kann eine detailliertere Darstellung der Vitaldaten gewährt werden, soweit dieses von der Rechtsvorschrift oder der
Einwilligung gedeckt ist. Die konkrete Umsetzung ist jedoch primär eine arbeitsergo-
nomische Frage und kann hier nicht abschließend beurteilt werden. Für die Technik
bedeutet dies, dass sie hinsichtlich der ergonomischen Variablen und dem datenschutzrechtlichen Transparenz-gebot in der Darstellung der Ergebnisse für Einsatzkraft und
Einsatzleitung flexibel konfigurierbar sein muss.

---

[406] S. *Roßnagel* 2007, 134.
[407] S. Kap. 3.2.
[408] S. *Roßnagel/Müller*, CR 2004, 629; *Roßnagel/Pfitzmann/Garstka* 2001, 171f.; *Laue* 2010, 373.

Die notwendige Transparenz erfordert, dass der Einsatzkraft nach dem Einsatz die Möglichkeit geboten wird, die Datenerhebungen nachzuvollziehen. Hier wäre sinnvoll, dass der Einsatzkraft nach dem Einsatz die Ergebnisse der Datenverarbeitung in aggregierter Form zur Verfügung gestellt werden. Durch eine für die Einsatzkraft verständliche Zusammenfassung der Ergebnisse ihres Einsatzes könnte es ihr d erleichtert werden, die Datenerhebung nachzuvollziehen. Die Darstellung der Gesundheitsdaten müsste sich an einer Struktur orientieren, die es der Einsatzkraft ermöglicht, selbst die relevanten Vorgänge zu erkennen. Besteht jedoch die Einsatzkraft darauf, alle Datenerhebungsvorgänge zur Kenntnis zu nehmen, sollte auch dieses möglich sein. Hierdurch würde dem Betroffenen die Möglichkeit gegeben, vermeintlich rechtswidrige Vorgänge festzustellen und ihnen entgegenzuwirken. Dies widerspricht jedoch einer frühzeitigen Löschung der einzelnen Vitalparameter. Die Löschung kann nur dann unterbleiben, wenn die Einsatzkraft diesen Transparenzwunsch so frühzeitig geltend macht, dass die Daten noch vor der Löschung für die Kenntnisnahme und Überprüfung gesondert gespeichert werden können. Auch diese Varianten der Transparenz erfordern eine Konfigurierbarkeit des Systems hinsichtlich der nachträglichen Darstellung der Ergebnisse, der Aufbewahrung von Sensordaten und des Zugriffs auf diese.

14.1.3 Datensparsamkeit

Alle automatisierten Datenverarbeitungssysteme haben den Grundsatz der Datensparsamkeit und Datenvermeidung zu berücksichtigen.[409] Dieser Grundsatz ist sowohl in den meisten Landesdatenschutzgesetzen[410] als auch in § 3a Satz 1 BDSG enthalten. Der mit I&K-Technik ausgestattete Schutzanzug und das Hintergrundsystem zur Kommunikation und Verarbeitung der Sensordaten sowie zur Auswertung und Darstellung der Ergebnisse ist ein Datenverarbeitungssystem zur Verarbeitung personenbezogener Daten, das diesem Gebot unterliegt.[411]

Das Datenverarbeitungssystem der neuen Persönlichen Schutzausrüstungen ist so zu konfigurieren, dass so wenige wie möglich personenbezogene Daten erhoben werden. Dies betrifft zum einen die spezifischen Parameter, zu denen personenbezogene Daten erhoben werden sollen. Die Datenerhebung sollte auf die wirklich aussagekräftigen Parameter beschränkt werden. Auch erscheint es sinnvoll, dass die Daten lediglich in ag-

---

[409] S. hierzu ausführlich Kap. 10.3.
[410] § 5a BlnDSG; § 7 Abs. 1 Satz 2 BbgDSG; § 7 BremDSG; § 5 Abs. 4 HmbDSG; § 10 Abs. 2 HDSG; § 5 DSG M-V; § 7 Abs. 4 NDSG; § 4 Abs. 2 DSG NRW; § 1 Abs. 2 LDSG RPf; § 4 Abs. 4 SDSG; § 1 Abs. 2 DSG-LSA und § 4 LDSG S-H.
[411] Vgl. zur Begriffsdefinition *Zscherpe*, in: Taeger/Gabel 2010, § 3a BDSG, Rn. 2.

gregierter Form erhoben und auch nur in dieser Form der Einsatzleitung zur Verfügung gestellt werden. Soweit die Nutzung des Systems nicht ständig durch einen Arzt betreut wird, ist die Kenntnis der einzelnen Vitalparameter für die Einsatzleitung ohne Nutzen und daher zu unterlassen. Ob die Einsatzleitung auch einen Nutzen aus den konkreten Gesundheitsdaten ziehen kann, zum Beispiel aufgrund medizinischer Vor- oder Fortbildung, ist eine Frage des Einzelfalles und kann daher nicht abstrakt beantwortet werden. Besteht bei einzelnen Einsatzkräften beispielsweise eine Ausbildung zum Rettungsfachpersonal, so werden diese weitergehende Schlussfolgerungen aus den Vitaldaten ziehen können, als wenn dieses nicht der Fall ist. Zum anderen ist der Wiederholungstakt der Datenerhebung so einzustellen, dass er möglichst groß ist, um das erforderliche Monitoring noch zu ermöglichen. Drittens sind der Beginn und das Ende der Datenerhebung so festzulegen, dass die Ziele des Monitorings noch erreicht werden können. Viertens ist zu fragen, ob es – für alle Parameter – notwendig ist, dass die Sensordaten in ihrer Entwicklung gespeichert werden oder genügt es, wenn immer nur die aktuellen Werte ausgewertet und dargestellt werden? Schließlich sind die Daten grundsätzlich zu löschen oder zu anonymisieren, wenn der mit der Datenerhebung verfolgte Zweck erfüllt ist oder unmöglich wird.[412] Existiert keine Gefahr mehr für die öffentliche Sicherheit, weil der Einsatz erfolgreich verlaufen oder endgültig gescheitert ist, besteht grundsätzlich auch kein legitimierender Zweck mehr, weitere Daten zu erheben oder die erhobenen Daten weiter zu verwenden. Entsprechendes gilt, wenn, aus welchen Gründen auch immer, von vornhinein eindeutig feststeht, dass die Daten nur zum Zweck der Einsatzdurchführung erhoben werden. Ausnahmen bestehen dort, wo die Daten zum Zweck der Nachbesprechung oder zur Beweisführung genutzt werden dürfen.

Aus dem Gebot der Datensparsamkeit ist weiterhin die grundsätzliche Pflicht abzuleiten, soweit dies technisch möglich und zumutbar ist, die Daten nur pseudonym oder anonym zu verarbeiten. Nach allgemeinem Verständnis sind anonyme Daten Einzelangaben über eine Person, die dieser Person von niemandem zugeordnet werden können.[413] In Abgrenzung dazu liegt ein personenbezogenes Datum nach § 3 Abs. 1 BDSG vor, wenn die Person, der die Einzelangabe zuzuordnen ist, bestimmt oder bestimmbar ist.

Wurde der Personenbezug eines Datums unwiderruflich entfernt, so besteht ein anonymes Datum. Wurde der Personenbezug eines Datums entfernt und wäre es prinzipiell

---

[412] *Gola/Schomerus* 2010, § 14 BDSG, Rn. 10.
[413] *Roßnagel/Scholz*, MMR 2000, 723.

möglich, diesen Bezug wiederherzustellen, so kommt es für die Bejahung der Anonymität darauf an, wie leicht eine De-Anonymisierung vollzogen werden kann. § 3 Abs. 6 BDSG spricht insofern von der Bestimmbarkeit. Die Zuordnung zu einer Person muss danach nicht schlechthin ausgeschlossen sein, sondern es reicht für die Anonymisierung aus, wenn sie nach der Lebenserfahrung nicht zu erwarten ist.[414] Die Möglichkeit der Bestimmbarkeit ist daher entscheidend, ob ein Personenbezug im Sinn des § 3 Abs. 1 BDSG zu bejahen ist oder nicht. Bestimmbar ist eine Person, wenn sie durch zusätzliche Kenntnis identifiziert werden kann.[415] Für die Wiederherstellung des Personenbezugs ist jegliches Zusatzwissen zu berücksichtigen, „dessen legales Bekanntwerden nach sozialüblichen Maßstäben nicht ausgeschlossen werden kann".[416] Zusätzlich zu diesem Zusatzwissen ist der Stand der Wissenschaft als Grundlage für eine entsprechende Risikoprognose heranzuziehen.[417] Nur wenn nach einer solchen Risikoprognose die De-Anonymisierung nicht zu erwarten ist, liegt auch ein anonymes Datum gemäß § 3 Abs. 6 BDSG vor. Maßgeblich wird hierzu vor allem der finanzielle und tatsächliche Aufwand sein, der betrieben werden muss, um den Personenbezug wieder herzustellen. Ist dieser größer als der potenzielle Nutzen, den die Daten versprechen, so liegt auch keine Bestimmbarkeit vor. Die Daten sind dann anonym.

In Abgrenzung zur Anonymität wird gemäß § 3 Abs. 6a BDSG unter Pseudonymität die Ersetzung des Namens und anderer Identifikationsmerkmale durch ein Pseudonym verstanden. Diejenige Stelle, die die Pseudonymisierung durchführt, kann grundsätzlich den Betroffenen dadurch identifizieren, dass sie die als Pseudonym dienende Kennung über die Referenzliste mit einer konkreten Person in Verbindung bringen kann. Das Pseudonymisieren stellt somit keine absolute, sondern lediglich eine relative Anonymität her.[418] Zu beachten ist jedoch, dass die Pseudonymisierung dazu führen muss, dass die Bestimmung des Betroffenen gemäß § 3 Abs. 6a BDSG „ausgeschlossen oder wesentlich erschwert" werden muss. Dieses Erfordernis gilt nicht nur für Dritte, sondern gerade auch für die verantwortliche Stelle. Ist für die verantwortliche Stelle – im konkreten Fall der Dienstherr oder der Arbeitgeber – dieses nicht zu bejahen, so handelt es sich nicht um pseudonymisierte Daten, sondern schlicht um personenbezogene Daten.[419]

---

[414] *Gola/Schomerus* 2005, § 3 BDSG, Anm. 14.2.
[415] *Roßnagel*, in: Roßnagel 2003, Kap. 7.9, Rn. 50.
[416] *Dammann*, in: Simitis 2011, § 3 BDSG, Rn. 33.
[417] *Tinnefeld*, in: Roßnagel 2003, Kap. 4.1, Rn. 27.
[418] *Gola/Schomerus* 2005, § 3a BDSG, Rn. 10.
[419] *Heinson/Schmidt*, CR 2010, 543f.; *Roßnagel/Scholz*, MMR 2000, 726f.

Die Vermeidung von personenbezogenen Daten durch Anonymisierung oder Pseudonymisierung der Daten ist bei der Ausgestaltung des Datenverarbeitungssystems zu beachten. Zu prüfen ist daher auch, ob die Möglichkeit besteht, das System der neuen
Schutzanzüge mit integrierten Sensoren auch in anonymer- oder pseudonymer Weise zu
nutzen.[420]

Fraglich erscheint, inwiefern eine anonyme oder pseudonyme Erhebung der Daten der
Verbesserung des Gefahren- und Gesundheitsschutzes durch Monitoring der Einsatzkräfte widerspricht. Eine anonyme Erhebung lässt sich im konkreten Nutzungskontext
nur bedingt umsetzen. Diese würde implizieren, dass die Sensordaten den Feuerwehreinsatzkräften nicht zugeordnet werden können. Dies würde die Koordinierung des Einsatzes durch die Einsatzleitung behindern. Auch erscheint es fraglich, eine Anonymisierung gegenüber dem Einsatzleiter, der seine Einsatzkräfte kennt, zu gewährleisten. Ihm
gegenüber wäre die Maßnahme wenig effektiv und in der Regel zur Durchsetzung der
Zwecke, die mit dem Einsatz des Systems der neuen Persönlichen Schutzausrüstungen
verfolgt werden, auch kontraproduktiv.

Auch kann nicht von vornherein ausgeschlossen werden, dass später ein schutzwürdiges
Interesse entsteht, die Daten zu Zwecken zu verwenden, die einen Personenbezug erfordern. Hierunter würde zum Beispiel der Zweck der Beweissicherung fallen. Nur dann,
wenn bereits bei der Erhebung der Daten feststeht, dass eine spätere Verwendung keinen Personenbezug erfordert, könnte das System die Daten anonym erheben. Einer dieser Zwecke wäre eine allgemeine Einsatz-Nachbesprechung für Lehrzwecke. Eine anonyme Erhebung ist daher allenfalls im Ausnahmefall zu fordern.

Umsetzbar erscheint jedoch die pseudonyme Erhebung der Vitaldaten. Dies wird bezogen auf die Einsatzleitung wenig effektiv sein. Dieser ist die Identität der Einsatzkräfte
ohnehin bekannt. In kleinen Feuerwehren mit wenig Bediensteten wird das persönliche
Kennen untereinander den Regelfall darstellen. Selbst wenn dies nicht der Fall sein sollte, müsste die Einsatzleitung zumindest über die Referenzliste verfügen, ob die besonderen Kompetenzen einer Einsatzkraft effektiv einsetzen zu können und sie entsprechend ihrer Persönlichkeitsmerkmale im Einsatz führen zu können. Gegenüber der
Einsatzleitung werden die Einsatzkräfte daher immer bekannt sein (müssen).

Eine Pseudonymisierung ist jedoch gegenüber allen anderen Stellen, die die Daten erhalten könnten, zum Schutz der informationellen Selbstbestimmung der Einsatzkräfte

---

[420] *Dix*, in: Roßnagel 2003, Kap. 3.5, Rn. 26.

sinnvoll. Für diese wären die Daten erst einmal nicht personenbezogen. Die Einsatzleitung dürfte sie diesen Stellen gegenüber nur aufdecken, wenn die Übermittlung personenbezogener Daten an diese Stellen zulässig wäre. Dies gilt auch gegenüber dem Dienstherrn, dem Arbeitgeber und der Personalabteilung. Die notwendige Unabhängigkeit der Einsatzleitung für diese Prüfung ist organisatorisch und rechtlich zu sichern.

Jeder Einsatzkraft sollte mithin bei jedem Einsatz eine Kennung zugeordnet werden, anhand derer im Nachhinein eine Identifikation stattfinden kann. Werden im Anschluss an den Einsatz Zwecke virulent, die einen Personenbezug erfordern, so kann über die Referenzliste der Personenbezug wieder hergestellt werden.

14.1.4   Weiterbildung des Personals zum Datenumgang

Mit der Einführung von Persönlicher Schutzausrüstungen mit integrierter I&K-Technik kommen für die Einsatzleitung neue, bisher so nicht erfahrene Anforderungen dazu. Diese erfordern in jedem Fall eine spezielle Schulung der Einsatzleitung, um Daten richtig auswerten zu können und auch dann die richtigen Schlussfolgerungen daraus zu ziehen. Gleichzeitig ist es aber auch wichtig, dass sie eingewiesen werden, wie mit den angefallenen personenbezogenen Daten umgegangen werden muss. Sie müssen darauf hingewiesen werden, dass die Daten grundsätzlich nicht an den Arbeitgeber oder Dritte weitergegeben werden dürfen und dass auch sonst keine Weitergabe ohne die Einwilligung der Einsatzkräfte beispielsweise an Ärzte erfolgen darf. Über die wenigen Ausnahmen sind sie detailliert zu informieren. Nur so kann gewährleistet werden, dass der Schutz für diese sensitiven Daten auch eingehalten wird.

14.2 Vorschläge zur Datenspeicherung

Die im Folgenden beschriebenen Gestaltungsvorschläge zur Datenspeicherung sollen in erster Linie die Sicherheit während der Speicherung sicherstellen. Diesem Gesichtspunkt dienen die hier aufgeführte dezentrale Datenhaltung sowie die Zugangs- und Zugriffskontrolle. Des Weiteren wird auch auf die Pflicht eingegangen, die Daten nicht anlasslos und unendlich zu speichern, sondern frühzeitig zu löschen. Geeignete Zeitpunkte für eine Löschung werden ebenfalls vorgeschlagen.

14.2.1   Dezentrale Datenhaltung

Zulässiger Zweck für die Datenerhebung ist die Feststellung der aktuellen Belastung der Einsatzkräfte im konkreten Einsatz. Dieser Zweck ist erreicht, wenn der Einsatz abgeschlossen ist. Soweit die Umgebungs- und Vitaldaten der Einsatzkräfte nur für diesen

Zweck benötigt werden, sind sie unmittelbar nach dem Einsatz zu löschen. Die Frage der weiteren Speicherung dieser Daten stellt sich daher nur für die Zwecke, die in zulässiger Weise neben dem Einsatzmonitoring verfolgt werden dürfen, und für die Daten, die für diese Zwecke erforderlich sind. Dies gilt – je nach Regelung – im Ausnahmefall für Qualitätssicherungs- und Schulungszwecke, für Zwecke der Beweissicherung und für die Zwecke einer nachfolgenden ärztlichen Untersuchung für eine bestimmte Einsatzkraft.[421]

Wenn die Umgebungs- und Vitaldaten aus dem Einsatzmonitoring gespeichert werden dürfen, kann dies auf zentrale oder dezentrale Weise geschehen. Da die Daten im Regelfall nach dem Einsatz zu löschen sind, sollte der für den jeweiligen ergänzenden Zweck erforderliche Datensatz in einer Weise gespeichert werden, die diesem ausschließlichen Zweck gerecht wird. Bei einer zentralen Speicherung werden die Daten zentral an einer Stelle, meist einem zentralen Server gespeichert. Bei einer dezentralen Speicherung sind die Datensätze auf verschiedene Rechner verteilt und können nur unter Mitwirkung aller Stellen „als Ganzes" übertragen und zur Kenntnis genommen werden.[422] Nach informatischen Begriffsverständnis kann Dezentralität dabei sowohl durch unterschiedlich vernetzte Server in tatsächlicher Weise als auch durch Einrichtung von virtuellen Laufwerken oder Speichern (logische Trennung) erreicht werden.[423] Sollte eine getrennte Datenhaltung durch virtuelle Speicher angestrebt werden, müsste sichergestellt sein, dass die Zwecke der dezentralen Datenhaltung weiterhin erreichbar sind. Dieses impliziert, dass die Daten innerhalb der virtuellen Netzwerkumgebung nicht zentral ausführbar sind, das heißt gelesen oder verändert werden können. Nur dann ist auch weiterhin die Erhaltung der Zuständigkeitsordnung und der Vertraulichkeit gegeben.

Für die verbleibenden Monitoringdaten bietet sich eine je nach Zweck vorgenommene dezentrale Speicherung an. Dies unterstützt den Zweckbindungsgrundsatz[424] und reduziert das Schadenspotenzial bei einem Ausfall oder einem Angriff. Es sind dann nicht die gesamten Daten aus dem Monitoring betroffen. Da das Datenschutzrecht gerade auch Schutz vor unberechtigten Datenzugriffen des Dienstherrn oder Arbeitgebers bieten soll, dürfen die über den Einsatzzweck hinaus noch weiter aufzubewahrenden Daten nicht so gespeichert werden, dass der Arbeitgeber oder Dienstherr oder die Personalabteilung direkten Zugang zu ihnen haben. Die Speicherung von Gesundheitsdaten muss

---

[421] S. Kap. 10.1.
[422] S. *Hornung/Schnabel*, DVBl. 2010, 827.
[423] S. *Eckert* 2006, 39f.
[424] S. *Laue* 2010, 400f.

insbesondere getrennt von den Daten erfolgen, die für die Personalakte gespeichert werden. Die Gestaltung der Datenspeicherung müsste eine ähnliche Sicherheit wie die getrennte Aktenhaltung gewährleisten.

Eine Speicherung der Daten nur in der Persönliche Schutzausrüstung, wäre zwar für die informationelle Selbstbestimmung eine vorzugswürdige Lösung, da die Daten, ohne dass die Einsatzkraft die Freigabe dafür erteilt, gar nicht aus deren Einwirkungsbereich übertragen werden können. Dies wäre allerdings eine einseitige Lösung, die den Zweck der Einsatzkoordination und des Gesundheitsschutzes sowie weitere berechtigte Zwecke missachtet. Diese Zwecke erfordern eine zumindest vorübergehende Datenspeicherung und Datennutzung durch die Einsatzleitung. Die Monitoringdaten müssen zumindest während des Einsatzes automatisiert an die Einsatzleitung weitergeleitet, dort gespeichert und ausgewertet werden. Die Einsatzkraft hat während eines Einsatzes nicht die Möglichkeit, die Daten manuell zur Einsatzleitung weiterzuleiten.

14.2.2   Zugangs- und Zugriffskontrolle

Das Datenverarbeitungssystem muss eine effektive Zugangs- und Zugriffskontrolle besitzen. Die Zweckbindung erfordert, lediglich den Personen, die entsprechende Zugangsrechte besitzen, den Zugang zum System und den Zugriff auf die im System abgelegten Daten zu gewähren. Eine Zugangs- und Zugriffskontrolle ist zudem notwendig, um internen Missbrauch zu reduzieren, dient jedoch auch der Abwehr externer Angriffe seitens Dritter.

Die Zugangskontrolle gemäß Nr. 2 der Anlage zu § 9 BDSG kann verhindern, dass Datenverarbeitungssysteme von Unbefugten genutzt werden können. Basis für die Zugangskontrolle ist die Zutrittskontrolle gemäß Nr. 1 der Anlage zu § 9 BDSG. Zugangs- und Zutrittskontrolle verhindern somit die faktische Nutzung des Systems durch Unberechtigte. Gemäß Nr. 2 der Anlage zu § 9 BDSG muss durch technisch-organisatorische Maßnahmen verhindert werden, dass das System selbst und die darin befindlichen Daten nicht von Unbefugten genutzt werden können.[425] Es darf für Dritte nicht möglich sein, in irgendeiner Weise Zugang zu personenbezogenen Daten der Mitarbeiter zu erlangen.[426]

Die Zugriffskontrolle gewährleistet hingegen, dass die zur Benutzung eines Datenverarbeitungssystems Berechtigten ausschließlich auf die ihrer Zugriffsberechtigung unter-

---

[425] So auch für ein anderes technisches System *Laue* 2010, 413.
[426] *Laue* 2010, 413.

liegenden Daten zugreifen können und dass personenbezogene Daten bei der Verarbeitung und Nutzung sowie nach der Speicherung nicht unbefugt gelesen, kopiert, verändert oder entfernt werden können.[427]

Objektspezifische Zugriffsrechte ermöglichen es, Zugriffsoptionen auf einen festgelegten funktionalen Kontext zuzuschneiden. So kann auch nur einem vorher bestimmten Personenkreis Zugriff auf die gespeicherten Daten gegeben werden. Objektspezifische Zugriffrechte erlauben auch die Zuordnung von verschiedenen Sensitivitätsstufen zu einzelnen Daten oder Datensätzen. Je nach Sensitivitätsstufe könnten unterschiedliche Berechtigte definiert und zugelassen werden. Es ist zu beachten, dass es sich bei den Vitaldaten um besonders sensitive Daten handelt und damit für diese Daten eine hohe Sensitivitätsstufe zu gelten hat.

Für die Gestaltung des Systems bedeutet dies, dass jeder Nutzer eindeutig authentifiziert werden muss. Nur durch eine effektive Authentifizierung ist eine wirksame Zugriffskontrolle möglich.[428]

14.2.3   Löschungspflicht

Grundsätzlich gilt, dass gemäß § 35 Abs. 2 Nr. 3 BDSG personenbezogene Daten zu löschen sind, wenn sie für eigene Zwecke verarbeitet werden, sobald ihre Kenntnis für die Erfüllung des Zwecks der Speicherung nicht mehr erforderlich ist. Der Zweck des Monitorings mit den neuen Persönlichen Schutzausrüstungen ist es, die Umgebungs- und Vitaldaten der Einsatzkraft während ihres Einsatzes zu überwachen, um den Einsatz koordinieren und frühzeitig Gefahrensituationen vorbeugen zu können. Damit würde nach der Beendigung des Einsatzes auch der Einsatzzweck für die Speicherung dieser Daten entfallen. Die Daten müssen somit nach der Beendigung des Einsatzes umgehend gelöscht werden.

Die Daten sollen aber im Ausnahmefall auch noch anderen Zwecken wie beispielsweise der Nachbesprechung und zur Beweissicherung dienen.[429] Zu unterschiedlichen Zwecken ist auch eine unterschiedlich lange Frist für die Speicherung der Umgebungs- und Vitaldaten notwendig.

Einsatznachbesprechungen oder sonstige Maßnahmen der Qualitätssicherung sollten möglichst umgehend nach einem Einsatz stattfinden, da sonst die Ereignisse und Prob-

---

[427] S. die Anlage zu § 9 BDSG.
[428] *Laue* 2010, 415.
[429] S. dazu Kap. 12.

leme nicht mehr präsent sind. Gerade bei besonders stressigen Einsätzen ist eine zeitnahe Einsatznachbesprechung wichtig, um eventuellen psychischen Blockaden vorzubeugen. Dies ist aber auch eine Gestaltungsmaßnahme, um eine nur kurze Speicherdauer zu erreichen und die Vorgabe der Datensparsamkeit zu erfüllen. Eine Nachbesprechung kann in der ganzen Gruppe stattfinden oder eine Einzelbesprechung mit einer betreffenden Einsatzkraft sein. Für eine Gruppenbesprechung können die Daten auch pseudonymisiert vorliegen. Dabei weiß jeder in der Gruppe zwar, wer insgesamt am Einsatz beteiligt war und wer wann beispielsweise zurückbeordert wurde, jedoch weiß damit noch nicht jeder, welcher Wert bei der betreffenden Einsatzkraft über der Belastungsgrenze lag und wie hoch dieser war. Hier zählt lediglich der statistische Wert der erhobenen Vitaldaten. Da die Nachbesprechung zeitlich möglichst nah mit dem Einsatz in Zusammenhang stehen sollte, kann es sich nur um eine kurze Speicherung von wenigen Tagen oder Wochen handeln. Danach werden die Daten gelöscht oder anonymisiert.

Für die Beweissicherung – wenn etwa während eines Einsatzes Fehler unterlaufen sind – müssen die Daten länger vorgehalten werden. Sie müssen gelöscht werden, sobald feststeht, dass sie nicht mehr benötigt werden, weil das Streitverfahren abgeschlossen ist, es nicht zu einem Streitverfahren kommt oder der Streit anderweitig gelöst ist.

Die Umgebungs- und Vitaldaten können zu Beweiszwecken sowohl für ein Strafverfahren als auch einen zivilrechtlichen Prozess benötigt werden. Kommen die Vitaldaten zu Beweiszwecken im Strafverfahren in Frage, können sie gemäß § 94 Abs. 2 StPO förmlich beschlagnahmt werden, sofern sie nicht freiwillig herausgegeben werden, oder gemäß § 94. Abs. 1 StPO auf andere Weise sichergestellt werden. Die Beschlagnahme erfolgt gemäß § 98 Abs. 1 Satz 1 StPO grundsätzlich aufgrund richterlicher Anordnung. Nur bei Gefahr im Verzug kann sie auch durch die Staatsanwaltschaft oder ihre Ermittlungspersonen erfolgen, bedarf dann aber gemäß § 98 Abs. 2 Satz 1 oder 2 StPO der gerichtlichen Bestätigung. Durch die Beschlagnahme wird ein amtliches Gewahrsamsverhältnis begründet. Auch Daten sind als in Beschlag genommene Gegenstände entsprechend § 109 StPO genau zu verzeichnen und zur Verhütung von Verwechslungen in geeigneter Weise kenntlich zu machen. Dadurch liegt die weitere Speicherung der Daten nicht mehr im Verantwortungsbereich der Feuerwehr.

Für einen zivilrechtlichen Prozess sind die Parteien darauf angewiesen, dass Daten gespeichert wurden, um ihre jeweiligen Behauptungen zu beweisen. Beispielsweise kann in einem Zivilprozess zu beweisen sein, ob ein Rückzug gerechtfertigt war. Oft reichen dazu pseudonymisierte Daten aus und eine personenbezogene Speicherung ist auch hier nicht notwendig. In einzelnen Fällen kann aber eben gerade der Personenbezug notwendig sein. Um eine Rückgriffsmöglichkeit in diesen Fällen zu gewährleisten, müssen die Daten für einen bestimmten Zeitraum gespeichert und mit einer Löschungsfrist versehen werden.

In manchen Fällen dürfte es nach dem Einsatz noch nicht geklärt sein, ob die Daten für einen weiteren zulässigen Zweck benötigt werden. Für diesen Zeitraum könnte auf die allgemeinen Löschungsregeln in den Feuerwehrgesetzen zurückgegriffen werden. Beispielsweise enthält das Brandenburgische Brand- und Katastrophenschutzgesetz in § 17 Abs. 3 allgemein für die Verarbeitung personenbezogener Daten eine Löschungspflicht nach sechs Monaten, es sei denn, dass „die personenbezogenen Daten oder die Aufzeichnungen für die Abrechnung, die Beweisführung oder vergleichbare Zwecke benötigt werden". § 37 Abs. 3 BrSchG-SH erlaubt der Feuerwehreinsatzleitstelle die Kommunikation im Rahmen ihrer Aufgaben aufzuzeichnen. Diese Speicherung ist mit einer Löschungsfrist von sechs Wochen ab dem Zeitpunkt der Erhebung versehen, es sei denn, dass die Daten „zum Nachweis ordnungsgemäßer Ausführung der Aufgaben weiter benötigt werden oder Grund zu der Annahme besteht, dass dadurch schutzwürdige Belange der oder des Betroffenen beeinträchtigt werden". Spätestens nach diesen Fristen müssten auch in unklaren Situationen alle Einsatzdaten gelöscht werden.

14.3 Vorschläge zur Datenübermittlung

Soweit Datenübermittlungen zulässig sind, sollten sie verschlüsselt, mit Zweckkennzeichnungen und nach Integritätssicherung und Authentizitätsprüfung übertragen und protokolliert werden.

14.3.1 Verschlüsselte Kommunikation

Zu bestimmten Zwecken oder mit der Einwilligung des Betroffenen ist eine Übermittlung der Vitaldaten möglich.[430] Die Übermittlung sollte zur Wahrung der Vertraulichkeit der Daten allerdings nur mit ausreichender Verschlüsselung der Daten erfolgen.[431] Dies entspricht auch dem Gebot der Transportsicherung gemäß Nr. 4 der Anlage zu § 9 Satz 1 BDSG, nach dem zu verhindern ist, dass personenbezogene Daten bei der elektronischen Übertragung oder während ihres Transports oder ihrer Speicherung auf Datenträger unbefugt gelesen, kopiert, verändert oder entfernt werden können. Gemäß Satz

---

[430] S. dazu Kap. 13.
[431] *Eckert* 2006, 583.

2 der Anlage zu § 9 Satz 1 BDSG ist dieses insbesondere durch Verwendung von dem Stand der Technik entsprechenden Verschlüsselungsverfahren zu erreichen.[432]

Hinsichtlich der Bezugspunkte der Verschlüsselung ist zu differenzieren. Zum einen muss verhindert werden, dass personenbezogene Daten während einer laufenden Kommunikation abgefangen werden. Zum anderen sind auch die Informationen, die sich auf den Servern –zentral oder dezentral – befinden, entsprechend zu schützen.

Die Sicherheitsfunktionen sollten darüber hinaus weitgehend transparent und automatisiert durchgeführt werden können. Um den Gestaltungsvorschlag der Verschlüsselung effektiv einsetzen zu können, muss diese von allen relevanten Nutzern, die in der Feuerwehr nicht ausschließlich aus Sicherheitsspezialisten besteht, bei deren täglicher Arbeit eingesetzt werden können.[433]

14.3.2 Protokollierung

Da die Übermittlung eine begründungsbedürftige Ausnahme ist und die Kontrolle ihrer Rechtmäßigkeit eine Aufgabe der vorgesetzten Stellen und ein Recht des Betroffenen ist, sollten die Übermittlungen protokolliert werden. Die Protokolle müssen einerseits ausreichend aussagekräftig sein und andererseits aber vermeiden, Inhaltsdaten zu enthalten, die Rückschlüsse auf die zu schützenden Umgebungs- und Vitaldaten erlauben.

14.3.3 Transparenz

Wenn die Einsatzkraft nicht ohnehin mit der Übermittlung rechnen muss, ist sie über die Übermittlung und die Speicherung bei der empfangenden Stelle zu benachrichtigen. Diese Benachrichtigung ist organisatorisch sicherzustellen.

14.3.4 Integritäts- und Authentizitätssicherung

Die zu übermittelnden Daten sind gegen unbemerkte Änderungen zu schützen. Dies kann am einfachsten und sichersten durch eine elektronische Signatur erfolgen. Vor der Übermittlung ist der berechtigte Empfänger zu authentifizieren und es ist sicherzustellen, dass nach der Übermittlung nur dieser Berechtigte auf die Daten zugreifen kann. Hierfür würde es sich anbieten, das De-Mail-System zu nutzen.

---

[432] S. auch *Ernestus*, in: Simitis 2011, § 9 BDSG, Rn. 112.
[433] S. grundsätzlich hierzu *Hansen*, in: Roßnagel 2003, Kap. 3.3, Rn. 81.

14.3.5   Zweckkennzeichnung

Werden die Daten an Dritte übermittelt, ist zu gewährleisten, dass der Dritte die zuvor festgelegten oder auch geänderten Zwecke kennt, zu deren Erfüllung sie übermittelt werden. Um dies zu erreichen, sind die Daten mit einem Metadatum zu kennzeichnen, das diesen Zweck beschreibt. Das hindert den Empfänger zwar faktisch nicht daran, die Daten trotzdem zu anderen Zwecken zu nutzen. Dies ist jedoch kein originäres Problem des Umgangs mit Umgebungs- und Gesundheitsdaten im Feuerwehrdienst. Die Zweckkennzeichnung stellt jedoch rechtlich klar, zu welchem alleinigen Zweck diese Daten genutzt werden dürfen. Dies erhöht das Bewusstsein der Empfänger um die Rechte der Betroffenen.

14.4   Ergänzende Vorschläge zur Technikgestaltung

Im folgenden werden diejenigen Vorschläge zur Technikgestaltung behandelt, die nicht eindeutig der Erhebung, Speicherung oder Übermittlung von Daten zuzuordnen sind. Diese Gestaltungsvorschläge sind vielmehr übergreifend und betreffen das Monitoring der Vital- und Umgebungsparameter allgemein.

14.4.1   Gewährleistung unabhängiger Kontrollen

Werden Tätigkeiten ausgeübt, durch die nach Ansicht des Gesetzgebers Gefahren für die Allgemeinheit ausgehen können, wird regelmäßig eine staatliche Kontrolle angeordnet.[434] So postuliert das Bundesverfassungsgericht im Volkszählungsurteil neben datenschutzrechtlichen Vorgaben auch die Erforderlichkeit unabhängiger Kontrollen zur Einhaltung eben dieser Vorschriften.[435] Das Datenschutzrecht ist dabei als ein System sich wechselseitig beeinflussender Variablen zu begreifen. Je geringer die Transparenz der Datenverarbeitung und die Möglichkeiten zur Rechtswahrnehmung ausgestaltet sind, desto eher ist eine prozedurale und strukturelle Kompensation durch die Einrichtung unabhängiger Kontrollstellen erforderlich.[436]

14.4.1.1   Rechtsschutzgesichtspunkte im öffentlichen Bereich

Solche unabhängigen Kontrollen erscheinen im öffentlichen Bereich in besonderer Weise notwendig, weil Beamte Einschränkungen in ihrer Rechtewahrnehmung hinnehmen

---

[434] *Hillebrand-Beck*, in: Roßnagel 2003, Kap. 5.4, Rn. 1.
[435] BVerfGE 65, 1 (46).
[436] BVerfGE 100, 313 (361f.); 65, 1 (46f.).

müssen. Beamte befinden sich in einem Sonderrechtsverhältnis zu ihrem Dienstherrn.[437] Besonderheiten bestehen hier insoweit, als die Grundrechte im Rahmen dieses Verhältnisses weitergehend eingeschränkt werden dürfen als bei anderen Bürgern, die nicht für den Staat tätig sind. Für das Beamtenverhältnis bedeutet dies, dass die Grundrechte zugunsten der Weisungsbefugnis des Dienstherrn durch die Dienstpflichten überlagert werden.[438] Diese materiell rechtlichen Besonderheiten haben auch Auswirkungen im Prozessrecht. Wird der Beamte Adressat einer bloß innerdienstlichen Weisung, so trifft ihn diese nicht als Grundrechtsträger, sondern als bloßer Amtswalter. Die Folge ist, dass er nicht in eigenen Rechten betroffen ist und insofern keine Klagebefugnis besitzt. Diese ist jedoch notwendig, um eine vermeintliche Rechtsverletzung geltend machen zu können. Der Rechtsschutz, gleich nach welcher Klageart, scheidet in diesem Fall aus.[439]

Fraglich ist daher, ob die Weisung des Dienstherrn, die neue Schutzkleidung zu tragen, als eine innerdienstliche Weisung anzusehen wäre. Diese Weisung dient der Einsatzfähigkeit der Feuerwehr und dem Gesundheitsschutz der einzelnen Einsatzkraft.[440] Die Nutzung der Schutzkleidung ist damit notwendiges Element zur Erfüllung der zugewiesenen Aufgaben der öffentlichen Stelle. Sie zu tragen, ist Teil des Arbeitsvollzugs.[441] Die Weisung dient damit schlichten Funktionserfordernissen innerhalb der Wahrnehmung öffentlicher Aufgaben und bezieht sich somit auf ein organisationsbedingtes, begleitendes Verhalten. Daher ist sie als innerdienstliche Weisung anzusehen.

Für das Tragen die Persönliche Schutzausrüstung bedeutet dies, dass die Einsatzkräfte gegen diese Weisung keine eigenen Rechte gerichtlich geltend machen können. Der eingeschränkte Rechtsschutz ist insofern hinzunehmen, als die Nutzung der Anzüge erst die Aufgabenerfüllung ermöglicht. Würde gegen entsprechende Anweisungen voller gerichtlicher Schutz bestehen, wäre die Einsatzfähigkeit der Dienststellen gefährdet. Jeder verwaltungsrechtliche Widerspruch oder jede Klage gegen entsprechende Anweisungen hätte grundsätzlich aufschiebende Wirkung, wodurch die Anordnung in ihrer Durchsetzung gehemmt wäre. Die Einsatzkräfte wären zunächst nicht verpflichtet, die Anzüge zu tragen. Dies wird durch die Einschränkung der Klagebefugnis vermieden.

---

[437] *Schmidt-Jorzig*, in: Isensee/Kirchhoff 2009, Bd. VII, § 162, Rn. 64; *Starck*, in: Starck 2010, Art. 1 GG, Rn. 295.
[438] *Wißmann* 2008, 253.
[439] *Battis*, in: Battis 2009, § 126 BBG, Rn.16.
[440] S. Kap. 9.
[441] S. schon Kap. 9; *Richardi*, in: Richardi/Wlotzke/Wissmann/Oetker 2009, § 7, Rn. 54.

Besonderheiten ergeben sich hierdurch für den Einsatz der Persönlichen Schutzausrüstung insofern, als die Einsatzkräfte auch dann zum Tragen der Schutzanzüge verpflichtet werden können, wenn die Einsatzkraft hierin eine Verletzung ihrer Rechte sieht. Würde beispielsweise die betreffende Dienststelle trotz entgegenstehender Regelungen nicht die Zweckbindung einhalten, so müssten die Betroffenen dieses zunächst hinnehmen. Hierdurch wird deutlich, dass die Datenverarbeitung durch unabhängige Instanzen kontrolliert werden muss. Diese bereits im Volkszählungsurteil konstatierte Notwendigkeit wird durch die dargestellten Besonderheiten noch verstärkt.[442]

14.4.1.2 Strukturelles Ungleichgewicht im nicht-öffentlichen Bereich

Die Einschränkung der Klagebefugnis durch das Sonderrechtsverhältnis ist im nicht-öffentlichen Bereich nicht vorhanden. Auch hier sind jedoch Gründe gegeben, aufgrund derer die Notwendigkeit zur verstärkten Kontrolle durch unabhängige Instanzen besteht. Das Verhältnis von Arbeitgeber und Arbeitnehmer ist regelmäßig durch eine einseitige Abhängigkeit des Arbeitnehmers geprägt. Die Arbeitsbedingungen, die der Arbeitnehmer vorfindet und unter denen er seine geschuldete Arbeitsleistung erbringen muss, unterliegen vorbehaltlich zwingender gesetzlicher Vorschriften dem Direktionsrecht des Arbeitgebers.[443] Der Arbeitnehmer hat jedoch grundsätzlich die Möglichkeit, sich gegen Arbeitsbedingungen oder Weisungen, die nicht gesetzlichen Anforderungen genügen, mit den dafür vorgesehenen juristischen Mitteln zu wehren.

Es ist jedoch besonders hervorzuheben, dass der Arbeitnehmer regelmäßig wirtschaftlich vom Arbeitgeber abhängig ist. Das Beschäftigungsverhältnis ist seine wirtschaftliche Lebensgrundlage. Die Einleitung juristischer – insbesondere gerichtlicher – Schritte kann sich nachhaltig auf diese Grundlage auswirken. Eine mögliche Konsequenz ist beispielsweise die Nicht-Verlängerung befristeter Arbeitsverhältnisse. Das für das Beschäftigungsverhältnis oft notwendige Vertrauensverhältnis kann durch juristische Auseinandersetzungen nachhaltig gestört werden. Die Bereitschaft, juristische Auseinandersetzungen solange wie lange möglich zu vermeiden, ist daher stärker ausgeprägt als in anderen rechtlichen Beziehungen. Das strukturelle Ungleichgewicht besteht grundsätzlich bei allen Arbeitsverhältnissen. In besonderer Weise wirken sich die dargestellten Implikationen jedoch aufgrund der Nähe zwischen Arbeitgeber und Arbeitnehmer in kleinen Betrieben aus.

---

[442] BVerfGE 65, 1 (46).
[443] *Richardi*, in: Richardi/Wlotzke/Wissmann/Oetker 2009, § 1, Rn. 1; *Preis*, Müller-Glöge/Preis/Schmidt 2011, § 611 BGB, Rn. 4; *Moll/Altenburg*, in: Moll 2005, § 1, Rn. 31; *Wilms*, in: Hümmerich/Boecken/Düwell 2007, Art. 1, 2 GG, Rn. 52.

In privatrechtlichen Arbeitsverhältnissen besteht keine rechtliche Einschränkung der Klagemöglichkeiten. Faktisch bestehen jedoch Umstände, die die Durchsetzung arbeitnehmerbezogener Rechte hemmen. Beim Einsatz der Persönlichen Schutzausrüstung bestehen insofern Besonderheiten als dass die Gefahr, die informationelle Selbstbestimmung der Einsatzkräfte zu verletzen, um ein Vielfaches höher ausgeprägt ist als in anderen Bereichen. Zur Verhinderung datenschutzspezifischer Rechtsverletzungen ist demnach eine besondere Kontrolle durch unabhängige Instanzen angezeigt.

14.4.1.3 Datenschutzbeauftragte

Die Umsetzung der Vorschläge zur Gestaltung der Technik stellen nur einen Schritt für einen wirksamen Datenschutz der Beteiligten dar. Damit die Rechte der Betroffenen auch im fortlaufenden Betrieb gewahrt bleiben, ist eine effektive Kontrolle des Datenschutzes notwendig. Bei der „für den Bürger bestehenden Undurchsichtigkeit der Speicherung und Verwendung von Daten" ist für einen effektiven Schutz der informationellen Selbstbestimmung die flankierende Beteiligung unabhängiger Datenschutzkontrolleinrichtungen erforderlich.[444] Diese können dem Betroffenen bei der Durchsetzung seiner Rechte behilflich sein und auch in vorbeugender Weise die Einhaltung von Datenschutzbestimmungen überwachen.[445] Eine weitgehend unabhängige Kontrolle des Datenschutzes könnte durch den behördlichen und betrieblichen Datenschutzbeauftragten erfolgen.

14.4.1.4 Rolle des Personal- und Betriebsrats

Die Kontrolle könnte je nach den konkreten Verhältnissen in der Dienststelle oder im Betrieb auch durch den Personal- oder Betriebsrat erfolgen. Diese haben bestimmte Mitwirkungs- und Mitbestimmungsrechte in Bezug auf technische Einrichtungen, die geeignet sind, das Verhalten des Arbeitnehmers zu überwachen. Gleiches gilt hinsichtlich der Regelungen zur Verhütung von Arbeitsunfällen. Die rechtliche Befugnis muss durch die faktische Möglichkeit zur Überprüfung flankiert werden. Der Betriebs- oder Personalrat hat das Recht, alle zur Erfüllung seiner Überwachungspflicht erforderlichen Maßnahmen ohne vorherige Überprüfung durch den Arbeitgeber vorzunehmen. Als erforderlich anzusehen wäre zum Beispiel die Gewährung des Zutritts zu den Räumen oder Fahrzeugen, in denen die Einsatzleitung die technischen Einrichtungen steuert.[446] Auch müssten dem Personal- und Betriebsrat technische Mittel an die Hand gegeben

---

[444] BVerfGE 65, 1 (46).
[445] *Roßnagel*, in: Roßnagel 2003, Kap. 1, Rn. 77.
[446] S. *Kania*, in: Müller-Glöge/Preis/Schmidt 2011, § 89 BetrVG, Rn. 3.

werden, durch die sie die Rechtmäßigkeit datenschutzrelevanter Vorgänge überprüfen könnten. Einzelne dem Betriebs- oder Personalrat angehörige Personen könnten mit entsprechenden Nutzungsrechten ausgestattet werden, die es ihnen ermöglichen, eingeschränkte Einsicht in die über die Arbeitnehmer erhobenen Datenbestände zu nehmen. Es reicht in diesem Rahmen aus, wenn eine Kontrolle hinsichtlich der Datenstrukturen und der Datenflüsse stattfinden würde. Zu diesem Zweck könnte ein dauerhaft eingerichteter Client dienen.

Zu beachten ist, dass die Ausstattung mit solchen Rechten mit der Einschränkung der Vertraulichkeit der Daten einhergeht.[447] Es müsste daher geprüft werden, ob dem Betriebs- oder Personalrat tatsächlich jegliche Daten zur Wahrnehmung zur Verfügung stehen müssen oder Einschränkungen beispielsweise bei besonders schutzwürdigen Daten geboten wären. Um dem entgegen zu wirken, wäre es möglich, dem Betriebs- und Personalrat nur die anonymisierte Wahrnehmung der Daten zu gewähren und lediglich im Fall eines vermeintlichen Verstoßes eine Offenlegung durchzuführen.

14.4.2 Menschliche Entscheidungshoheit

Grundsätzlich ist nicht auszuschließen, dass durch die Verarbeitung der Gesundheitsdaten fehlerhafte Ergebnisse entstehen oder aufgrund einer besonderen Sachlage andere Entscheidungen geboten sind. Die Einsatzleitung muss technisch in die Lage versetzt werden, solche Korrekturen vorzunehmen.

Für die technische Gestaltung des Systems hat dies zur Folge, dass die Einsatzleitung jederzeit auf das „Ob" der Ausgabe von Befehlen und dessen Inhalt Einfluss nehmen können muss. Soweit das technische System eine Erteilung entsprechender Befehle ausschließlich über Sprechfunk vorsieht und nicht über andere Schnittstellen, ergeben sich hierzu keine weiteren Probleme. Sollten jedoch automatisierte Entscheidungen, wie zum Beispiel Rückzugsbefehle an die Einsatzkräfte bei Überschreiten der Leistungsfähigkeit, in die Software integriert werden, so muss die Einsatzleitung trotzdem die Möglichkeit haben, flexibel zu agieren und diese zu überregeln. Eine flexible Interaktion ist während aller Phasen der Datenverarbeitung zu gewährleisten. Die Einsatzleitung muss zudem während des gesamten Einsatzes in der Lage sein, neue Arbeitsvorgänge initiieren zu können. Die Letztentscheidung ist immer einem Menschen vorzubehalten.[448] Dies

---

[447] S. *Eckert* 2006, 243.
[448] S. *Laue* 2010, 409f. für den Bereich elektronischer Datenverarbeitungssysteme in der öffentlichen Verwaltung.

schließt die Einbindung automatisierter Prozesse nicht aus, sondern vermindert lediglich ihre Bindungswirkung für den Menschen.

15   Normative Gestaltungsvorschläge

Neben den technischen Gestaltungsvorschlägen, die direkt in der Technik selbst berücksichtigt werden können, sind auch normative Gestaltungsvorschläge erarbeitet worden. Die bestehenden Gesetze sind oftmals nicht auf neue Technologien ausgelegt und weisen deshalb Lücken auf. Im Folgenden werden Konzepte für eine technikadäquate Fortentwicklung des aktuellen Rechts vorgestellt.

15.1 Persönliche Schutzausrüstung mit Sensorik als Stand der Technik

Bisher finden sich in den Feuerwehr-Dienstvorschriften nur Hinweise auf die Grundausstattung der Feuerwehreinsatzkraft, nämlich Schutzanzug, Nackenschutz, Handschuhe und Schuhwerk. Es wird kein Bezug darauf genommen, wie diese Einsatzkleidung genau auszusehen hat. Außerdem werden die Aussagen zu der Persönlichen Schutzausrüstung dort auch wieder relativiert und ausdrücklich darauf hingewiesen, dass die beschriebenen Ausrüstungen beispielhaft und nicht abschließend zu verstehen sind.

Wenn die Persönliche Schutzausrüstung mit integrierter I&K-Technik breite Verwendung finden soll, müsste in Zukunft in die entsprechende Feuerwehr-Dienstvorschrift 1 auch ein Hinweis darauf aufgenommen werden, dass diese Technik verwendet werden soll, da sie ein erhöhtes Maß an Sicherheit für die Einsatzkraft bedeutet.

Eine Alternative wäre auch ein Verweis darauf, dass die Schutzkleidung der Einsatzkräfte am Stand der Technik auszurichten ist. Bisher fehlt eine ausdrückliche Klausel mit diesem Inhalt.[449] Auf diese Weise würde die neue Persönliche Schutzausrüstung mit integrierter Sensorik, wenn sie als Stand der Technik angesehen wird, automatisch verpflichtend. Da auch die Technik dieser Schutzausrüstung schon in relativ kurzer Zeit weiteren Fortschritten unterworfen sein wird, ist ein unbestimmter und technikneutraler Rechtsbegriff sinnvoller. Der Fortschritt würde mit der Wortwahl, dass Schutzkleidung zu wählen ist, die dem Stand der Technik entspricht, immer integriert.

Würde allerdings eine solche Regelung eingefügt, muss weithin beachtet werden, dass diese auch den mit der Techniknutzung verbundenen Datenumgang regelt. Dazu wäre

---

[449] S. zum Beispiel § 3 Abs. 6 BImSchG.

auch eine eindeutige Regelung in einer FwDV oder einem Feuerwehrgesetz wün-
schenswert.

15.2   Erweiterung der Schweigepflicht

Die gemäß § 203 StGB geforderte ärztliche Schweigepflicht kann nicht analog auf andere Personen übertragen werden, die mit sensitiven Gesundheitsdaten im Berufsleben
in Kontakt kommen,[450] Die dort erfolgte Aufzählung, wer zum schweigepflichtigen Personenkreis gehört, ist abschließend. Danach gehören zum schweigepflichtigen Personenkreis lediglich Ärzte, Apotheker und Angehörige sonstiger Heilberufe, die eine
staatlich geregelte Ausbildung erfordern, also zum Beispiel Hebammen, Entbindungs-
pfleger, Krankenschwestern und Krankenpfleger, Krankengymnasten, medizinisch-
technische Assistenten, Diätassistenten sowie weitere Angehörige der Medizin- und
Pflegeberufe.[451] Die Einsatzleitung oder andere den Einsatz überwachende Personen
gehören demnach eindeutig nicht zum Personenkreis, der die Schweigepflicht einhalten
müsste.

Da aber auch andere Berufsgruppen, wie in diesem Fall die Einsatzleitung, mit den gleichen Gesundheitsdaten arbeiten, ist zu prüfen, ob diese nicht auch in die Schweigepflicht einbezogen werden müssen. Entscheidend sollte sein, ob Personen mit solchen
Daten arbeiten, die der Qualität derer entsprechen, die bei einer ärztlichen Untersuchung
entstehen. Es sollte demnach die Pflicht ausgeweitet werden, solche medizinischen Daten geheim zu halten. Wenn eine Verletzung der Schweigepflicht in diesem Fall nicht
nach § 203 StGB strafrechtlich sanktioniert werden soll, wäre zumindest in den Feuerwehrgesetzen eine Vorschriften aufzunehmen, nach dem auch das „Personal, das mit
medizinisch relevanten Daten umgeht" mit dienst- oder arbeitsrechtlichen Sanktionen
rechnen muss, wenn es unbefugt ein fremdes Geheimnis, namentlich ein zum persönlichen Lebensbereich gehörendes Geheimnis offenbart. Diese Regelung wäre im Wortlaut
damit an den § 203 StGB angelehnt.

Diese normative Änderung würde dem Interessekonflikt abschwächen, dass zwischen
dem Arbeitgeber oder Dienstherrn und der Einsatzleitung ein Abhängigkeitsverhältnis
besteht und dadurch die Interessen an einem Fortbestand ihres Arbeitsverhältnis für die
Einsatzleitung höher sind als an dem Schutz der Daten. Wenn der Einsatzleitung eine

---

[450] S. dazu Kap. 13.
[451] *Ulsenheimer*, in: Laufs/Kern 2010, § 69, Rn. 1.

Geheimhaltungspflicht auferlegt werden würde, dann wären sie viel eher angehalten, die Schweigepflicht auch einzuhalten.

15.3 Dienst- und Betriebsvereinbarungen

Es wurde bereits ein Ausblick auf die Lösung zur Problematik der fehlenden und unzureichenden Rechtsgrundlagen für den Einsatz der neuen Persönlichen Schutzausrüstung gegeben.[452] Hierbei wurde festgestellt, dass Betriebs- und Dienstvereinbarungen grundsätzlich geeignet sind, abstrakt generelle Regelungen für die Datenverarbeitung darzustellen. Solche Regelungen werden spätestens im Stadium eines flächendeckenden Einsatzes der Technik notwendig. Im Folgenden wird zum einen die Frage untersucht, ob eine entsprechende Regelung überhaupt durch Dienst- und Betriebsvereinbarungen zulässig ist. Zum anderen ist fraglich, wie entsprechende Vereinbarungen ausgestaltet werden müssten, damit sie als taugliche Rechtsgrundlage dienen können.

15.3.1 Regelungsschranken

Grundsätzlich müssen sich die in Betriebsvereinbarungen normierten Erlaubnisvorschriften im Rahmen der Regelungsautonomie der Betriebsparteien bewegen und dürfen die aus § 75 Abs. 2 BetrVG gezogenen Regelungsschranken nicht überschreiten.[453] Diese Schranken werden in besonderer Weise beim Umgang mit besonderen Arten von personenbezogenen Daten tangiert. Würden die Vertragsparteien sich auf eine Dienst- oder Betriebsvereinbarung einigen, die einen umfassenden Umgang mit Gesundheitsdaten zulässt, würde dieses einen schwerwiegenden Eingriff in das Selbstbestimmungsrecht der einzelnen Arbeitnehmer bedeuten.[454] Es wird die Ansicht vertreten, dass solche, für das Selbstbestimmungsrecht des Arbeitnehmers eingriffsintensiven Regelungen nicht in Form von Dienst- und Betriebsvereinbarungen erlassen werden dürfen.[455] Die Vertreter dieser Meinung begründen ihre Auffassung mit der Wesentlichkeitstheorie. Diese besagt, dass alle für das Gemeinwesen wesentlichen Entscheidungen im Staat dem Parlament vorbehalten sind. Das Wesentliche gehört zum Entscheidungsmonopol des Gesetzgebers und muss demzufolge durch formelles Gesetz geregelt werden.[456] Wesentlich sind insbesondere solche Entscheidungen, die zu intensiven Grundrechtseingriffen ermächtigen. Bisherige rechtswissenschaftliche Diskussionen zum fraglichen The-

---

[452] S. Kap. 11.2.
[453] BAGE 52, 102f.; LAG Hamburg, CR 1990, 52.
[454] *Taeger*, in: Taeger/Gabel 2010, § 4 BDSG, Rn. 36; *Möller*, ITRB 2009, 46.
[455] *Taeger*, in: Taeger/Gabel 2010, § 4 BDSG, Rn. 36.
[456] *Ossenbühl*, in: Isensee/Kirchhof 2009, Bd. V, § 101, Rn. 61.

menbereich orientieren sich vordergründig an Drogen-Screenings oder Genomanaly-sen.[457] Die hierzu erfolgten Diskussionen sind mit der Einführung der neuen Persönlichen Schutzausrüstung nur insofern vergleichbar, als es in allen Fällen um personenbezogene Daten geht, aus denen ein Aussagewert abgeleitet werden kann, der zum Teil zum inneren Kernbereich der Persönlichkeitssphäre gehört.

Es besteht jedoch aufgrund der inhaltlichen Unschärfe der Wesentlichkeitstheorie eine Reihe von Konkretisierungsproblemen.[458] Die Gründe für den Parlamentsvorbehalt in grundlegend normativen Bereichen sind zudem sehr vielfältig. Unter anderem liegen sie in der Förderung der Transparenz, der Öffentlichkeit des Verfahrens sowie der Gelegenheit der Betroffenen begründet, ihre Auffassung auszubilden und zu vertreten.[459] Diese Anforderungen seien durch gesetzliche Regelungen eher erfüllbar und werden der Verwirklichung der Grundrechte in grundrechtsrelevanten Bereichen gerecht.[460]

Die Grundrechtsintensität der Eingriffe durch Erhebung und Verwendung von Gesundheitsdaten durch das System der neuen Schutzausrüstung ist unbestreitbar. Ein derart regelmäßiger und zudem noch im Arbeitsumfeld stattfindender Umgang mit besonders schutzwürdigen Daten stellt einen schweren Eingriff in Art. 2 Abs. 1 i.V.m. Art. 1 Abs. 1 GG dar. Zu beachten ist jedoch, dass die Gründe für die Zuordnung zu wesentlich normativen Bereichen zum Entscheidungsspielraum des Gesetzgebers im konkreten Fall nur bedingt greifen. So wird der Transparenz im fraglichen Normbereich durch die Pflicht des Betriebsrats und des Arbeitgebers, die Vereinbarungen gemeinsam zu beschließen und schriftlich niederzulegen, eher erhöht. Entsprechende Regelungen sind sowohl für den öffentlichen Bereich in § 73 Abs. 1 BPersVG und den entsprechenden Landesvertretungsgesetzen, wie § 73 Abs. 1 Satz 3 LPVG (Baden-Württemberg) als auch für den privatrechtlichen Bereich in § 75 Abs. 2 Satz 3 BetrVG vorhanden. Hierdurch soll den Normadressaten eine bessere Kenntnisnahme ermöglicht werden.[461] Auch wird durch die Pflicht zur Bekanntgabe, die Öffentlichkeit des Verfahrens gefördert.

Es ist zu beachten, dass die jeweiligen Datenschutzgesetze von der Möglichkeit einer Regelung zum Umgang mit besonders schutzwürdigen Daten durch untergesetzliche

---

[457] *Wedde*, AiB 2003, 727; *Taeger*, in: Taeger/Gabel 2010, § 4 BDSG, Rn. 36; s. zu den Unterschieden Kap. 4.4.1.5.
[458] *Ossenbühl*, in: Isensee/Kirchhof 2009, Bd. V, § 101, Rn. 56.
[459] BVerfGE 85, 386 (403); 95, 267 (307).
[460] BVerfGE 34, 165 (192); 40, 237 (248f.); 41, 251 (260f.); 47, 46 (79).
[461] *Werner*, in: Rolfs/Giesen/Kreikebohm/Udsching 2011, § 77 BetrVG, Rn. 23.

Nornen ausgehen. In § 4 Abs. 1 2. Alt. BDSG und den Landesdatenschutzgesetzen[462] ist ausdrücklich die Regelung des Datenumgangs durch untergesetzliche Normen vorgesehen. In sämtlichen Datenschutzgesetzen sind zudem besondere Regelungen zum Umgang mit besonders schutzwürdigen Daten enthalten, wie zum Beispiel § 28 Abs. 6 bis 9 BDSG. Hierbei bestehen keine Ausnahmen für Dienst- und Betriebsvereinbarungen. Es ist demnach davon auszugehen, dass der Gesetzgeber bewusst von entsprechenden Regelungen abgesehen hat. Auch der Umkehrschluss aus den Personalvertretungs- und Betriebsverfassungsgesetzen stützt diese These. Die Mitbestimmungsrechte im öffentlichen[463] und nicht-öffentlichen[464] Sektor enthalten ausnahmslos Regelungen zur Leistungs- und Verhaltenskontrolle sowie zum Arbeits- und Gesundheitsschutz. Dem Gesetzgeber war demnach auch im Rahmen dieser Regelungswerke bewusst, dass zum einen ein Umgang mit Gesundheitsdaten im Arbeitsumfeld und zum anderen auch Leistungskontrollen sattfinden. Hätte der Gesetzgeber die Beteiligung der Räte in diesen Fragen ausschließen wollen, hätte er dieses im Rahmen der Vertretungsgesetze getan. Hiervon hat er jedoch abgesehen. Vielmehr hat er sogar ausdrücklich ihre Mitbestimmung in entsprechenden Fragen konstatiert und ihnen entsprechende Kompetenzen zugewiesen.

Es sprechen mithin die überzeugenderen Gründe dafür, dass die Regelung des Umgangs mit Gesundheitsdaten im Arbeitsumfeld in Form automatisierter Datenverarbeitung durch Dienst- und Betriebsvereinbarungen zulässig ist. Es wird im Folgenden von der Zulässigkeit ausgegangen.

Enthalten die Dienst- und Betriebsvereinbarungen jedoch keine Erlaubnis zu einem umfangreichen Umgang mit personenbezogenen und besonders schützenswerten Daten, sondern konkretisieren – für eine Einführungsphase – nur die Erhebung und Verwendung der Daten für erlaubte, eng begrenzte Zwecke und sehen vielfältige Vorkehrungen zum Schutz von personenbezogenen Daten vor, bestehen ohnehin keine Bedenken gegen ihre Zulässigkeit.

---

[462] Art. 15 BayDSG; § 4 Abs. 1 Nr. 1 LDSG BW; § 6 Abs. 1 BlnDSG; § 4 Abs. 1 BbgDSG; § 3 Abs. 1 BremDSG; § 5 Abs. 1 Nr. 1 HmbDSG; § 7 HDSG; § 7 Abs. 1 Nr. 2 DSG M-V; § 4 Abs. 1 Nr. 1 NDSG; § 4 Abs. 1 a.) DSG NRW; § 5 Abs. 1 LDSG RPf; § 4 Abs. 1 SDSG; § 4 Abs. 1 Nr. 1 SächsDSG; § 4 Abs. 1 DSG-LSA; § 11 Abs. 1 Nr. 2 LDSG SH; § 4 Abs. 1 ThürDSG.
[463] Kap. 9.3.1.
[464] Kap. 9.3.2.

Sollte die neue Persönliche Schutzausrüstung mit integrierten Sensoren zu einem breiten Einsatz in der Feuerwehr kommen, wäre es dennoch politisch sinnvoll, für den Datenumgang einheitliche Regelungen in den Feuerwehrgesetzen zu treffen.

15.3.2 Aspekte der Ausgestaltung

Fraglich ist, inwiefern durch untergesetzliche Regelungen der Mindeststandard des Bundesdatenschutzgesetzes oder der Landesdatenschutzgesetze unterschritten werden darf. Dieses ist in der rechtswissenschaftlichen Literatur stark umstritten.

§ 4 Abs. 1 BDSG und die anderen länderspezifischen Vorschriften zur Zulässigkeit des Umgangs mit personenbezogenen Daten enthalten regelmäßig keine ausdrücklichen Vorgaben, welchen materiellen Gehalt die „anderen Rechtvorschriften" enthalten müssen. Fraglich ist somit, inwiefern entsprechende Regelungen eine Legitimation für die Verarbeitung von personenbezogenen Daten enthalten können, wenn sie das durch das Bundesdatenschutzgesetz oder den Landesdatenschutzgesetzen gesetzte Schutzniveau unterschreiten. Ausdrücklich regelt dieses das Berliner Datenschutzgesetz. Gemäß § 6 Abs. 1 Satz 3 BlnDSG ist die Regelung durch eine andere Rechtsvorschrift nur zulässig, wenn diese einen „diesem Gesetz vergleichbaren Datenschutz gewährleistet." Eine entsprechende Regelung ist mit § 321 Abs. 5 BDSG-E geplant. Dieses Prinzip lässt sich jedoch nicht vorbehaltlos auf andere Datenschutzgesetze übertragen.[465] Die herrschende Lehre geht überwiegend davon ausgeht, dass Betriebs- und Dienstvereinbarungen die Verarbeitung von Personaldaten abweichend vom Bundesdatenschutzgesetz oder den Landesdatenschutzgesetzen nicht zum Nachteil des Arbeitnehmers regeln dürfen.[466] Das Bundesarbeitsgericht führte jedoch aus, dass das Niveau des Bundesdatenschutzgesetzes nicht unabdingbarer Mindeststandard sei, der nur zugunsten der Arbeitnehmer verbessert werden dürfe.[467] Hinsichtlich ihres zulässigen Inhalts seien die Vereinbarungen demnach nicht an den Vorschriften des Bundesdatenschutzgesetzes zu messen.

Für die Auffassung des Bundesarbeitsgerichts scheint zunächst der Wortlaut des § 1 Abs. 3 BDSG und der entsprechenden Normen der Landesdatenschutzgesetze zu sprechen. Hierin ist normiert, dass andere Rechtsvorschriften, die den Umgang mit personenbezogenen Daten regeln, den Vorschriften des Bundesdatenschutzgesetzes vorge-

---

[465] *Sokol*, in: Simitis 2011, § 4 BDSG, Rn. 17.
[466] *Latendorf/Rademacher*, CR 1989, 1105; *Wohlgemuth*, CR 1988, 1005; *Sokol*, in: Simitis 2011, § 4 BDSG, Rn. 17; *Linnekohl/Rauschenberg/Schütz*, BB 1987, 1454; *Simitis*, RDV 1989, 60; *Wächter*, DuD 1988, 600; *Roßmann*, DuD 2002, 288; *Beckschulze/Henkel*, DB 2001, 1501; *Büllesbach*, in: Roßnagel 2003, Kap. 6.1, Rn. 11.
[467] BAGE 52, 88.

hen. Hiergegen wendet sich der Großteil der herrschenden Lehre im Wesentlichen mit dem Argument der Rechtsnatur untergesetzlicher Normen. Für untergesetzliche Normen könne eine solche Abweichung generell nicht zugelassen werden.[468] Bedenklich erscheint an der Auffassung des Bundesarbeitsgerichts zudem, dass die Gefahr besteht, dass die in den Datenschutzgesetzen und § 75 Abs. 2 BetrVG konkretisierten grundgesetzlichen Wertungen unterlaufen werden. Dieses ist vor dem Hintergrund des nur limitierten Gestaltungsspielraums der Parteien von Dienst- und Betriebsvereinbarungen umso problematischer.[469] Im Ergebnis ist der Ansicht der herrschenden Lehre zu folgen. Festzuhalten bleibt somit, dass Betriebs- und Dienstvereinbarungen zwar nicht an den Wortlaut der Datenschutzgesetze gebunden sind, sondern an die Verhältnisse in der Dienststelle oder im Betrieb angepasste Regelungen treffen dürfen. Sie dürfen dabei allerdings nicht das durch die jeweils geltenden Datenschutzgesetze normierte Schutzniveau unterschreiten. Zu beachten sind vor allem die in allen Datenschutzgesetzen geltenden Prinzipien des Datenschutzes.

Betriebs- und Dienstvereinbarungen zum Datenschutz sollten daher vor allem die Generalklauseln in den Datenschutzgesetzen präzisieren. Es empfehlen sich enumerative Aufzählungen der personenbezogenen Daten und ihrer Verwendungszwecke. Die Einhaltung der Zweckbindung kann über arbeitsvertragliche Verpflichtungen der Mitarbeiter, nur genau definierte Verarbeitungen vorzunehmen, unterstützt werden.[470] Die betreffenden Normen müssen die Erhebung und Verwendung der personenbezogenen Daten konkret aussprechen. Die legitimen Verwendungszwecke sollten für jede Stufe der Datenverarbeitung aufgelistet werden. Es genügt nicht, dass der Umgang mit personenbezogenen Daten stillschweigend vorausgesetzt wird.[471]

---

[468] *Sokol*, in: Simitis 2011, § 4 BDSG, Rn. 17.

[469] *Gola/Wronka* 2010, Rn. 246.

[470] *Liedtke*, in: Kilian/Heussen 2010, 1. Abschn., Teil 7, Rn. 52.

[471] *Gola/Wronka* 2010, Kap. 3, Rn. 249.

Teil V   Auswertung

16   Rechtliche Bewertung und Übertragbarkeit auf andere Berufsgruppen

Abschließend stellt sich die Frage, ob die gefundenen Erkenntnisse und die erarbeiteten technischen, organisatorischen und rechtlichen Gestaltungsvorschläge auch auf weitere Berufsgruppen und Tätigkeiten übertragen werden können und für diese eine rechtskonforme Einführung des Telemonitoring möglich ist. In Frage kommen vor allem Einsatzkräfte der Polizei, des Werkschutzes, der Störfallbeseitigung, von Rettungsdiensten und Unfallhilfen.

Der Einsatz der mit Sensoren ausgestatteten Schutzkleidung bringt, ohne die Umsetzung der technischen und organisatorischen Gestaltungsvorschläge, Risiken für die informationelle Selbstbestimmung der betroffenen Beschäftigten mit sich. Die Gefährdungen sind jedoch gegen die immensen Vorteile abzuwägen, die der Einsatz der Technik bedeuten würde. Betont wurde insbesondere die Verbesserung der Verwirklichungsbedingungen des Grundrechts auf Leben und körperliche Unversehrtheit gemäß Art. 2 Abs. 2 Satz 1 GG der Einsatzkräfte und vom Einsatz betroffener Dritter sowie die Verbesserung der Ausübungsbedingungen des Ermessens der Einsatzleitung.[472] Diese kann ihre Einsatzentscheidungen auf einer breiteren und verlässlicheren Informationsbasis treffen und auf objektive Beurteilungsmaßstäbe stützen, wenn ihr in Echtzeit Vitaldaten zur Verfügung stehen, denen sie die aktuelle körperliche Belastung der Einsatzkräfte entnehmen kann. Dadurch kann auch die Einsatzkraft selbst ihre eigenen Leistungsgrenzen besser erkennen.

Findet der Einsatz von mit Sensoren ausgestatteten Schutzanzügen auch bei anderen Berufsgruppen und Tätigkeiten statt, kann die für die Einsatzkräfte der Feuerwehr vorgenommene Interessenabwägung nicht ohne weiteres übertragen werden. Es ist grundsätzlich auf der Basis einer tätigkeitsbezogenen Chancen- und Risikoanalyse eine selbständige Abwägung verfassungsrechtlich geschützter Interessen vorzunehmen. Diese kann sich allerdings an der Chancen- und Risikoanalyse sowie der Interessenabwägung für die Feuerwehreinsatzkräfte weitgehend orientieren. Das Ergebnis der Interessenabwägung bestimmt letztlich die Zulässigkeit und den Umfang des Vitaldatenmonitorings bei anderen Berufsgruppen.

---

[472] S. dazu Kap. 4.

Eine Übertragung der rechtlichen Bewertung für den Einsatz von Schutzanzügen, die mit Sensor-Technik ausgestattet sind, bei Feuerwehreinsatzkräften auf andere Berufsgruppen und Tätigkeiten ist daher nur möglich, wenn

- eine vergleichbare Gefahrensituation vorliegt und
- der Einsatz der mit Sensoren ausgestatteten Schutzanzüge geeignet ist, die aufgrund der Gefahrensituation bestehenden Risiken für die Gesundheit und das Leben oder für andere Schutzgüter mit gleich hohem Rang der Beschäftigten oder Dritter zu minimieren.

Entscheidend ist demnach vor allem, ob vergleichbare Vorteile für das Leben und die körperliche Unversehrtheit sowie die Ausübungsbedingungen der Einsatzleitung auch in anderen Einsatzgebieten als demjenigen der Feuerwehr zu erwarten sind.

Die in Bezug auf die Feuerwehreinsatzkräfte ermittelten Chancen für einen besseren Schutz des Lebens und der Gesundheit durch den Einsatz der Schutzanzüge lassen sich nicht realisieren, wenn bei den potenziellen Einsatzfeldern und Berufen keine vergleichbaren Gefahrensituationen bestehen. Die für Feuerwehreinsatzkräfte bestehenden Gefahren sind vielfältig. Benannt wurden insbesondere die Gefahren vor unwägbaren Stoffen, Hitze und die daraus resultierenden Folgen, wie Explosionen und Einstürze sowie besondere chemische oder biologische Implikationen.[473] Vergleichbaren Gefahren können insbesondere sonstige mit der Gefahrenabwehr beauftragte öffentliche Stellen wie die Polizei ausgesetzt sein. In Betracht kommen auch private Industrieunternehmen, bei denen infolge von chemischen, physikalischen, biologischen oder andere technischen und mechanischen Prozessen Gefahren für die Gesundheit der Beschäftigten oder Dritter bestehen. Zu beachten sind allerdings die rechtlichen und tatsächlichen Unterschiede, die im Feuerwehrdienst im Vergleich zur Gefahrenabwehr sonstiger öffentlicher Stellen und privater Betriebe oder sonstiger Stellen bestehen.

Die erschwerten Bedingungen bei der Gefahrenabwehr der Feuerwehr resultieren aus den extremen und nicht kontrollierbaren Umgebungsbedingungen, die von Bränden ausgehen und eine akute Gefahr für das Leben und die Gesundheit der Einsatzkräfte und Dritter bedingen. Auch bei der Feuerwehr sollen die mit Sensoren ausgestatteten Schutzanzüge nicht bei jedem Einsatz getragen werden. In anderen gefahrgeneigten Berufen ist zum einen keine vergleichbare Intensität der Umgebungsbedingungen vorhanden, zum anderen kann der Beschäftigte sie eher kontrollieren oder sich ihnen einfa-

---

[473] Hierzu detailliert Kap. 2.1.

cher entziehen. Eine weitere Besonderheit des Feuerwehrdienstes ist die erforderliche dynamische Berücksichtigung sich verändernder Einsatzbedingungen. Hierauf müssen Einsatzkraft und Einsatzleitung ständig reagieren und ihr Verhalten entsprechend anpassen. Diese Probleme sind ein Sonderfall für den Feuerwehrberuf und nur bedingt auf andere Berufe übertragbar.[474]

Das Aufgabenfeld des Polizeidienstes lässt sich zum Beispiel nicht vollständig mit dem des Feuerwehrdienstes vergleichen. Anders als bei der Feuerwehr beschränken sich die Aufgaben der Polizei nicht nur auf den Bereich der Gefahrenabwehr, sondern erstrecken sich gemäß § 163 StPO und § 53 OWiG auch auf die Strafverfolgung. Besonderen Nutzen bietet das Monitoring aber nur in gefährlichen Situationen. Die Zuständigkeit der Polizei für die Gefahrenabwehr wird durch die Gefahrenabwehrgesetze der Länder allerdings regelmäßig auf die Fälle beschränkt, bei denen die Abwehr der Gefahr durch andere – originär zuständige – Behörden, die Aufgaben der Gefahrenabwehr zu erfüllen haben, nicht oder nicht rechtzeitig möglich erscheint.[475] Damit besitzen beispielsweise die Feuerwehr und der Rettungsdienst für entsprechende Situationen der Gefahrenabwehr die originäre Zuständigkeit. Die Polizei soll gemäß Polizeidienstvorschrift 100[476] die Aufgabe der Gefahrenabwehr aber nur so lange wahrnehmen, bis Feuerwehr und Rettungsdienst selbst dazu in der Lage sind. Die Aufgaben der Polizei können demnach gelegentlich mit denen der Feuerwehr übereinstimmen. Sie können im Rahmen der Gefahrenabwehr in gefährliche Situationen kommen, in denen sie zum Teil körperlich anstrengende Arbeit zu verrichten haben. Es ist aber nicht ersichtlich, inwiefern der Einsatzleitung der Polizei dauerhaft eine bessere Planung eines Einsatzes durch die Kenntnis der Umgebungs- und Vitaldaten der polizeilichen Einsatzkräfte ermöglicht wird. Dieses wird höchstens dann anzunehmen sein, wenn die Polizeikräfte in ähnlich extremen Umfeldbedingungen eingesetzt werden, wie es beim Einsatz im Innenangriff in einem Brandherd der Fall ist. Im allgemeinen Polizeidienst bestehen jedoch regelmäßig nicht solche extremen Umfeldbedingungen und daher auch nicht so hohe Risiken für das Leben und die Gesundheit der Polizisten. Außerdem können die für den Polizeieinsatz typischen Risiken, die zum Beispiel durch einen tätlichen Angriff eines Festzu-

---

[474] Eine ähnliche Belastung wie der Feuerwehrmann während eines Feuerwehreinsatzes könnte beispielsweise höchstens der Soldat im Kampfeinsatz oder in Gefahrensituationen auch Mitarbeiter in Atomkraftwerken haben. Berufe, die zwar gefährlich sind, aber die Gefahren nicht denen des Feuerwehrberufes entsprechen, sind beispielsweise Waldarbeiter, Sprengmeister, Dachdecker oder Gerüstbauer. Eine Überwachung der Vitaldaten wäre hier zur Verbesserung des Schutzes für Leben und Gesundheit nicht in dem Maße nutzenstiftend wie im Feuerwehrwesen.
[475] S. z.B. § 2 HSOG (Hessisches Gesetz über die öffentliche Sicherheit und Ordnung).
[476] Vorschrift zur Führung und Einsatz der Polizei, 4.15.1.4.

nehmenden oder auch ein Schusswechsel bestehen, nicht durch ein Umgebungs- und Vitaldatenmonitoring minimiert werden, da es sich um plötzliche und unvorhersehbarere Ereignisse handelt.

Eine andere rechtliche Bewertung kann sich dagegen für die Positionsdaten und die Erfassung weiterer Umfeldbedingungen, wie zum Beispiel der Temperatur und dem Luftdruck oder die Ermittlung von Stürzen mittels Beschleunigungssensoren ergeben. Besonders im Großeinsatz kann die Verarbeitung von Positionsdaten von polizeilichen Einsatzkräften zu besseren Koordinationsmöglichkeiten führen.[477] In Verbindung mit den Koordinationsdaten weiterer am Einsatz beteiligter Einsatzkräfte potenziert sich der Nutzen. Dieses kann beispielsweise besonders bei Großveranstaltungen wie Demonstrationen, Konzerten oder Sportereignissen von Vorteil sein, bei denen eine große Anzahl an Polizeikräften in großräumigen Einsatzgebieten zu koordinieren ist.

In Bezug auf die Zulässigkeit des Umgebungs- und Vitaldatenmonitorings bei anderen gefahrgeneigten Berufen ist zu beachten, dass es nur wenige Berufe gibt, bei denen sich die Beschäftigten in einer vergleichbaren Gefahrensituation wie derjenigen bei einem Feuerwehreinsatz befinden. Dementsprechend wird der Einsatz der Persönlichen Schutzanzüge mit Sensortechnik nur bedingt geeignet sein, vergleichbare Rechtsgüter wie das Leben und die körperliche Unversehrtheit zu schützen. Dieser wäre bei privatrechtlich angestellten Beschäftigten in der Industrie nur zulässig, wenn die Beschäftigten vergleichbaren Aufgaben und Gefahren ausgesetzt wären wie die Feuerwehreinsatzkräfte.

Soweit der Einsatz von Schutzanzügen mit Sensortechnik in anderen Berufsgruppen und Tätigkeitsbereichen grundsätzlich zulässig ist, sind die erarbeiteten Vorschläge für die technische und organisatorische Gestaltung des gesamten I&K-Systems und für die rechtliche Rahmensetzung zu übertragen. Soweit die Gefahren für die informationelle Selbstbestimmung durch die Gestaltungsvorschläge nicht abgemildert werden können, sind der Umfang und die Intensität des Umgebungs- und Vitalmonitorings zu reduzieren.

---

[477] S. hierzu: Kap. 3.2.

17 Zusammenfassung: Wearable Computing in Schutzanzügen

Die mit I&K-Technik ausgestatteten Schutzanzüge bieten ein großes Potenzial, sich positiv auf den Gesundheitsschutz und die Aufgabenerfüllung im Feuerwehrdienst auszuwirken. Gleichzeitig ist der Einsatz der Technik jedoch mit erheblichen Risiken für die informationelle Selbstbestimmung der Einsatzkräfte verbunden, die es zu vermeiden gilt.

Dem Einsatz der Schutzanzüge stehen keine zwingenden rechtlichen Gründe entgegen. Es sind aber verschiedene Aspekte zu berücksichtigen, damit der Einsatz rechtlich zulässig ist. Diese ergeben sich aus den spezifischen Vorschriften für Feuerwehren, dem Betriebs- und Personalvertretungsrecht sowie den spezifischen Vorschriften zum Beschäftigtendatenschutz. Vor dem tatsächlichen Einsatz der Persönlichen Schutzausrüstung mit I&K-Technik sind verschiedene Zulassungsanforderungen zu beachten. Insbesondere sind die Anforderungen aus der 8. GPSV und dem Medizinproduktegesetz sowie den dahingehenden Konkretisierungen zu berücksichtigen. Sollten die im Anzug implementierten Funktionen irgendwann zum aktuellen Stand der Technik gehören, würde sich hieraus die Pflicht des Dienstherrn und Arbeitgebers ableiten, diese den Bediensteten und Beschäftigten bereitzustellen. Diese haben gleichzeitig, die aus den Weisungsbefugnissen des Dienstherrn und Arbeitgebers folgende Pflicht zur Nutzung des Systems. Eingeschränkt wird die Weisungsbefugnis durch die Mitbestimmungs- und Mitwirkungsrechte der Personal- und Betriebsräte. Beim tatsächlichen Einsatz der persönlichen Schutzausrüstung sind weiterhin verschiedene datenschutzrechtliche Anforderungen zu beachten.

Kritisch zu bewerten ist die momentane Rechtslage in Bezug auf die Erhebung und Verarbeitung besonderer Arten personenbezogener Daten durch automatisierte Kontexterfassung im Beschäftigungsverhältnis. Weder die Feuerwehrgesetze noch die Datenschutzgesetze der Länder und des Bundes bieten derzeitig – weder nach der geltenden Rechtslage noch von bestehenden Gesetzesentwürfen – ein hinreichendes Maß an Rechtssicherheit für die Beteiligten. Die bestehenden Regelungen sind daher durch Dienst- und Betriebsvereinbarungen zu ergänzen. Eine solche Legitimierung wird vor allem für die Erprobung der Technik in Frage kommen. Sie ermöglicht, solange keine passenden spezifischen Gesetzesregelungen bestehen, die Zulassung der Erprobung mit konkreten Schutzvorkehrungen zu vereinbaren. Zudem bieten sie die Möglichkeit, in Bezug auf die öffentliche Stelle oder das Unternehmen, die verschiedenen Feuerwehren sowie auf ihre spezifischen Aufgaben und Risiken zugeschnittene Regelungen zu vereinbaren. In die Betriebs- oder Dienstvereinbarungen sind Vorgaben für den Umgang mit den Daten aufzunehmen, die die Einhaltung der datenschutzrechtlichen Prinzipien gewährleisten. Die Erhebung der Umgebungs- und Vitaldaten zum Zweck der Einsatzunterstützung ist zulässig. Der Umgang der Daten zu anderen Zwecken ist jedoch nur sehr restriktiv möglich. Hervorzuheben ist die Verarbeitung der Daten zum Zweck der Qualitätssicherung, der Beweissicherung und der Unterstützung anderer öffentlicher Stellen. Soweit die dargestellten Anforderungen erfüllt werden, widerspricht diese Verarbeitung nicht dem Zweckbindungsgrundsatz. Es muss allerdings Sorge dafür getragen werden, dass die Daten nicht dem Arbeitgeber für eine Leistungsbewertung zur Verfügung stehen oder in der Personalakte gespeichert werden. Insbesondere ist bei der Erhebung, Speicherung und Übermittlung der Vital- und Umgebungsdaten stets der Erforderlichkeitsgrundsatz zu beachten.

Werden die angeführten Vorschläge berücksichtigt, steht einer Erhebung, Speicherung und Übermittlung für die dargestellten und eindeutig bestimmten Zwecke nichts entgegen. Zurückhaltend sollte von der Möglichkeit der Erteilung einer datenschutzrechtlichen Einwilligung Gebrauch gemacht werden. Sobald eine Einsatzkraft die Einwilligung nicht erteilt, muss dies bei der technischen und organisatorischen Umsetzung berücksichtigt werden können. Dies würde eine entsprechend aufwändigere Systemgestaltung erfordern.

Zur weitestgehenden Vermeidung der Risiken und gleichzeitigen Realisierung der Chancen wurden aus den Prinzipien des Datenschutzrechts und anderen rechtlichen Anforderungen technische und organisatorische Gestaltungsvorschläge abgeleitet. Durch die rechtlich angeleitete Gestaltung der Technik sind Vorschläge für einen schonenden Ausgleich der verschiedenen Grundrechtspositionen entstanden, die es bei einem tatsächlichen Einsatz im Feuerwehrdienst zu beachten gilt. Weiterhin wurden auch normative Gestaltungsvorschläge unterbreitet. Sie greifen die bestehenden Regulierungslücken auf und unterbreiten Vorschläge für eine technikadäquate Fortentwicklung des aktuellen Rechts.

Die Integration von Sensoren zur Messung von Vital- und Umgebungsparametern in die Persönliche Schutzausrüstung der Einsatzkräfte beugt eventuellen gefährlichen Situationen vor und dient damit der erhöhten gesundheitlichen Vorsorge. Das ist sowohl für den Dienstherrn und Arbeitgeber als auch für den Beschäftigten positiv zu beurteilen. Daher ist zu erwarten, dass diese Art von Einsatzmonitoring nach dem Abschluss der Entwicklungsphase Einzug in den Feuerwehralltag hält und langfristig zum Stand der Technik werden wird.

18 Ausblick: Wearable Computing und Datenschutzrecht

Die Untersuchung konnte die These bestätigen, dass das geltende Recht, insbesondere das Datenschutzrecht, für das Beschäftigungsverhältnis grundsätzlich ausreichende Regelungen zur Verfügung stellt, um bei problem- und risikoadäquaten Konkretisierungen der Regelungen befriedigende Ergebnisse zu erzielen. Dadurch konnten ein ausreichender normativer Schutz für die betroffenen rechtlichen Schutzgüter erreicht, zwischen konkurrierenden Schutzgütern ein befriedigender normativer Ausgleich gefunden und in der präventiven rechtlichen Technikgestaltung praktikable und akzeptable Vorschläge zur Konfliktlösung oder Konfliktvermeidung erzielt werden.

Diese notwendigen konkretisierenden Regelungen sind selten wörtlich in einem Gesetz enthalten. Sie müssen vielmehr durch Interpretation gesetzlicher Regelungen oder durch untergesetzliche Vorschriften erst noch entwickelt oder erzeugt werden. Insoweit bestehen gewisse Rechtsunsicherheiten. Daher wäre es hilfreich, die wenigen im Gutachten angesprochenen gesetzlichen Ergänzungen bei Gelegenheit durchzuführen.

Ergänzende Regelungen sind vielfach auf der Ebene der Dienst- und Betriebsvereinbarungen erst noch zu vereinbaren. Dies entspricht der Systematik regulierter Selbstregulierung im kollektiven Arbeitsrecht. Die hier entwickelten Vorschläge sind aus problem- und risikoadäquaten Abwägungen zwischen den grundrechtlichen Wertungen und den gesetzlichen Aufgabenstellungen der Feuerwehren entwickelt worden. Es ist zu hoffen, dass in der Rechtspraxis die Partner von Dienst- und Betriebsvereinbarungen eine vergleichbare Risikowahrnehmung und Problemsicht aufbringen oder entwickeln.

Insgesamt ist festzustellen, dass das geltende Recht grundsätzlich geeignet ist, in Beschäftigungsverhältnissen geeignete technisch-organisatorische Lösungen zu finden und die Technikanwendungen rechtsadäquat zu gestalten. Die festgestellten Kritikpunkte gelten daher nicht dem grundsätzlichen Schutzkonzept des Datenschutzrechts, sondern allenfalls einzelnen Ausgestaltungen im Detail.

Die Ergebnisse des Gutachtens lassen allerdings noch keine Schlussfolgerungen für den Einsatz von Ubiquitous und Wearable Computing in komplexen Situationen zu, in denen die Beteiligten ständig wechselnde Rollen einnehmen, in denen sie vielfältige Zwecke gleichzeitig verfolgen und in denen die Technik spontan und unbemerkt wirksam wird. Diese Situationen entsprechen nicht dem „Erwartungshorizont" des Datenschutzrechts mit übersichtlichen Situationen, klaren Interessenkonflikten und nachvollziehbaren Datenverarbeitungen. Vor allem wird die Anwendung des bisherigen Schutzkon-

zepts schwierig, weil die Technikanwendungen von den Betroffenen gewünscht oder
sogar initiiert werden. Für diese Situationen gilt weiterhin die Vermutung, dass die Bestandteile des überkommenen Schutzprogramms des Datenschutzrechts durch
Ubiquitous Computing ausgehöhlt oder überspielt werden.[478]

Soll die informationelle Selbstbestimmung auch in diesen Anwendungen gewahrt werden, bedürfte es eines modifizierten und ergänzten Schutzprogramms, in dem die Konzepte und Instrumente des Datenschutzes der Allgegenwärtigkeit der Datenverarbeitung
angepasst sind. Notwendig wäre eine objektivierte Ordnung der Datenverarbeitung und
-kommunikation bei professioneller Kontrolle, mit vorsorgender Gestaltung von Strukturen und Systemen, mit Inpflichtnahme von Herstellern zur Umsetzung von Datenschutz in Technik sowie mit der Nutzung von Eigennutz durch Anreize zu datenschutz-
gerechtem Handeln.[479] Die notwendige Problemsicht ist aber bisher weder beim
deutschen noch beim europäischen Gesetzgeber zu erkennen. Auch der Entwurf der
Europäischen Kommission zu einer Datenschutz-Grundverordnung[480] lässt die erforderlichen Zielsetzungen und Regelungsvorschläge vermissen.

---

[478] S. *Roßnagel* 2007, 126 ff.; *ders.* 2008, 141 ff.
[479] S. *Roßnagel* 2007, 175 ff.; *ders.* 2008, 152 ff.
[480] KOM (2012) 11 endg.

Literaturverzeichnis

Ascheid, R./Preis, U./Schmidt, I. (Hrsg.)	Kündigungsrecht, 3. Auflage, München 2007 (zit.: *Bearbeiter*, in: Ascheid/Preis/Schmidt 2007).
Bamberger, H. G./Roth, H. (Hrsg.)	Beck´scher Online-Kommentar BGB, Edition: 19, München 2011 (zit.: *Bearbeiter*, in: Bamberger/Roth 2011).
Battis, U.	Bundesbeamtengesetz - Kommentar, 4. Auflage, München 2009 (zit.: *Bearbeiter*, in: Battis 2009).
Baumann, R.	Stellungnahme zu den Auswirkungen des Urteils des *BVerfG* vom 15.12.83 zum Volkszählungsgesetz 1983, DVBl. 1984, 612.
Bäumler, H.	Der neue Datenschutz in der Realität, DuD 2000, 257.
Beckschulze, M./Henkel,W.	Der Einfluss des Internets auf das Arbeitsrecht, DB 2001, 1491.
Beuthien, V.	Mitbestimmung unternehmerischer Sachentscheidungen kraft Tarif- oder Betriebsautonomie, ZfA 1984, 1.
Borgmann, B./Faas, T.	Das Weisungsrecht zur betrieblichen Ordnung nach § 106 S. 2 GewO, NZA 2004, 241.
Bull, H.-P.	Aus aktuellem Anlass: Bemerkungen über Stil und Technik der Datenschutzgesetzgebung, RDV 1999, 148.
Conze, P.	Personalbuch Tarifrecht öffentlicher Dienst, Personalbuch Tarifrecht öffentlicher Dienst TVöD, TV-L, TV-Ärzte, 2. Auflage, München 2008.
Däubler, W.	Das neue Bundesdatenschutzgesetz und seine Auswirkungen im Arbeitsrecht, NZA 2001, 874.
Denk, J.	Arbeitsschutz und Mitbestimmung des Betriebsrats, ZfA 1976, 447.
Diegmann, H./Lankau, I.- E.	Hessisches Brand- und Katastrophenschutzrecht – Kommentar, 6. Auflage Stuttgart 2010.
Dierks, C.	Gesundheits-Telematik – Rechtliche Antworten, DuD 2006, 142.
Dieterich, T./Fraint, M./Nogler, L./Kezuka, K./Pfarr, H. (Hrsg.)	Arbeitsmedizinische Untersuchungen zwischen Fürsorge und Selbstbestimmung, Individuelle und kollektive Freiheit im Arbeitsrecht – Gedächtnisschrift für Ulrich Zachert 2010.
Dreier, H. (Hrsg.)	Grundgesetz – Kommentar, Band II, Tübingen 2006 (zit.: *Bearbeiter*, in: Dreier 2006).
Eckert, C.	IT-Sicherheit, Konzepte – Verfahren – Protokolle, 4. Auflage, München u.a. 2006.
Ehleben, M./Schirge, B./Seipel, M.,	Datenschutz rund ums Arbeitsverhältnis – Wie wir ihn durchsetzen?, AiB 2009, 192.
Epping, V./Hillgruber, C. (Hrsg.)	Grundgesetz – Kommentar, München 2009 (zit.: *Bearbeiter*, in: Epping/Hillgruber 2009).

Erfurth, A.   Datenschutz im Arbeitsverhältnis: Die Neuregelung des § 32
                                 BDSG, NJOZ 2009, 2914.

Franzen, M.   Arbeitnehmerdatenschutz – rechtspolitische Perspektive, RdA
                                 2010, 257.

Giesen, T.   Ärztliche Untersuchungen im Arbeitsverhältnis, Arbeitsmedi-
                                 zinische Praxis 2007, 646.

Gola, P.   Datenschutz bei der Kontrolle „mobiler" Arbeitnehmer –
                                 Zulässigkeit und Transparenz, NZA 2007, 1139.

Gola, P./Schomerus, R.   Bundesdatenschutzgesetz – Kommentar, 10. Auflage, Mün-
                                 chen 2010.

Gola, P./Wronka, G., (Hrsg.)   Handbuch zum Arbeitnehmerdatenschutz Rechtsfragen und
                                 Handlungshilfen unter Berücksichtigung der BDSG-
                                 Novellen, 5. Auflage, Königswinter/Bonn 2010 (zit.: *Bear-
                                 beiter,* in: Gola/Wronka 2010).

Grosjean, S.   Überwachung von Arbeitnehmern – Befugnisse des Arbeit-
                                 gebers und mögliche Beweisverwertungsverbote, DB
                                 2003, 2650.

Hammer, V./Pordesch,   Betriebliche Telefon- und ISDN-Anlagen rechtsgemäß gestal-
U./Roßnagel, A.   tet, Berlin 1993.

Heinson, D./Schmidt, B.   IT-gestützte Compliance-Systeme und Datenschutzrecht Ein
                                 Überblick am Beispiel von OLAP und Data Mining, CR
                                 2010, 540.

Heinson, D./Sörup, T./Wytibul, Der Regierungsentwurf zur Neuregelung des Beschäftigten-
T.   datenschutzes, CR 2010, 751.

Heintschel-Heinegg, B.   Beck´scher Online-Kommentar StGB, Edition: 15, München
(Hrsg.)   2011.

Hergenröder, C. W.   Kündigung und Kündigungsschutz im Lichte der Verfassung,
                                 ZfA 2002, 355.

Herzog, R./Scholz,   Maunz-Dürig: Grundgesetz–Kommentar, 60. Ergänzungslie-
R./Herdegen, M./Klein, H.   ferung, Oktober 2010 (zit.: *Bearbeiter,* in: Herzog/Scholz/
(Hrsg.)   Herdegen/Klein 2010).

Heußner, H.   Datenverarbeitung und die Rechtsprechung des Bundesver-
                                 fassungsgerichts im Spannungsfeld zwischen Recht und Poli-
                                 tik, ARBUR 1985, 309.

Heußner, H.   Datenverarbeitung und Grundrechtsschutz nach der Recht-
                                 sprechung des Bundesverfassungsgerichts, RDV 1988, 7.

Hornung, G.   Die digitale Identität, Rechtsprobleme von Chipkartenaus-
                                 weisen digitaler Personalausweis, elektronische Gesundheits-
                                 karte, JobCard-Verfahren, Baden-Baden 2005.

Hornung, G.   Der Versicherungsrechtliche Schutz der Vertraulichkeit und
                                 Integrität informationstechnischer Systeme, CR 2008, 299.

Hornung, G./Schnabel, C.   Verfassungsrechtlich nicht schlechthin verboten – Das Urteil
                                 des Bundesverfassungsgerichts in Sachen Vorratsdatenspei-
                                 cherung, DVBl 2010, 824.

Hufen, F.	Staatsrecht II, München 2009.
Hümmerich, K./Boecken, W./ Düwell, F.-J. (Hrsg.)	Anwaltskommentar Arbeitsrecht Band 1, Bonn 2007 (zit.: *Bearbeiter*, in: Hümmerich/Boecken/Düwell 2007).
Hunold, W.	Rechtsprechung zum Direktionsrecht des Arbeitgebers, NZA-RR 2001, 337.
Iraschko-Luscher, S./Kiekenbeck, P.	Welche Krankheitsdaten darf der Arbeitgeber von seinem Mitarbeiter abfragen?, NZA 2009, 1239.
Isensee, J./Kirchhoff, P. (Hrsg.)	Handbuch des Staatsrechts, Band V. Rechtsquellen, Organisationen, Finanzen, Heidelberg 2009 (zit.: *Bearbeiter*, in: Isensee/Kirchhoff, Bd. V).
Isensee, J./Kirchhoff, P. (Hrsg.)	Handbuch des Staatsrechts, Band VII. Freiheitsrechte, Heidelberg 2009 (zit.: *Bearbeiter*, in: Isensee/Kirchhoff Bd. VII).
Jandt, S.	Vertrauen im Mobile Commerce – Vorschläge für die rechtsverträgliche Gestaltung von Location Based Services, Baden-Baden 2008.
Jauernig, O. (Hrsg.)	Bürgerliches Gesetzbuch – Kommentar, 13. Auflage, München 2009.
Joussen, J.	Die Zulässigkeit von vorbeugenden Torkontrollen nach dem neuen BDSG, NZA 2010, 254.
Kamps, H.	Medizinprodukte, Qualitätssicherung im Labor und eichpflichtige Gegenstände in der Arztpraxis, Medizinrecht 2009, 396.
Kemper, H.	Unfallverhütung, 3. Auflage, Landsberg/Lech 2007.
Kiesecker, R.	Medizinprodukte, Qualitätssicherung im Labor und eichpflichtige Gegenstände in der Arztpraxis, MedR 2009, 396.
Kilian, W./Heussen, B. (Hrsg.)	Computerrecht - Handbuch, München 2008, 28. EL April 2010.
Knorr, K-H.	Die Gefahren der Einsatzstelle, 8. Auflage, Stuttgart 2010.
Kollmer, N./Klindt, T.	Kommentar zum Arbeitsschutzgesetz, 2. Auflage, München 2011 (zit.: *Bearbeiter*, in: Kollmer/Klindt 2011)
Kutscha, M.,	Datenschutz durch Zweckbindung – Ein Auslaufmodell?, ZRP 1999, 156.
Latendorf, M. /Rademacher, P.	Betriebsvereinbarungen als andere Rechtsvorschriften, CR 1989, 1105.
Laue, P.	Vorgangsbearbeitungssysteme in der öffentlichen Verwaltung, Kassel 2010.
Laufs, A./Kern, B.-R. (Hrsg.)	Handbuch des Arztrechts, 4.Auflage, München 2010 (zit.: *Bearbeiter*, in: Laufs/Kern 2010).
Leisner, W.	Personaleinsparungen ohne Aufgabenreduktion, ZBR 1998, 73.
Leitherer, S. (Hrsg.)	Kasseler Kommentar, Sozialversicherungsrecht 68. Auflage, München 2010 (zit.: *Bearbeiter*, in: Leitherer 2010).

Linnekohl, K./Rauschenberg,   Auf dem Wege zu einem „kollektiven Datenschutz"? (Ge-
H-J./Schütz, R. (Hrsg.)   danken zu BAG v. 27. 5. 1986, BB 1986, 1087, über die Mit-
    bestimmung bei Telefondatenerfassung), BB 1987, 1454.

Lisken, H./Denninger, E.   Handbuch des Polizeirechts, 4.Auflage, München 2007 (zit.:
(Hrsg.)   *Bearbeiter,* in: Lisken/Denninger 2007).

Lüder, S. R.   Recht und Praxis der nichtpolizeilichen Gefahrenabwehr, 2.
    Auflage, Berlin 2009.

Merten, D./Papier, H. J.   Handbuch der Grundrechte, Band II, Heidelberg 2006 (zit.:
(Hrsg.)   *Bearbeiter,* in: Merten/Papier 2006).

Moll, W. (Hrsg.)   Münchener Anwalts-Handbuch Arbeitsrecht, München 2005
    (zit.: *Bearbeiter,* in: Moll 2005).

Möller, R.   Betriebsvereinbarungen zur Internetnutzung, ITRB 2009, 44.

Müller-Glöge, R./ Preis,   Erfurter Kommentar zum Arbeitsrecht, 11. Auflage, München
U./Schmidt, I. (Hrsg.)   2011 (zit.: *Bearbeiter,* in: Müller-Glöge/Preis/Schmidt 2011).

Oetker, H.   Arbeitsrechtlicher Bestandsschutz und Grundrechtsordnung,
    RdA 1997, 9.

Palandt, O. (Hrsg.)   Palandt Kommentar zum BGB, 70. Auflage, München 2011
    (zit.: *Bearbeiter,* in: Palandt, 2010).

Pielow, J-C. (Hrsg.)   Beck'scherOnline-Kommentar GewO, München, Stand April
    2011 (zit.: *Bearbeiter,* in: Pielow 2011).

Pieroth, B./Schlink, B.   Grundrechte Staatrecht II, 26. Auflage, Heidelberg 2010.

Quaas, M./Zuck, R. (Hrsg.)   Medizinrecht, 2. Auflage, München 2008 (zit.: *Bearbeiter,* in:
    Quaas/Zuck).

Rechenberg, P./Pomberger, G.   Informatik Handbuch, München 2002 (zit.: *Bearbeiter,* in:
(Hrsg.)   Rechenberg/Pomberger 2002).

Richardi, R. (Hrsg.)   Betriebsverfassungsgesetz mit Wahlordnung, Kommentar,
    12. Auflage, München 2010, Vorbemerkung § 90 (zit.: *Bear-*
    beiter, in: Richardi 2010).

Richardi, R./Dörner,   Beck´sche Kommentare zum Arbeitsrecht Personalvertre-
H.J./Weber, C. (Hrsg.)   tungsrecht Bundespersonalvertretungsrecht mit Erläuterungen
    zu den Personalvertretungsgesetzen der Länder, München
    2008.

Richardi, R./Wlotzke,   Münchener Handbuch zum Arbeitsrecht, Band 2, 3. Auflage,
H./Wissmann, O./Oetker, H.   München 2009 (zit.: *Bearbeiter,* in: Richardi/Wlotzke/
(Hrsg.)   Wissmann/Oetker 2009).

Rolfs, C./ Giesen,   Beck'scher Online-Kommentar Arbeitsrecht, München 2011
R./Kreikebohm, R./ Udsching,   (zit.: *Bearbeiter,* in: Rolfs/Giesen/Kreikebohm/Udsching
P. (Hrsg.)   2011).

Roßmann, R.   Grundlagen der EDV-Mitbestimmung Ansätze eines kollek-
    tiv-rechtlichem Datenschutzrechts, DuD 2002, 286.

Roßnagel, A.   Das Recht auf (tele-)kommunikative Selbstbestimmung, KJ
    1990, 267.

Roßnagel, A.	Das Gebot der Datenvermeidung und -sparsamkeit als Ansatz wirksamen technikbasierten Persönlichkeitsschutzes?, in: Eifert, M./Hoffmann-Riem, W. (Hrsg.), Innovation, Recht und öffentliche Kommunikation, Berlin 2011, 41.
Roßnagel, A.	Datenschutz in einem informatisierten Alltag, Friedrich-Ebert-Stiftung (Hrsg.), Berlin 2007, 134.
Roßnagel, A.	Selbst- oder Fremdbestimmung – die Zukunft des Datenschutzes, in: Roßnagel, A./Sommerlatte, T./Winand, U. (Hrsg.), Digitale Visionen – Zur Gestaltung allgegenwärtiger Informationstechnologien, Berlin 2008, 123.
Roßnagel, A. (Hrsg.)	Handbuch Datenschutzrecht, München 2003 (zit.: *Bearbeiter*, in: Roßnagel 2003).
Roßnagel, A./ Schroeder, U. (Hrsg.)	Multimedia in immissionsrechtlichen Genehmigungsverfahren, Köln, 1999.
Roßnagel, A./Laue, P.,	Zweckbindung im Electronic Government, DÖV 2007, 543.
Roßnagel, A./Müller, J.	Ubiquitous Computing – neue Herausforderungen für den Datenschutz, CR 2004, 629.
Roßnagel, A./Pfitzmann, A./Garstka, H.	Modernisierung des Datenschutzrechts, Gutachten im Auftrag des Bundesministerium des Innern, Berlin 2001.
Roßnagel, A./Schnabel, C.	Das Grundrecht auf Gewährleistung der Vertraulichkeit und Integrität informationstechnischer Systeme und sein Einfluss auf das Privatrecht, NJW 2008, 3534.
Roßnagel, A./Scholz, P.,	Datenschutz durch Anonymität und Pseudonymität – Rechtsfolgen der Verwendung anonymer und pseudonymer Daten, MMR 2000, 721.
Rüßmann, H. (Hrsg.)	Festschrift für G. Käfer, Saarbrücken 2009.
Säcker, F. J./Rixecker, R.	Münchener Kommentar zum BGB Band. 4, 5. Auflage, München 2009 (zit.: *Bearbeiter*, in: Säcker/Rixecker 2009).
Schaar, P. (Hrsg.)	Biometrie und Datenschutz – Der vermessene Mensch, Tagungsband zum Symposium des Bundesbeauftragten für den Datenschutz und die Informationsfreiheit am 27. Juni in Berlin, Bonn 2006.
Schaub, G./Koch, U. (Hrsg.)	Beck-Rechtsberater Arbeitsrecht von A-Z. Rund 650 Stichwörter zum aktuellen Recht, 18. Auflage, Schauenburg-Hoof/Erfurt 2008, (zit.: Schaub/Koch).
Schlewin, A.	Prozessuales Verwertungsverbot für mitbestimmungswidrig erlangte Erkenntnisse aus einer heimlichen Videoüberwachung, NZA 2004, 1071.
Scholz, P.	Datenschutz beim Internet-Einkauf, München 2003.
Scholz, R.	Das Grundrecht der freien Entfaltung der Persönlichkeit in der Rechtsprechung des Bundesverfassungsgerichts AöR 100, 1975, 80.
Schönke, A./ Schröder, H. (Hrsg.)	Strafgesetzbuch Kommentar, 28. Auflage, München 2010.

Simitis, S. (Hrsg.)	Bundesdatenschutzgesetz – Kommentar, 7. Auflage, München 2011 (zit.: *Bearbeiter*, in: Simitis 2011).
Simitis, S.,	Die informationelle Selbstbestimmung – Grundbedingung einer verfassungskonformen Informationsordnung, NJW 1984, 398.
Starck, C. (Hrsg.)	Mangoldt-Klein-Starck: Grundgesetz – Kommentar, 6. Auflage, München 2010 (zit.: *Bearbeiter*, in: Starck 2010).
Stogmüller, T.	Vertraulichkeit der Integrität informationstechnischer Systeme in Unternehmen, CR 2008, 435
Taeger, J./ Gabel, D. (Hrsg.)	Kommentar zum BDSG und zu den Datenschutzvorschriften des TKG und TMG, Frankfurt a. M. 2010 (zit.: *Bearbeiter*, in: Taeger/Gabel 2010).
Terbille, M. (Hrsg.)	Münchener Anwaltshandbuch Medizinrecht, München 2009 (zit.: *Bearbeiter*, in: Terbille 2009).
Tinnefeld M.-T/Viethen, H. P.	Arbeitnehmerdatenschutz und Internet – Ökonomie, NZA 2000, 977.
Tinnefeld, M.- T.	Aktuelle Fragen des Arbeitnehmerdatenschutzes, DuD 2002, 231.
Wächter, M.	Datenschutz in der betrieblichen Praxis – ein Opfer der Rechtspolitik, DuD 1988, 600.
Wank, R. (Hrsg.)	Münchener Handbuch zum Arbeitsrecht, 3. Auflage, München 2009 (zit.: *Bearbeiter*, in: Wank 2009).
Wedde, P.	Datenschutz im Intranet, AiB 2003, 727.
Wißmann, H.	Generalklauseln: Verwaltungsbefugnisse zwischen Gesetzmäßigkeit und offenen Normen, Tübingen 2008.
Wittmann, B. (Hrsg.)	Praxis-Handbuch Personalvertretungsgesetz Bayern, Systematik - Rechtsgrundlagen - Umsetzung , Mit Lexikon, Gesetzestext, aktuellen Urteilen, Regensburg 2011.
Wohlgemuth, A.	Kollektives Arbeitsrecht und Informationstechnik, CR 1988, 1005.
Wyrda, G./Schwarz, M./Heidinger, S./Demke, R.	Die Bedeutung der körperlichen Fitness für Feuerwehrleute, Die BG, BPUVZ 2010.
Zöller, R. (Hrsg.)	Zivilprozessordnung mit Gerichtsverfassungsgesetz und den Einführungsgesetzen, mit Internationalem Zivilprozessrecht, EG-Verordnungen, Kostenanmerkungen Kommentar, 26. Auflage, Köln 2007.

Abkürzungsverzeichnis

ABl.	Anwaltsblatt
Abs.	Absatz
Abschn.	Abschnitt
AFKzV	Ausschuss für Feuerwehrangelegenheiten, Katastrophenschutz und zivile Verteidigung
AGG	Allgemeines Gleichbehandlungsgesetz
AiB	Arbeitsrecht im Betrieb (Zeitschrift)
Alt.	Alternative
AöR	Anstalt des öffentlichen Rechts
AP	Arbeitsrechtliche Praxis
ArbSchG	Arbeitsschutzgesetz
ArbUR	Arbeit und Recht (Zeitschrift)
Art.	Artikel
AsiG	Gesetz über Betriebsärzte, Sicherheitsingenieure und andere Fachkräfte für Arbeitssicherheit
AVBayFwG	Verordnung zur Ausführung des Bayerischen Feuerwehrgesetzes
BAG	Bundesarbeitsgericht
BAGE	Sammlung der Entscheidungen des BAG
BayBG	Bayerisches Beamtengesetz
BayDSG	Bayerisches Datenschutzgesetz
BayFwG	Bayerisches Feuerwehrgesetz
BayPVG	Bayerisches Personalvertretungsgesetz
BB	Betriebs Berater (Zeitschrift)
BBG	Bundes Beamtengesetz
BbgBKG	Brandenburgisches Brand- und Katastrophenschutzgesetz
BbgFWG	Brandenburgisches Feuerwehrgesetz
BbgPolG	Brandenburgisches Polizeigesetz
BbgDSG	Brandenburgisches Datenschutzgesetz
BDSG	Bundesdatenschutzgesetz
BetrVG	Betriebsverfassungsgesetz
BG LSA	Beamtengesetz Sachsen-Anhalt
BGBL	Bundesgesetzblatt
BGH	Bundesgerichtshof
BGHSt	Amtliche Sammlung der Entscheidungen des Bundesgerichtshof in Strafsachen
BGHZ	Entscheidungen des Bundesgerichtshof in Zivilsachen
BGHZE	Entscheidungen des Bundesgerichtshof in Zivilsachen
BGV	Unfallverhütungsvorschrift
BImSchG	Bundes-Immissionsschutzgesetz
BlnDSG	Berliner Datenschutzgesetz
BpersVG	Bundespersonalvertretungsgesetz
BPUVZ	Betriebliche Prävention und Unfallversicherung
BR-Drucks.	Bundesratsdrucksachen
BremBG	Bremisches Beamtengesetz
BremDSG	Bremisches Datenschutzgesetz
BremHilfeG	Bremisches Hilfeleistungsgesetz
BremPVG	Bremisches Personalvertretungsgesetz

BrSchG	Brandschutz- und Hilfeleistungsgesetz
BrschG-LSA	Brandschutzgesetz Sachsen-Anhalt
BrSchG-SH	Brandschutz- und Hilfeleistungsgesetz Schleswig-Holstein
BT-Drs.	Bundestagsdrucksache
BVerfGE	Amtliche Sammlung der Entscheidungen des Bundesverfassungsgericht
BVerwG	Bundesverwaltungsgericht
BVerwGE	Amtliche Sammlung der Entscheidungen des Bundesverwaltungsgericht
CL2	Chlor
CO	Kohlenmonoxid
CO2	Kohlendioxid
CR	Computer und Recht (Zeitschrift)
d.h.	das heißt
DB	Der Betrieb (Zeitschrift)
DIN	Deutsches Institut für Normung
DÖV	Die öffentliche Verwaltung (Zeitschrift)
DSG-MV	Landesdatenschutzgesetz Mecklenburg-Vorpommern
DSG-NRW	Landesdatenschutzgesetz Nordrhein-Westfalen
DSG-LSA	Landesdatenschutzgesetz Sachsen-Anhalt
DuD	Datenschutz und Datensicherheit (Zeitschrift)
DVBl	Deutsches Verwaltungsblatt
e.V.	Eingetragener Verein
EG	Europäische Gemeinschaft
Einf.	Einführung
EWG	Europäische Wirtschaftsgemeinschaft
f.	folgende
ff.	fortfolgende
FSHG	Gesetz über den Feuerschutz und Hilfeleistung
FSHG-NRW	Gesetz über den Feuerschutz und Hilfeleistung Nordrhein-Westfalen
FWBeklRL	Feuerwehrbekleidungs-Richtlinie
Fw-DienstklVO-LSA	Verordnung über Dienstkleidung der Feuerwehr Sachsen-Anhalt
Fw-DienstklVO-S	Verordnung über Dienstkleidung der Feuerwehr Saarland
FwDV	Feuerwehr-Dienstvorschrift
FWG Berlin	Feuerwehrgesetz Berlin
FWG-BW	Feuerwehrgesetz Baden-Württemberg
FwVO-N	Feuerwehrverordnung Niedersachsen
FwVO-RLP	Feuerwehrverordnung Rheinland-Pfalz
GG	Grundgesetz
GPSV	Verordnung zum Geräte- und Produktsicherheitsgesetz
GUVV	Gemeindeunfallversicherungsverbände
H2S	Schwefelwasserstoff
HBG	Hessisches Beamtengesetz
HBKG	Hessisches Gesetz über den Brandschutz, die Allgemeine Hilfe und den Katastrophenschutz
HCN	Cyanwasserstoff
HDSG	Hessen
HGO	Hessische Gemeindeordnung
HmbBG	Hamburgisches Beamtengesetz
HmbDSG	Hamburgisches Datenschutzgesetz
HmbPersVG	Hamburgisches Personalvertretungsgesetz
HPVG	Hessisches Personalvertretungsgesetz
HS FwVO	Hessische Feuerwehrverordnung

I&K-Technologie	Informations- und Kommunikationstechnologie
IÖD	Informationsdienst öffentliches Dienstrecht
ITRB	Der IT-Rechts-Berater (Zeitschrift)
Kap.	Kapitel
KSchG	Kündigungsschutzgesetz
LAG	Landesarbeitsgericht
LBG M-V	Landesbeamtengesetz Mecklenburg-Vorpommern
LBG NRW	Landesbeamtengesetz Nordrhein-Westfalen
LBG-Bdg	Landesbeamtengesetz Brandenburg
LBG-Berlin	Landesbeamtengesetz Berlin
LBG-BW	Landesbeamtengesetz Baden-Württemberg
LBG-RP	Landesbeamtengesetz Rheinland-Pfalz
LBG-SH	Landesbeamtengesetz Schleswig-Holstein
LBKG	Landesgesetz über den Brandschutz, die allgemeine Hilfe und den Katastrophenschutz
LBKG-RLP	Landesgesetz über den Brandschutz, die allgemeine Hilfe und den Katastrophenschutz RLP
LDSG	Landesdatenschutzgesetz
LDSG-BW	Landesdatenschutzgesetz Baden Württemberg
LDSG-RLP	Landesdatenschutzgesetz Rheinland-Pfalz
LDSG-SH	Landesdatenschutzgesetz Schleswig-Holstein
LPersVG	Landespersonalvertretungsgesetz
LPersVG-RLP	Landespersonalvertretungsgesetz Rheinland-Pfalz
LPersVG-S	Landespersonalvertretungsgesetz Saarland
LPVG-BW	Landespersonalvertretungsgesetz Baden-Württemberg
LPVG-N	Landespersonalvertretungsgesetz Niedersachsen
LPVG-NRW	Landespersonalvertretungsgesetz Nordrhein-Westfalen
LPVG-Brand.	Landespersonalvertretungsgesetz Brandenburg
MBG-SH	Mitbestimmungsgesetz Schleswig-Holstein
MDR	Monatsschrift für Deutsches Recht
MMR	Multimedia und Recht (Zeitschrift)
MPBetreibV	Medizinprodukte-Betreiberverordnung
MPG	Medizinproduktegesetz
NBG	Niedersächsisches Beamtengesetz
NBrandSchG	Niedersächsisches Brandschutzgesetz
NDSG	Niedersächsisches Datenschutzgesetz
NH3	Ammoniak
NJOZ	Neue Juristische Online-Zeitschrift
NJW	Neue Juristische Wochenschrift
NOX	Nitrose Gase
NPersVG	Personalvertretungsgesetz Niedersachsen
Nr.	Nummer
NVwZ-RR	Neue Zeitschrift für Verwaltungsrecht- Rechtsprechungs-Report Verwaltungsrecht
NZA	Neue Zeitschrift für Arbeitsrecht
NZA-RR	NZA Rechtsprechungs-Report Arbeitsrecht
OVG	Oberverwaltungsgericht
PAG	Polizeiaufgabengesetz
PersVG	Personalvertretungsgesetz
PersVG LSA	Landespersonalgesetz Sachsen-Anhalt
PersVG-MV	Landespersonalgesetz Mecklenburg-Vorpommern

PersVG-B	Personalvertretungsgesetz Berlin
PersVG-HB	Personalvertretungsgesetz Bremen
PersVG-HH	Hamburgisches Personalvertretungsgesetz
PolG	Polizeigesetz
PSA	Persönliche Schutzausrüstung
RdA	Recht der Arbeit
RDV	Recht der Datenverarbeitung (Zeitschrift)
Rn.	Randnummer
S.	siehe
SächsBG	Sächsisches Beamtengesetz
SächsDSG	Sächsische Datenschutzgesetz
SächsFwVO	Sächsiche Feuerwehrverordnung
SächsPersVG	Sächsisches Personalvertretungsgesetz
SAFE	Semipermeable Anzüge für Einsatzkräfte
SBG	Saarländisches Beamtengesetz
SDSG	Saarländisches Datenschutzgesetz
SGB	Sozialgesetzbuch
PersVG-Saar	Saarländisches Personalvertretungsgesetz
StGB	Strafgesetzbuch
StPO	Strafprozessordnung
ThürBG	Thüringer Beamtengesetz
ThürDSG	Thüringer Datenschutzgesetz
ThürPersVG	Thüringer Personalvertretungsgesetz
UVV	Unfallverhütungsvorschrift
VGH	Verwaltungsgerichtshof
Vgl.	vergleiche
VV	Verwaltungsvorschrift
ZBR	Zeitschrift für Beamtenrecht
ZfA	Zeitschrift für Arbeitsrecht
ZPO	Zivilprozessordnung
ZRP	Zeitschrift für Rechtspolitik